U0142498

英國政府與政治

第三版

黃琛瑜 ★ 著

五南圖書出版公司 印行

　　「民主母國」的美譽，尚不足以形容英國對現代政治制度的影響力。英國的政治制度，包括十三世紀誕生的議會、十七世紀催生的憲法概念、十九世紀成型的政黨體系等，不論對實行民主或共產政體的現代國家，皆產生化被萬方的廣大影響。英國的立憲君主制與議會內閣制，不僅為許多國家效法採行，亦對後世各種憲政制度的發展，深具啓發之功。關於政治制度的討論，包括政治學、比較政府、議會運作、憲法研究、選舉制度、政黨體系等，英國政治所建立的「西敏模型」，乃探本窮源的研究基礎。是故，研究現代國家的政治，應從了解英國政治開始。

　　本書分為九章，對英國政府與政治的運作，包括英國憲法、國體、政府類型、議會、選舉制度，以及英國與歐洲關係，加以討論分析。第一章〈英國憲法〉，以英國憲法的歷史發展為始，探究英國憲法的定義及未來走向。第二章〈英國國體—立憲君主制〉，就立憲君主制的歷史背景，立憲君主的重要角色與權力，與立憲君主制的存廢問題，逐一分析。第三章〈政府類型—議會內閣制〉，討論英國的議會內閣制。議會內閣制發端於十七世紀，歷經三百多年的演變，議會內閣制才發展至今日的風貌。本章重點包括議會內閣制的歷史沿革，內閣的組成、運作與功能，以及議會內閣制的重要原則。

　　英國議會乃英國政治的核心，包括行政、立法、司法等權力運作，皆以議會為軸心。第四章到第七章，就議會的發展歷史、議會中的君主權力、上議院、與下議院，分別予以說明。英國議會的發展，可說是君主、代表貴族的上院與代表平民的下院三者之間的權力互動。光榮革命後，君主、上院與下院三者共同組成議會，共享議會的至高主權，亦即議會主權。依據光榮革命建立的憲政原則，君主、上院與下院三者，享有相同的議會主權，但隨著普選權的擴大與議會內閣制的發展，下院逐漸取得高於上院與君主的政治實權。

　　第四章〈英國議會（一）：英國議會發展史〉，將議會自十三世紀誕生後的重要發展階段，做一整理，以了解君主、上院與下院三者之間的權力如何

演化。第五章〈英國議會（二）：議會中的君主權力〉，探討議會中的君主權力。名義上，君主於議會中握有不少重要權力，但實際上，君主在議會中的權力已多儀式化。第六章〈英國議會（三）：上議院〉，就上議院的組成、政黨運作、功能與未來改革，逐一析論，以了解非民選產生的貴族院，如何與民主共存。第七章〈英國議會（四）：下議院〉，透過下議院「平民」之路的歷史發展，推探下議院如何自早期地方權貴的利益代表，演變成今日普選產生的民主機構，並就下議院的組成、功能與改革爭議，依序論述。

第八章〈選舉制度〉，首先針對英國議會選舉做一簡介，其次就選舉制度的優缺點與改革爭議，分別闡釋。本書第九章，為〈英國與歐洲關係〉。隨著二十世紀以降歐洲統合運動的深化及廣化，英國與歐洲關係的發展，對英國政府與政治的運作，產生重要影響。第九章就英歐簡史、英國與歐洲統合，以及英國脫歐公投三個部分進行探討，分析英國與歐洲關係的近代發展及挑戰。

英國政治的特色，在於歷史的不斷累積與發展。英國的君主，與英國的歷史一樣，具有近千年的歷史。上議院與下議院，亦走過七百年的悠悠歲月。立憲君主制與議會內閣制，歷經三百多年的演進，才展現今日的風貌。

英國的政治制度，並非一種先見之明，一體適用的設計，而是歷史的產物。對於英國政治的觀察，應建立於歷史發展的角度上，方能掌握制度的形成緣由與發展困境。本書的目的，希望對英國政府與政治的運作，提供深入淺出、執簡馭繁的論述。

本書的三版，針對英國政府與政治的重要層面，包括英國憲法、國體、政府類型、議會、選舉制度，以及英國與歐洲關係的最新發展及演變，重新做了修訂及增補。

英國政府與政治的傳統，至今仍歷久不衰。例如2012年英國女王登基六十週年的盛大慶典，再次深化英王在立憲君主制中的角色與傳承。此外，2011年英國舉行選舉制度的改革公投，贊成維持現行選舉制度者，贏得壓倒性的勝利。英國政治制度中的不民主，弔詭地調和、補充民主的不足，並成為民主政治穩定運作的基石。

另一方面，過去數十年，英國政府與政治的運作，亦出現許多重要的嶄新變革。英國政府為了達到民主改革的目標，做出許多影響深遠的制度改革，包括上議院世襲貴族的議席刪減、上議院大法官的權力移轉、首相解散議會權力

的削弱、議會任期固定制、選舉制度改革的公投等。這些行之數百年的政治制度與傳統，數十年間紛紛遭到新思潮的衝激而改弦更張。

傳承與創新，正是英國政治的特色和風格。一方面，英國的政治制度經過歲月的累積，保留歷史的智慧與莊嚴。另一方面，英國的政治制度與時俱進，而不拘泥於窠臼。英國政治制度的運作，在傳統與革新這兩股矛盾力量撞擊下，得以賡續發展，融舊鑄新。

本書的三版，首先要誠摯地向業師們致謝，包括臺灣大學政治學系的趙永茂老師、朱志宏老師、張碧珠老師、英國倫敦大學政經學院政治學系Mr. Alan Beattie、英國曼徹斯特大學政治學系的博士論文指導教授Prof. Simon Bulmer和Prof. Martin Burch。對於老師們的治學成就、悉心教導，我在此表示最高的敬意與無限的感恩。此外，我特感謝五南圖書的副總編輯劉靜芬小姐，促成本書的再次改版。最後也最重要的，我要感謝父母及家人的支持。

黃琛瑜

2019年7月21日

目　錄

圖表次

　　憲法乃英國光榮革命的產物。光榮革命後，英國建立起立憲君主制。隨著立憲主義種子的四處傳播，現代國家多已成爲立憲主義的擁護者，建立起各自的成文憲法，奉憲法爲治國圭臬。憲法爲英國的一大發明，但英國卻是現代立憲國家中，少數沒有一部成文憲法的國家。本章第一節，以英國憲法的歷史發展爲首，說明英國憲法如何產生。第二節，針對英國憲法的定義進行討論，何謂英國憲法？一部不成文憲法，抑或一件國王的新衣？最後一節，以英國憲法的未來走向，做一結論。

第一節　英國憲法的歷史發展

　　1688年的光榮革命，肇因於國王詹姆士二世的專制統治。民怨已深的情勢下，拖利黨及輝格黨政要、神職領袖等七位政界要角，聯合邀請嫁至荷蘭的瑪麗公主與其夫婿奧倫治王子威廉，返英繼任王位。1688年，威廉出兵英國，受到英國軍隊與人民的支持，詹姆士二世見大勢已去，逃往法國。這場革命並未引發流血戰爭，便達到驅逐專制國王的目的，被譽爲「光榮革命」或「不流血革命」。光榮革命翌年，遭詹姆士二世解散的國會，得以重新開議，詹姆士二世被控違反「王國基本憲法」（fundamental constitution of the Kingdom），這也是「憲法」一詞首次用於指涉國家的根本大法。[1]威廉與瑪麗對議會發表的「權利宣言」（Declaration of

---

[1]　McLean, L. (ed.) (1996) *The Concise Oxford Dictionary of Politics* (Oxford: Oxford University Press), p. 107.

Rights）表示同意，順利登基爲威廉三世與瑪麗二世。是年年底，國會將「權利宣言」略爲增補，改爲「權利法案」（Bill of Rights）。1689年12月16日，「權利法案」獲英王批准成爲法律，開啓了英國憲法的新頁。

　　光榮革命後，憲法已成爲一個具體化的概念，指涉國家的根本大法。其次，所謂的英國憲法，有了新的生命與內涵。光榮革命光榮恢復了受到詹姆士二世侵害的憲法，「權利法案」使過去議會所爭取的英人權利，重新獲得保障。「權利法案」亦建立一套新的憲政制度，賦予英國憲法新的內涵。這套新的憲政制度，即爲立憲君主制。有鑑於過去專制國王的濫權弊害，「權利法案」以議會取代君主，成爲英國的最高主權。英國議會的立法，於是享有至高的法律地位。君主、上院與下院三者，共同組成議會，分享議會的權力，君主成爲的「議會中的君主」。君主屬意的法案，若未獲得上院與下院的支持，則無法成爲法律。君主的角色與權力，受到這種憲政設計的限制，故稱爲「立憲君主」，或「受限君主」。就憲政層面而言，君主的至高權力爲議會取代。就法律層面而論，光榮革命前，法官判例所形成的普通法，爲英國司法運作的主要基礎。光榮革命後，議會制定的法律，享有法律的至高地位，成爲英國法律的主要來源。綜言之，英國光榮革命的成果在於：一方面，憲法作爲國家根本大法的概念，得以具體化。二方面，遭到詹姆士二世侵害的國家大法，獲得恢復。三方面，英國建立起新的憲政制度，立憲君主制下，君主受到憲政制度的限制，不再享有予取予求的絕對權力，議會取代過去的專制國王，成爲保障人民權利的最高主權。

　　光榮革命後，王權受到限制，人民的權利獲得擴充與保障。然而，國王的專權並非一夕瓦解，英人的權利亦非憑空而降。「權利法案」不單是光榮革命的光榮成果，同時也是過去英國人民對抗專制所累積的歷史成果。1215年，專制暴君約翰國王在封建貴族的逼迫下，簽署著名的大憲章（Magna Carta）。大憲章的憲政意義舉足輕重，影響深遠。大憲章中，國王的權力受到限制，例如沒有議會的同意，國王不得任意徵稅。此外，封建制度下人民的各種權利，亦獲得保障，重要者例如沒有法律的裁判，

不得逮捕、拘禁任何自由人，或剝奪任何自由人的權利、財產。基本上，大憲章是貴族與國王所定的一種封建契約，保障的是封建階級的權利，而非所有英國人民的權利。國家大權，亦只是從專制國王一人手中，轉移到統治議會的少數貴族。縱然如此，大憲章仍然意義非凡，影響深遠。在限制王權方面，大憲章可說是第一個限制王權的「權利法案」，國王的權力受到貴族的裏脅限制，使國家權力的基礎，從國王一人擴大到少數的掌權貴族，對後世議會權力的擴充與民權觀念的發展，具有啓發性的影響力。在保障民權方面，雖然大憲章保障的是貴族、地主等封建階級的權利，並不包括農奴的權利，但隨著封建體制的逐漸瓦解，大憲章保障民權的觀念，亦愈形擴大。光榮革命後的「權利法案」，將英國推向一個全新的立憲君主時代，不過，「權利法案」中限制王權與保障民權等重要憲政觀念，並非新穎的發明，而是過去英人對抗專制所累積的歷史成果。

英國的光榮革命，建立立憲君主制，不僅開啓英國憲法的新頁，同時亦影響了世界各國的立憲運動。英國的光榮革命，建立起人民對抗專制國王，爭取自由的典範。對世界上仍處於專制國王統治下的無數人民來說，光榮革命是一項令人鼓舞的英國經驗。雖然光榮革命後君主的地位仍獲保留，英國的議會選舉由地方權貴所掌握，與現代的民選議會相去甚遠，但不可否認的是，民權的種子已經發芽。光榮革命後，英國的民權觀念逐漸發展，隨著民權風潮的四處吹散，民權種子亦於其他國家落地生根。

光榮革命後，世界陸續發生立憲運動，其中以美國獨立運動至爲重要。美國獨立運動肇因於對英國課稅的不滿，英國在北美十三州的殖民地因此尋求獨立，希望建立獨立與自由的國家。1776年7月4日，美國開國元勳傑佛遜起草的「獨立宣言」獲得通過，宣布美利堅合眾國的成立。1789年3月4日，美國憲法誕生，成爲美國的根本大法，亦成爲全世界第一部成文憲法。1791年，國會通過十條憲法修正案，稱爲「權利法案」。

美國的立憲運動，具有師法英國光榮革命的許多雷同之處。首先，美國「獨立宣言」與英國「權利宣言」的主要重點，皆爲藉由統治者壓迫

人民權利的罪名指控，說明革命的正當理由。英國的「權利宣言」列舉詹姆士二世的各項違法行爲，證明專制國王迫害英人的自由與權利，藉以闡釋革命的合法性。美國的「獨立宣言」，亦列舉喬治三世破壞美國人民自由與權利的若干情事，說明美國獨立的必要性。其次，美國憲法與英國的權利法案相較，雖然在憲政體制的設計上互有差異，但在憲法精神與內涵上，美國憲法與英國權利法案相同，兩者皆對國家的立法、行政（行政權在英國爲國王的權力，在美國爲總統的權力）、司法等重要權力應如何運作，以期保障人民的自由與權利，著墨甚深。

1791年，美國國會通過的十條憲法修正案，不僅名稱上與英國的「權利法案」同名，包括言論自由、司法權利等憲法內容，可說是英國「權利法案」的翻版。綜合以觀，美國憲法較之英國「權利法案」，兩者所採行的憲政體制互不相同，此外，美國憲法在國家權力機制與民權保障方面，比起英國「權利法案」更爲繁細。但在憲法精神與內涵上，美國憲法師承英國的「權利法案」，兩者之間多所雷同。因此，可說是英國發明憲法，而美國制定成文憲法。美國憲法爲世界上第一部成文憲法，歷史悠久並運作得宜，遂成爲後世國家仿傚的對象。

立憲運動發展至今，立憲國家中除了英國、加拿大、紐西蘭、以色列等少數國家屬於採行不成文憲法的國家，其他各國各有一部成文憲法。承上所述，憲法爲英國光榮革命的產物，對後世立憲國家制定的成文憲法，具有深遠的影響。然而，何以發明憲法的英國，至今未像多數的立憲國家一樣，發展出一部成文憲法？英國沒有成文憲法的可能解釋，包括以下數端。其一，光榮革命後，英國政治在穩定中求發展，並未遇到非重新制憲不足以圖存的政治危機。相較於英國，其他立憲國家制定成文憲法的背景，諸如美國獨立革命、法國大革命，或其他紛紛尋求獨立建國的新興國家，皆因國家政治契約遭遇重大變革，而需要重新制定憲法，但光榮革命後的英國，則未遭遇類似的政治情況。

其二，英國憲法是歷史經驗的不斷累積，單一成文法典會造成未來政治發展的自我設限。誠然，光榮革命後，英國憲法所建立的立憲君主制、

議會主權、保障民權等觀念，皆僅是初步的憲政框架。經過光榮革命後三百多年的歷史發展，英國憲法透過制定法、普通法、憲政慣例，以及憲法權威著作的不斷累積，才使光榮革命所建立的立憲君主制、議會主權、保障民權等觀念，發展出實質的內涵。此外，英國憲法本身亦發展出新的內涵，包括議會政府、內閣責任、普選權的擴大、政黨政治等，皆為歷史累積的憲政成果。相反地，成文憲法則無法反映出英國憲法與時俱進，不斷發展的特性。其三，光榮革命後，代表人民的議會取得最高主權，議會的制定法享有至高的法律地位。倘若英國制定一部成文憲法，則威脅到民選議會的至高地位，破壞議會主權的憲政原則。其四，英國的憲政歷史悠久，欲完成一部單一絕對的憲法法典，以總結過去的歷史經驗，並非易事。

英國並未像多數的立憲國家一樣，擁有一部成文憲法，或可歸因於歷史機緣以及英國憲法不斷累積與發展的特性。職是之故，若從成文憲法的角度觀察英國憲法，只會見其小，見其虛無縹緲。若從英國憲法的歷史發展以觀，才能掌握英國憲法透過歷史不斷累積與發展的全貌，得以見其大，見其繼往開來。英國憲法並非一套單一固定的憲法法典，而是一種隨著政治發展不斷成長的政治制度。因此，與其說英國憲法是法律性的文件，倒不如說是政治性的制度。

第二節　英國憲法的定義

由於英國並未擁有一部成文憲法，英國憲法應如何定義，自然見解紛歧。主流的一派認為，相較於多數立憲國家的成文憲法，英國憲法是一種不成文憲法。英國的不成文憲法，由英國歷史上重要的制定法、普通法、憲政慣例，以及憲法權威著作累積而成。另一派較為極端的見解則認為，英國並沒有一部具體的憲法法典，故英國憲法是一件國王的新衣。何謂英國憲法？一部不成文憲法，抑或一件國王的新衣？以下就這兩派見解，分

別討論英國憲法的定義。

一、英國憲法為不成文憲法

　　相較於多數立憲國家採行的成文憲法，英國並未擁有一部成文憲法。英國的重要憲政法規與原則，是由過去的制定法、普通法、憲政慣例，以及憲法權威著作共同累積而成，而非集中條文化於一部成文法典，因此，英國憲法被定義為「不成文憲法」。有關英國不成文憲法的法源，請參見圖1-1。重要憲政法規與原則應如何定義，則是英國不成文憲法的一項盲點。什麼種類的法規、慣例與原則，屬於國家根本大法的範圍，無法明確劃分。是故，對於不成文憲法的內涵界定，一般採取籠統寬鬆的定義，舉凡涉及國家統治的基本規則，特別是涉及議會、行政、司法等國家權力運作，或保障民權的相關法律、慣例與原則，皆屬於不成文憲法的範圍。承上所述，英國的不成文憲法，由過去的制定法、普通法、憲政慣例，以及憲法權威著作共同累積而成。以下分別討論這四種法源。

```
英國不成文憲法的法源
► 議會的制定法
► 普通法
► 憲政慣例
► 憲法權威著作
```

圖1-1　英國不成文憲法的法源

　　其一，制定法。制定法為國家權力機構依照特定程序所制定的成文法。光榮革命前，構成英國不成文憲法的重要制定法，例如1215年的大憲章、1628年的權利請願書、1679年的人身保護狀法案等。1215年的大憲章，是一份封建貴族與專制國王的契約文件。在封建貴族的要脅下，專制暴君約翰國王被迫簽署一份限制王權的契約文件，亦即大憲章。據說，約翰國王面對貴族時，行為舉措愉悅有禮，但一回到自己的房間，則氣得

摔倒在地。[2]令約翰國王心有不甘的原因，是因為大憲章對國王的權力作了許多限制。大憲章以降，國王為法律之下而非法律之上的重要憲政原則於是建立。除了王權受限之外，貴族、地主等封建階級的權利亦相對擴充，包括商業貿易、財產、司法等層面的不少權利，均獲得法律的保障。雖然當時權利保障的對象為貴族、地主等封建階級，但隨著封建體制的瓦解，保障民權的觀念亦愈加擴大、普及。是故，大憲章可說是英國憲政史上，歷史悠久且影響深遠的重要憲法文件。1628年，議會通過「權利請願書」，反對專制國王查理一世的濫權。權利請願書的要點，包括反對不經議會同意的任意加稅、不得非法逮捕與拘役人民等，這些限制王權與保障民權的觀念，可說是大憲章精神的延續與昂揚。1679年的人身保護狀法案，對被捕人士的基本人權，建立起法律程序的保障機制。

　　光榮革命後，議會成為國家的最高主權，議會的制定法取代普通法，成為英國憲法及法律體系的主要法源，並享有至高的法律地位。光榮革命後，許多有關國家體制及政府運作的改革，陸續透過議會的立法程序，成為法律。光榮革命翌年，1689年議會通過的權利法案，將君主制改為立憲君主制，成為近代英國的重要憲法法典，其中包括立憲君主、議會主權等憲政設計，對英國政治的發展，產生關鍵性的扭轉與影響。在普選權的擴大方面，議會自十九世紀初至二十世紀中葉，陸續於1832年、1867年、1884年、1918年、1928年、1948年，以及1969年通過各項改革法案，使英國人民的普選權逐漸擴大，對現代政黨政治與議會政治的發展，產生直接的影響。1911年，議會通過法案，取消上院對下院通過之部分議案的同意權，使下院通過的法律不須經上院同意，亦可成為法律，下院的立法地位高於上院，自此確立。除了政府組織層面的制定法外，若干保護人民自由的重要制定法，亦構成不成文憲法的內涵，例如1936年的公共秩序法，使違反公共秩序的言語或行為，有觸法之虞。1965年與1976年的種族關係

2　Foreign and Commonwealth Office (1998) *The 100 Questions Answered* (London: Foreign and Commonwealth Office), question 69.

法，建立起反對種族歧視的法源基礎。

光榮革命後，一方面，議會取得最高主權，掌握立法的主導權。另一方面，議會制定法的特性為新法優於前法，不同於普通法之前法優於新法的特性。因此，議會取得最高主權後，得以充分發揮與時俱進的立法功能，有利於民主政治的推進與發展。

其二，普通法。普通法為法官依據風俗習慣，或過去判例所建立的法律判決，亦稱「習慣法」或「判例法」。由於普通法係一般情形下，全國各地皆可普遍適用的法律，故稱「普通法」（common law）。早在中央政府機構尚未發展成熟的遠古時期，法官的判決即為法律的主要來源。法官的判決形成判例，為後世遵循並重複引用，逐漸形成牢不可破的法律。普通法的特色，為「先例拘束主義」，法官的判決形成判例法，對後世法官產生拘束力。法官的判決是愈久愈好，倘若判例歷經數百年而未打破，足見其根基穩固。前法優於後法的普通法原則，與後法優於前法的制定法原則，正好相反。英國普通法成熟於十二世紀，英人認為，這些歷來法官審判累積而成，適用於全國的法律，蘊含著普遍不變的基本原則。普通法是英國法律體系的一項特色，同時亦為英國不成文憲法的一項重要法源。

英國不成文憲法中，有關國王的皇家特權，例如解散議會、任命官員、特赦等由國王行使的古老權力，法源基礎皆來自於歷史悠久的普通法。此外，由於法官審理的案件多為民事或刑事案件，因此法官判決形成的普通法，為英國的不成文憲法，建立了許多有關人民權利與自由的重要憲政原則。

構成不成文憲法的普通法與議會制定法一樣，不勝枚舉，涉及的層面從國家機構的權力分配，到人權的保障，包羅萬象。構成不成文憲法的重要普通法，例如1611年的「公布案」（Case of Proclamations），法官建立起排除國王干預司法的憲政原則，國王因此不得在違反法律舊制的情況下，公布制定新的罪行。[3]根據1884年的「布拉萊對高塞特」（Bradlaugh

---

3　Padfield, C. F. and Byrne, T. (1990) *British Constitution* (Oxford: Made Simple Books), p. 9.

v. Gossett）一案，議會對議會內部所有事務，享有高於法院的管轄權。[4]
1913年的「包爾斯對英格蘭銀行」（Bowles v. Bank of England）一案，
否認下院具有加稅的單獨權力。依據1947年的「克里斯帝對蘭契斯基」
（Christie v. Leachinsky）一案，警察逮捕人民，應告知逮捕罪名。[5]

　　光榮革命後，議會取代法庭的法官，掌握立法的至高權力。議會的制
定法取代普通法，享有法律的至高性，倘若普通法與制定法兩相衝突，制
定法優於普通法。雖然議會的制定法已取代普通法，成為英國憲法與法律
體系的主要基礎，然而，普通法仍為英國憲法的法源之一，扮演補充英國
憲法的重要角色。

　　其三，憲政慣例。徒有立意良善的法律，而無遵守法律的意願與行
為，則法律只是沒有生命的文字，無法運作。同樣地，倘若英國政治的基
礎只是法律文件，而無經年累月的政治經驗，勢必難以運行。憲政慣例乃
逐漸形成的政治默契與規則，雖未立諸法律文字，但憲政慣例是政府運作
無可或缺的重要基石。此外，法律的規範有其限度，一方面，鉅細靡遺的
憲政規範難以達成，文字化的法律規範難免掛一漏萬。另一方面，過分詳
細的法律規範，易使憲政制度缺少運作與變革的彈性空間。憲政慣例的
存在，可適時解決成文法律形成的制度僵硬及制度死角問題。準此而論，
憲政慣例乃英國不成文憲法的寶藏，憲政慣例不僅充實了法律的內涵與生
命，亦為成文法律力有未逮之際，以政治智慧濟制度之窮的潤滑劑。

　　憲政慣例是經年累月的政治默契與原則，雖未法律文字化，但對政治
行為具有與成文法律等量齊觀的拘束力。英國的憲政運作，包括君主權力
的行使、議會內閣制等憲政體制的權力運作，多建立於憲政慣例。因此，
憲政慣例乃不成文憲法的重要法源之一。英國的不成文憲法中，在君主權
力的行使方面，重要的憲政慣例例如以下數端。名義上，君主仍保有過去
國王所享有的皇家特權，但依照憲政慣例，絕大多數的皇家特權由政府官

---

[4] Punnett, R. M. (1994) *British Government and Politics* (Hampshire: Dartmouth), p. 173.
[5] 同註3。

員代替君主行使。少部分的皇家特權諸如任命官員、解散議會、批准上下兩院通過的立法等，仍由君主直接行使，但依照憲政慣例，君主須按照內閣建議行使這些權力。

此外，隨著下院選舉的逐步改革，下院逐漸成為政治權力的中心，君主亦發展出相應的憲政慣例，即君主應邀請下院選舉產生的多數黨領袖出任首相。在議會內閣制的運作方面，發展出來的重要憲政慣例，包括上下兩院若產生衝突，上院應讓步於下院；下院議事，由首相與反對黨領袖共同籌劃；內閣官員應身兼上院或下院議員；內閣決定為內閣政府的最高決策，政府官員應服從遵循；下院若通過對政府的不信任案，或政府於執政黨自己提出的信任案中失利，內閣政府作為一個整體，應負起集體內閣責任，辭職下台或解散國會重新舉行大選；政府官員應維護內閣政策與立場，不從者應辭職，以落實集體內閣責任；部會首長個人受議會監督，對所屬部會的行政作為負有個人的政治責任。

光榮革命後，英國建立立憲君主的憲政新制，以議會取代過去的專制王權，成為國家最高權力機構。議會由君主、上院與下院三者共同組成，當時的「議會三權」享有相同的立法權力，任何一方表示反對，議案便無法通過成為法律。然而，經過三百多年的歷史演變，今日政府的權力分配，已不同於過往。由於議會內閣制的發展，下院逐漸成為政權中心，於此形勢下，君主的權力亦相對保守化。透過憲政慣例的累積，政治實權逐漸從君主手中，轉移至民選產生的下院。同樣地，上院亦體認到政治實權移轉的現實，建立起上院次於下院的地位認知。今日的立憲君主制下，下院選舉產生的內閣政府享有政治實權，君主與上院的權力則相對保守化，「議會三權」間，已建立起一套避免相互衝突的權力階層默契，即所謂的憲政慣例。誠然，光榮革命建立的立憲君主制，只是一個立基於法律的憲政骨幹。國王的大權並非一日縮小，議會內閣亦非一夕建立，而是經過三百多年的歷史演變，透過權力機構間相互調適、學習，建立起各種憲政慣例，英國的憲政體制才得以發展成今日風貌。英國的憲政制度乃歷史發展的產物，憲政慣例與憲政制度相同，是不斷累積成長的，故憲政慣例在

規範制度的靈活性上，非制定法與普通法所能追趕替代。

其四，憲法權威著作。制度並非無中生有，而是思想的產物。英國的不成文憲法中，包括制定法、普通法與憲政慣例，皆受到當代政治思潮的影響。憲法權威著作，不僅影響到政治制度的形成，著作所揭示的憲政觀念本身，往往亦發展為重要的憲政原則。因此，憲法權威著作是英國不成文憲法的一項法源，扮演著啓發、形塑憲政原則的重要角色。

影響英國憲法的憲法權威著作，重要者包括以下數端。憲政思想家戴西（Albert Venn Dicey），1885年出版的《憲法》（*Law of the Constitution*）一書，為近代影響深遠的憲法權威著作之一。戴西於《憲法》中，勾勒出英國不成文憲法的兩大基本原則，即法治原則與議會主權原則。自此之後，法治原則與議會主權原則，遂成為英國憲法中簡明易懂的金科玉律。首先，就法治原則而論。長久以來，依法而治的法治觀念，便是國家運作的基本原則。1215年的大憲章，即建立起國王在法律之下的原則。然而，大憲章所建立的法治原則，只是一種抽象的體會。隨著人民對抗專制國王的經驗累積，法治原則愈加豐富。

光榮革命後，法治原則向前邁進一步，議會制定的法律，自此成為國家的最高統治規則。人民雖然揮舞著依法而治的大旗，打下依法而治的江山，但是何謂「依法而治」，仍是一種只可意會的概念。戴西於《憲法》中，將法治原則的定義作一整理。戴西對「法治」的定義，重點有三：（一）法律至上。人民不受法律以外的處罰。人民觸法，只受法律的處罰，不受法律以外例如君主、政府等勢力的處罰；（二）法律之前，人人平等。法律之前，人人皆受法律審判，無人高於法律；[6]（三）法庭有權依法審理。[7]戴西對法治原則的定義，成為後世討論法治原則的重要參考。

其次，議會主權原則是戴西對憲法觀念的另一項貢獻。光榮革命後，

6　同註3，頁16。
7　Loveland, I. (1996) *Constitutional Law: A Critical Introduction* (London: Butterworths), p. 65.

由君主、上院與下院三者共同組成的議會，取代過去的國王，成為英國的最高主權。議會制定的法律，享有法律上的至高性。戴西提出的議會主權原則，切中要害地點出光榮革命後英國憲政運作的權力基調。戴西提出的議會主權原則，要點有二。其一，議會可以任意制法。議會制法不受限制，議會可以隨心所欲制定任何法律；其二，英國憲法下，沒有其他機制有權否決議會的制定法。[8]簡而言之，議會可以任意制法，議會制定的法律享有法律上的至高性，沒有其他機制有權否決議會的制定法。議會主權原則的要義，為英國議會享有立法的最高主權。戴西提出的議會主權原則，並非一種無中生有的創新概念，而是對現行體制的一種精闢闡述。戴西將龐雜的憲政體制抽絲剝繭，整理提出法治原則與議會主權原則，使抽象曖昧的英國不成文憲法，多了兩項具體簡要的憲法基本原則。

除了戴西的《憲法》之外，其他對英國憲法作出貢獻的權威憲法著作，重要者如下。思想家洛克（Jock Locke）於1689年出版《政府論兩篇》（*Two Treatises of Government*），書中關於社會契約論、天賦人權等觀念的論述，對後世影響深遠。十八世紀的法學家布萊克史東（Sir William Blackstone），於其《英格蘭法律評論》（*Commentaries on the Laws of England*）一書中，對十八世紀中期的英國法律，作了系統清楚的描述。[9]十九世紀的憲法學者湯瑪士·艾斯金·梅（Sir Thomas Erskine May），於1844年出版的《論議會的法律、特權、程序與習慣》（*Treatise on the Laws, Privileges, Proceedings, and Usages of Parliament*），乃議會運作規範的經典著作，成為議長與議員的重要參考書，下院亦定期補充更訂此書。政論家貝捷特（Sir Walter Bagehot），於1867年出版的《英國憲法》（*The English Constitution*），對當時英國議會民主的重要原則，議論風生。當然，思想不代表絕對的真理，而是一種相對的主張。憲政權威

8　Bradlet, A. W. (1996) 'The Sovereignty of Parliament—in Perpetuity?', in J. Jowell and D. Oliver (eds.), *The Changing Constitution*, 3rd edn (Oxford: Clarendon Press), p. 81.

9　Forman, F. N. and Baldwin, N. D. J. (1996) *Mastering British Politics* (London: Macmillan), p. 27.

著作只是當時政治思潮的主觀詮釋，內容未必客觀，未必可以放諸四海而皆準。然而，憲政權威著作的權威之處，並非在於眞理的完美體現，而是一種時代困惑的洞徹觀察與反省。透過不同時代思想家的觀念傳承與相互激盪，憲法的內涵因此擴充。

綜論之，英國的憲法，由制定法、普通法、憲政慣例與憲法權威著作共同組成，英國並沒有一部單一成文的憲法法典，故英國憲法爲不成文憲法。由於英國憲法爲不成文憲法，憲法的內容無法精確定義，而採取一種寬鬆的定義，即憲法爲國家統治的基本規則，舉凡與國家權力分配、政府體制運作、人民基本權利與自由的保障等層面相關的法律或規則，皆屬不成文憲法的內容。憲法的內容，散見於制定法、普通法、憲政慣例與憲法權威憲法著作，這四種憲法法源，一方面相互獨立，各自建立不同的憲法規定，另一方面亦相互影響、互相啓發。易言之，英國憲法不是定於一尊的單一法典，而是透過制定法、普通法、憲政慣例與憲法權威憲法著作的不斷發展，所累積建立的憲政規範。

二、英國憲法是國王的新衣

英國憲法應如何定義，除了上述英國憲法爲不成文憲法的主張，另一派較爲極端的見解，則認爲英國沒有憲法。一方面，英國沒有一部單一成文的憲法法典。另一方面，英國所謂的不成文憲法，只是一件國王的新衣。英國憲法學者雷德里（F. F. Ridley）嘗言：「一如童話《國王的新衣》，國王沒有穿衣，卻要說穿諂媚朝臣所見的憲法外衣，令人好生尷尬。」[10]英國沒有一部成文憲法，其理自明，不作解釋。關於英國沒有憲法的主張，主要建立於對英國不成文憲法的批評，基於以下原因，英國的所謂不成文憲法，被認爲是一件國王的新衣。

其一，所謂的不成文憲法，不成文字，不誠無物。英國的不成文憲

---

[10] Ridley, F. F. (1988) 'There Is No British Constitution: A Dangerous Case of the Emperor's Clothes', *Parliamentary Affairs*, Vol. 41, No. 3, p. 342.

法，由制定法、普通法、憲政慣例與憲法權威著作共同組成，但何種制定法、普通法、憲政慣例與憲法權威著作，屬於憲法的範圍之內，並無成文的明確定義。不成文憲法的內涵，既然沒有統一固定的文字定義，不成文憲法只是一種抽象曖昧的體會理解，望之疑實，即之也虛。對於英國憲法難以捉摸的特色，英國學者以「鰻魚的生殖」，詼諧比喻英國憲法的定義，認爲界定英國憲法，是一件「滑溜又神祕」的事情。[11]同樣地，不成文的憲政慣例，亦反映出不成文憲法模糊不清的問題。憲政慣例爲經年累月形成的政治規則與默契，乃英國憲政運作的重要基礎，例如君主保持政治中立，內閣對議會負責等憲政原則，皆爲一種憲政慣例。然而，憲政慣例並未立諸文字，亦非法律，是一種欠缺周延定義的政治默契。以內閣責任爲例，近年來，內閣對議會負責的憲政慣例備受批評。批評者發現，內閣責任已淪爲政府與官員相互推諉責任的政治權宜。同理，其他的憲政慣例，諸如君主的謹言愼行，亦可能逾越分際。憲政慣例本身的定義模糊不清，使憲政慣例往往難以發揮清楚規範的功能，復易遭濫用變質。嚴格而論，沒有成文化的明確法律，不足以稱爲法律；沒有成文化的憲法，亦不足以稱爲憲法。

其二，不成文憲法與一般法律，並無分別。憲法作爲國家的根本大法，自然應與一般的法律不同，具有憲法上的至高性與穩定性。揆諸一般國家的成文憲法，憲法的地位高於一般法律，憲法的修改程序亦迥異於一般法律，需要立法機構的多數同意，方可修改。相較於此，英國的所謂不成文憲法，與一般的法律，並無不同。構成不成文憲法的制定法及普通法，與一般的制定法及普通法相同，並無特殊的法律優越性。在制定程序上，構成不成文憲法的制定法及普通法，亦與一般的制定法及普通法相同。因此，英國所謂的不成文憲法，在法律地位上與一般法律相同，無法突顯出憲法作爲國家根本大法的至高地位。此外，英國「憲法」的修改亦

---

[11] Beattie, A. (1989) 'Conservatives, Consensus and the Constitution', *LSE Quarterly*, Vol. 3, No. 2, p. 130.

與一般法律相同，並無特殊的門檻限制，倘若「憲法」與一般法律相同，可以隨時朝令夕改，憲法的穩定尊嚴何在？就憲法的法律至高性與穩定性而言，英國的所謂不成文憲法，稱不上是憲法。

其三，英國不成文憲法的主要法源各不相同，難以建立定於一尊的憲法屬性。如上所述，英國所謂的不成文憲法，法源包括制定法、普通法、憲政慣例與憲法權威著作。然而，這四種法源各不相同，彼此間的衝突矛盾在所難免。倘若這四種法源間出現矛盾，彼此間孰優孰劣的法律位階應如何定奪，則拉出另一個戰場。就法律位階而言，可以確定議會的制定法享有法律的至高性，但是普通法、憲政慣例與憲法權威著作三者間法律地位的高低，則難以定論。因此，英國不成文憲法的法源，彼此間存在著法律內涵與法律位階的潛在衝突。一般國家的成文憲法，憲法是定於一尊的權威法典，憲法的法律屬性是統一明確的。相較於此，英國不成文憲法由不同法源組成，其間矛盾衝突無可避免。因此，英國的不成文憲法，不具憲法統一與至高的法律屬性，故不算是憲法。

做一小結，英國憲法為不成文憲法，是一種較為普遍、檯面上的主張，相較於此，認為英國並無憲法的主張，則是一種非主流的看法。值此立憲民主時代，身為憲法發明者與民主母國的英國，倘若沒有憲法，是一件難以理解的事。但是，若說英國擁有一部不成文憲法，也是一件啟人疑竇的事，畢竟，英國的不成文憲法與一般國家的憲法差異極大，不成文憲法是否算是憲法，爭議不斷。關於英國憲法的討論，認為英國並無憲法的主張，並未成為主流，但始終與英國憲法為不成文憲法的主張對立並存。

二十世紀以降，英國憲法面臨許多質疑與挑戰，包括以下數端。首先，英國憲法下的憲政秩序，問題叢生。英國憲法下，象徵議會最高主權的議會，一手掌握行政與立法大權，引起民選獨裁的諸多批評。內閣責任的憲政原則，淪為政府官員互相推諉或包庇的政治權宜。其次，英國的地方分權運動日益白熱化，北愛爾蘭、蘇格蘭與威爾斯紛紛成立地方自治議會，自中央政府的倫敦議會取得不同程度的立法權，這些地方自治議會的成立，使英國憲法中倫敦議會掌握國家最高主權的議會主權原則，受到

挑戰。

　　此外，自從英國1973年加入歐洲共同體（亦即現今歐洲聯盟的前身），英國憲法受到來自歐陸的多方挑戰。一方面，歐洲法院已透過判例，建立起歐盟法律的「直接效力原則」與「至高性原則」，意味歐盟法律於會員國直接生效，並享有高於會員國法律的地位。歐盟法律高於英國法律，英國憲法的地位尊嚴遭受侵蝕。[12]二方面，自1979年直接民選的歐洲議會，與象徵英國憲法最高主權的英國議會之間，產生代議功能的重疊與高低問題，英國憲法中的議會主權原則，因此顯得尷尬莫名。

　　三方面，相當於歐盟人權憲法的「歐洲人權條約」，於1998年獲得英國立法機構的通過，成為英國法律，意味英國與其他的歐盟會員國一樣，自此服膺於歐洲人權條約與歐洲人權法院的判決。易言之，英國在保障人權方面，已具有一部外來的人權憲法。

　　最後，英國在沒有一部成文憲法的保障下，對於歐盟在二十一世紀初的制憲運動及聯邦化的憲政發展，特別感到戒慎恐懼。特別是2004年歐盟會員國簽署《歐盟憲法條約》（或簡稱《歐盟憲法》），[13]引起英國國內的反彈聲浪。英國首相布萊爾（Tony Blair）在民意壓力下，同意就歐盟憲法條約進行公投。然而，《歐盟憲法》於2005年先後遭到法國與荷蘭的否決，布萊爾隨即宣布擱置公投。由於當時英國國內反對歐盟憲法的聲浪高漲，法國與荷蘭的公投拒絕歐盟憲法，適時緩解了布萊爾政府處理國內對《歐盟憲法》的反對壓力。

　　此外，歐盟於2007年12月13日簽署《里斯本條約》，以取代《歐盟憲法條約》。英國通過《里斯本條約》的過程中，從布萊爾到布朗（Gordon Brown），對涉及國家經濟及政治主權的政策領域，特別是「四個紅線區」的政策領域，始終維持清楚一貫的保護態度。所謂的「四個紅線區」

---

[12] 有關歐盟法律與會員國法律間的法律位階問題，請參閱黃琛瑜（1999）。《歐洲聯盟——跨世紀政治工程》。台北：五南，頁112-117。

[13] 2004年歐盟會員國簽署的《歐盟憲法條約》（The Treaty Establishing a Constitution for Europe），亦簡稱《歐盟憲法》（European Constitution）。《歐盟憲法條約》於2005年遭到法國與荷蘭否決後遭到擱置，最後於2007年被《里斯本條約》取代。

政策，包括有關人權與社會權利、外交與國防政策、司法與警政系統、賦稅政策等四大政策領域。[14]英國政府透過協商，爭取到英國於這些領域的部分退出權。另一方面，除了清楚且一貫的「四個紅線區」主張，英國對條約中有關歐盟聯邦化發展的條文，亦保持明顯的反對立場。英國政府堅持新的條約中，去除有關憲法的名稱及象徵，同時亦主張將「歐盟外長」（Union Minister for Foreign Affairs）的職稱頭銜，改為「歐盟外交事務暨安全政策高級代表」（High Representative of the Union for Foreign Affairs and Security Policy），以降低該職務所引起歐盟聯邦化的政治疑慮。鑑此，英國的布萊爾與布朗政府，雖然其對歐政策較之於前任的保守黨政府，對歐盟展現出積極參與歐盟事務的態度。然而，對於歐盟憲政條約中事涉英國主權的政策領域，皆維持保護英國經濟及地緣政治重要利益的政策立場，並對歐盟聯邦化發展保持反對。

　　2010年英國聯合政府上任後，保守黨與自由民主黨達成共識，希望促使英國成為「歐盟的積極參與者」。[15]2010年12月9日的歐盟高峰會，歐盟會員國針對規範赤字和負債問題達成協議，並提案修改《里斯本條約》。然而，歐盟會員國中，英國聯合政府獨排眾議，否決了該項條約修訂案。英國的聯合政府憂心，歐盟財政政策的進一步整合與聯邦化發展，將有損英國利益及主權。[16]英國在《里斯本條約》修改的過程中，整體而論，突

---

[14] BBC News (2003) 'European constitution: British red lines', 23 November 2003, http://news.bbc.co.uk/2/hi/uk_news/politics/3235898.stm; BBC News (2007a) 'Blair sets out EU treaty demands', 18 June 2007, http://news.bbc.co.uk/2/hi/uk_news/politics/6763121.stm; BBC News, (2007b) 'Brown reminds EU of "red line"', 9 July 2007, http://news.bbc.co.uk/2/hi/europe/6283040.stm.

[15] Conservative-Liberal Coalition (2010) *Conservative Liberal Democrat Coalition Negotiations Agreements*, http://www.conservatives.com/News/News_stories/2010/05/Coalition_Agreement_published.aspx, p. 5.

[16] 英國運用否決權否決新歐盟條約的主要原因，亦即英國對歐政策的傳統基調——保護英國的利益和主權。英國首相卡麥隆（David Cameron）指出：「當然，我們希望歐元區國家合作並解決問題。然而，我們只能夠在對單一市場及主要英國利益有適當保護的前提下，才能讓這件事情在歐盟條約內落實。」資料來源：BBC News (2011) 'In Quotes: Timelines of Reaction to UK's EU Treaty Veto', 13 December 2011, http://www.bbc.co.uk/news/uk-politics-16137256.

顯出的仍然是保守黨內疑歐派的立場。英國於《里斯本條約》修約的歷程中，否決了歐盟新約的提案，令許多國家錯愕。然而，長久以來，英國對歐政策的傳統基調，便是以保護英國國家利益及主權爲核心。因此，英國首相卡麥隆（David Cameron）否決歐盟新約的提案，若揆諸歷史，並不令人意外。

　　英國面對二十一世紀初歐盟超國家性質的憲政發展及立憲運動，皆抱持反對疑慮的態度。除了保護國家主權和國家利益的考量外，英國朝野反對的另一項重要原因，主要來自英國沒有一部成文憲法法典。相較於歐盟其他會員國皆有一部成文憲法，英國在沒有一部成文憲法的保障下，對於歐盟憲法與法律層面的衝擊與挑戰，特別感到戒愼恐懼。歐盟憲政原則的發展，甚至是歐盟推動制定成文憲法的嘗試，在英國沒有一部成文憲法法典的「屏障」下，容易直接對英國的憲法造成侵蝕。這也是傳統上英國政府與人民，對歐盟超國家性質的憲政發展及立憲運動，多所反對的原因之一。英國主要的憂慮即爲，在歐洲化的憲政衝擊下，英國的不成文憲法有一天恐眞成爲一件「國王的新衣」。

　　似有若無的英國憲法於此內外夾攻、眞槍實彈的考驗下，似乎難以招架，疲憊不堪。因此，英國應制定一部成文憲法取代不成文憲法的主張，逐漸形成一股政治呼聲。倘若英國未來走向制定一部成文憲法，以取代目前的不成文憲法，意義有二。其一，英國認爲，目前的不成文憲法功能不彰，於是希望制定一部成文憲法取而代之，以提供更好的憲法保障。或其二，英國承認，目前的不成文憲法是一件國王的新衣，英國並沒有憲法，故英國應制定一部成文憲法。英國的憲法爲何？一部不成文憲法，抑或一件國王的新衣？這個問題，恐怕只有如人穿衣寒暖自知的英國人民心裡，才有答案。

第三節　英國憲法的未來走向

英國憲法面臨許多質疑與挑戰，憲法改革已成為一項無法迴避的政治議題。關於憲法的未來走向，有兩派看法。其一，主張維持現行的不成文憲法。其二，主張制定一部成文憲法。維持現制派與立憲派的主張，各有優點，以下分別討論。

一、維持現行的不成文憲法

主張維持現行不成文憲法者認為，基於以下理由，不成文憲法應予以保留，無須制定成文憲法取而代之。首先，不成文憲法具有彈性，與修改程序嚴格的成文憲法相較，不成文憲法的修改並無特別規定。構成不成文憲法的制定法及普通法，與一般的制定法及普通法，不論在制定方式或修改程序上，並無二致。不成文憲法其他法源，包括憲政慣例與憲法權威著作，亦不斷發展，新的憲政慣例與權威著作，隨時都可能推陳出新。因此，不成文憲法具有彈性，憲法內涵可以輕易改變，與時俱進。

其次，不成文憲法是歷史的不斷發展與累積，能夠反映政治發展與變動的特性。政治發展瞬息萬變，非一部固定法典所能掌握定調。英國政治發展至今，自諾曼征服算起已有近千年的歷史，但諸如國家定位、政府體制的運作、人權保障等各個層面的發展，仍在持續發展中。悠悠歷史並未產生一部一體適用的政治法典，相反地，新的時代每每帶來新的挑戰，國家與人民間的政治契約，因而屢屢更動。今日的英國，面臨歐盟統合運動的外來威脅，境內蘇格蘭、威爾斯與北愛爾蘭的地方自治運動，立憲君主制的存廢問題，選舉制度的改革等種種挑戰，這些挑戰應如何克服，皆未有定論，更遑論制定一部定於一尊的國家根本大法。因此，繼續採行現行的不成文憲法，較能反映不斷發展、尚未定調的政治現實。

其三，不成文憲法的內容，較成文憲法深廣。政治生活經緯萬端，非一部固定法典所能一言以蔽之，成文憲法只能將國家根本大法提綱挈領地

做一整理，憲法規定過於簡化或刻意簡化的結果，難免發生憲法規定不足或不明的問題。相反而言，不成文憲法的內涵則較爲寬廣，舉凡涉及國家權力與人民權利的相關法律、憲政慣例與憲法權威著作，皆構成不成文憲法。

其四，目前的不成文憲法，在國家統治與人權保障等國家根本大法方面，已建立與成文憲法等量齊觀的憲法規範。憲政制度運作出現問題，不應全部歸咎於憲法，政府的執法與人民的守法問題，亦爲重要因素。好比殺人案的發生與死刑制度的設立，兩者間不一定有關，憲政運作的良窳與成文憲法的制定，亦無等號關係。鑑於以上原因，有識者認爲，英國憲法的未來改革，應保留現行的不成文憲法，於此基礎上，再針對各別的憲政問題，進行法律制度面與非制度面的修改，無需捨本逐末制定成文憲法。

二、制定一部成文憲法

憲法改革的另一派看法，以爲制定一部新的成文憲法，方爲正本清源之道。近年來，制憲派的主張聲浪日益高漲。1988年，壓力團體「八八憲章」提出制憲藍圖，主張英國應制定一部成文憲法，獲得三百多人的簽署支持。2007年，「八八憲章」組織併入「開放民主」（Unlock Democracy）此一組織。「開放民主」繼之成爲英國制憲運動的急先鋒。[17]主張英國應制定一部成文憲法的論點理由，包括以下數端。

首先，成文憲法提供明確的法律規範與保障。制憲派人士認爲，不成文憲法沒有一部成文法典，憲法的範圍與內涵無法明確定義，尤其是構成憲法的憲政慣例，更是一種模糊不清的政治默契。於此曖昧不明的憲法下，憲政制度的運作，自然易遭權謀玩弄於股掌之上。正如推動英國制憲運動的「八八憲章」倡言：「沒有一個政府立於法律之上的國家，被認

---

[17] 根據「八八憲章」組織於1995年的統計，「八八憲章」運動已獲超過八萬五千名各界人士的簽署支持。資料來源爲「開放民主」組織，其網址爲：http://unlockdemocracy.org.uk/。

為是自由的。無一自由沒有入憲的民主，被認為是安全的。」[18]目前的英國，議會乃最高主權，享有至高無上、沒有限制的立法權，再加上一黨政府的常態，使議會中擁有行政與立法大權的議會政府，被批評為民選獨裁政府。此外，政府的憲政運作，多建立於憲政慣例之上，但憲政慣例本身往往只是一種模糊的政治默契，無法有效約束統治者的行為。因此，制定一部成文憲法，成了憲法改革的一項希望，改革者期望透過制憲，使英國的憲政制度與人民權利，獲得清楚明白的規定與保障。

其次，成文憲法具有統一與至高的法律屬性。承上所述，目前的不成文憲法，由制定法、普通法、憲政慣例與憲法權威著作組成，四種法源間，不僅內容可能相互矛盾，彼此的法律位階亦不相同。是故，倘若制定一部成文憲法，目前不成文憲法下不同法源間的矛盾衝突與孰優孰劣的爭執問題，得以化解。憲法作為國家根本大法，所具有之統一與至高的法律屬性，得以建立。

綜合以觀，英國憲法的改革，陷於憲法形式的討論，究竟不成文憲法，抑或成文憲法，才能解決英國的憲政問題？由以上的討論，吾人可知，不論繼續採行不成文憲法，或制定一部成文憲法，兩種方式各有利弊。一方面，繼續採行不成文憲法，可以保留不成文憲法具有彈性、與時俱進、內容深廣等優點，但不成文憲法沒有文字的精確規範，欠缺統一與至高的法律屬性，亦同時存在。另一方面，制定一部成文憲法，固然可以提供明確的法律規範與保障，並建立憲法法源統一與至高的法律屬性，但是，成文憲法的固定僵化、不易輕易改變、法律規定範圍有限而未能詳盡等缺點，亦無可避免。將不成文憲法與成文憲法兩種改革主張相互對照，可以發現，不成文憲法與成文憲法兩者，利弊互見。易言之，不成文憲法或成文憲法，皆為一種相對的制度選擇，而非絕對的價值。採行不成文憲法，或制定成文憲法，各有利弊，兩者皆非保障國家秩序的絕對保證。

既然不成文憲法與成文憲法，兩者皆非保障促進國家秩序的絕對保

---

[18] Cordell, J. (1994) *Essential Government and Politics* (London: Collins Educational), p. 44.

證，於是，憲法改革不免回到對憲法本身的質疑，憲法究竟是保障國家人民的絕對價值？或是限制國家人民的高貴謊言？揆諸英國的憲政發展，歷史或可提供一些答案。1215年的大憲章，是英國史上歷史悠久的一份重要憲法文件，專制國王約翰在貴族威脅下，簽下這份限制王權的法律文件。雖然約翰國王簽字後反悔並宣布大憲章無效，但大憲章仍然象徵著人民對抗專制君權的一項勝利。貴族向國王爭取了不少權力、自由與權利，然而，政治權力只是由過去的專制國王轉移到少數的貴族身上，大憲章保障的自由與權利，亦只是貴族、地主等封建階級的自由與權利。

1688年的光榮革命，專制國王的權力受到更大的限制，由君主、上院、下院三者共同組成的議會取代過去的王權，成為國家的最高主權。立憲君主制取代君主制，成為英國新的憲政體制。當時的議會，除了世襲君主與由貴族組成的上院之外，下院雖經民選產生，但實際上則為社會的菁英權貴所壟斷。因此，光榮革命建立的統治權力，亦不過由專制國王一人，擴大至貴族、地方權貴等社會菁英。以1830年為例，只有約百分之三的成年人口具有投票權，足見當時的民選下院與現今的民選下院大不相同。1832年以降，歷經多次的普選權改革，直至1969年，普選權才擴大至十八歲以上的成年人。

十九世紀以降，隨著選舉制度的改革與政黨政治的發展，下院選舉產生的內閣政府，於是成為英國的權力中樞。下院民主合法性增加的同時，對於議會內閣制的獨裁批評，亦逐漸出現。批評者發現，選舉產生的一黨政府，握有行政與立法大權，已形成不受制衡的民選獨裁政府。此外，一黨政府的選票往往並未過半，少數政府的合法性問題引人質疑。因此，美其名為民選政府，其實只是選舉時講求民主，選舉過後，權力則落到下院選舉產生的六百多名民選菁英，其中由首相所領導的內閣主控政權。議會的制定法具有法律的至高性，英國的憲法由這些民選菁英主控，自然令人心生不滿。但是，倘若英國走向制定成文憲法，憲法僵化的問題不論，憲法的最終解釋權若交由一個常設的釋憲法庭負責，無異於以少數菁英法官取代民選政客，成為憲法的裁判。由於憲法的高度政治性，以及法官的菁

英象牙塔背景，法官取代民選政客成爲憲法的裁判，更加令人提心吊膽。因此，從歷史以觀，憲法並非保障國家人民的絕對價值，而是一種不斷發展的政治制度，憲法創造新的價值，亦被自己的侷限所埋葬。

　　揆諸英國的憲政發展史，吾人可以了解，英國憲法爲不斷發展的歷史累積。不同時代的憲法，只是當時政治生活的架構原則，既不是絕對的價值，亦不會永遠存在。政治生活不斷改變，新的制度原則，亦不斷催生。英國憲法是歷史的不斷發展與累積，若以成文憲法的標準，批評英國沒有憲法，未免失之公允。一方面，成文憲法對國家人民的保障，未必較不成文憲法爲優。另一方面，英國並未擁有成文憲法，但在憲政制度與人權觀念的選擇與發展上，英國比起成文憲法國家，享有更多的自由。

　　關於英國憲法的改革，可以看到人類思想制度的侷限。既有的不成文憲法出現困難，人們因而期待創造新的憲法，但不論是改革目前的不成文憲法，抑或制定一部成文憲法，皆會產生新的矛盾。憲法爲國家根本大法，固然不可小覷，但在歷史演變的洪流中，憲法亦不過是人類思想的有限產物，思想嘗試解決危機、創造新秩序，卻也帶來新的失序與苦難。憲法只是一種權力的分配與價值的定義，權力會移轉，價值會改變，因此，憲法是不斷變動發展的，而非一勞永逸的萬靈丹。吾人應認識此一憲法本質，才能於憲法成文或不成文、或實或虛的迷霧中，了解英國憲法的過去、現在與未來。

中文參考書目

李聲庭（1965）。《英國憲法論》。台北：自由太平洋大學文庫。

胡康大（1997）。《英國政府與政治》。台北：揚智。

陳炯章（1988）。《英國史》。台北：大安。

黃琛瑜（1999）。《歐洲聯盟——跨世紀政治工程》。台北：五南，頁112-117。

英文參考書目

BBC News (2003) 'European Constitution: British Red Lines', 23 November 2003, http://news.bbc.co.uk/2/hi/uk_news/politics/3235898.stm.

BBC News (2007a) 'Blair Sets out EU Treaty Demands', 18 June 2007, http://news.bbc.co.uk/2/hi/uk_news/politics/6763121.stm.

BBC News, (2007b) 'Brown Reminds EU of "Red Line"', 9 July 2007, http://news.bbc.co.uk/2/hi/europe/6283040.stm.

BBC News (2011) 'In Quotes: Timelines of Reaction to UK's EU Treaty Veto', 13 December 2011, http://www.bbc.co.uk/news/uk-politics-16137256.

Beattie, A. (1989) 'Conservatives, Consensus and the Constitution', *LSE Quarterly*, Vol. 3, No. 2, pp. 123-148.

Blackburn, R. (ed.) (1992) *Constitutional Studies: Contemporary Issues and Controversies* (London: Mansell).

Bogdanor, V. (2001) 'Constitutional Reform', in A. Seldon (ed.), *The Blair Effect: The Blair government, 1997-2001* (London: Little, Brown).

Bogdanor, V. (2009) *The New British Constitution* (Oxford: Hart).

Bogdanor, V. (2011) *The Coalition and the Constitution* (Oxford: Hart).

Bradlet, A. W. (1996) 'The Sovereignty of Parliament—in Perpetuity?', in J. Jowell and D. Oliver (eds.), *The Changing Constitution*, 3rd edn (Oxford: Clarendon Press), pp. 79-107.

Brazier, R. (1988) *Constitutional Practice* (Oxford: Clarendon Press).

Brazier, R. (1991) *Constitutional Reform* (Oxford: Clarendon Press).

Burch, M. and Holliday, I. (2000) 'New Labour and the Constitution', in D. Coates and P. Lawler (eds.), *New Labour in Power* (Manchester: Manchester University Press), pp. 80-91.

Bulmer, Simon, George, Stephen and Scott, Andrew (eds.) (1992) *The United Kingdom and EC Membership Evaluated* (London: Pinter).

Bulmer, S. and Burch, M. (2008) 'New Labour, new European policy? Blair, Brown and utilitarian supranationalism', *Parliamentary Affairs*, Vol. 61, No. 4, pp. 597-620.

Conservative-Liberal Coalition (2010) *Conservative Liberal Democrat Coalition Negotiations Agreements*, http://www.conservatives.com/News/News_stories/2010/05/Coalition_Agreement_published.aspx.

Carbone, M. (2009) 'From Paris to Dublin: Domestic Politics and the Treaty of Lisbon', *Journal of Contemporary European Research*, Vol. 5, No. 1, pp. 43-60.

Cordell, J. (1994) *Essential Government and Politics* (London: Collins Educational), pp. 26-45.

Craham, C. and Prosser, T. (eds.) (1988) *Waiving the Rules: The Constitution under Thatcherism* (Milton Keynes: Open University Press).

Dunleavy, P. (1997) 'The Constitution', in P. Dunleavy, A. Gamble, I. Holliday and G. Peele (eds.), *Developments in British politics 5* (London: Macmillan), pp. 129-154.

Elster, J. and Slagstad, R. (eds.) (1988) *Constitutionalism and Democracy* (Cambridge: Cambridge University Press).

Foreign and Commonwealth Office (1998) *The 100 Questions Answered* (London: Foreign and Commonwealth Office).

Forman, F. N. and Baldwin, N. D. J. (1996) *Mastering British Politics* (London: Macmillan), pp. 15-28.

George, S. (ed.) (1991) *Britain and the European Community: The Politics of Semi-Detachment* (Oxford: Clarendon Press).

Harrison, B. (1996) *The Transformation of British Politics 1860-1995* (Oxford: Oxford University Press).

Hazell, R., Masterman, R., Sanford, M., Seyd, B. and Croft, J. (2002) 'The Constitution: Coming in from the Cold', *Parliamentary Affairs*, Vol. 55, No. 2, pp. 219-234.

Johnson, N. (1980) *In Search of the Constitution: Reflections on State and Society in Britain* (London: Methuen).

Jowell, J. and Oliver, D. (eds.) (1989) *The Changing Constitution*, 2nd edn (Oxford: Clarendon Press).

Jowell, J. and Oliver, D. (eds.) (2004) *The Changing Constitution*, 5th edn (Oxford: Oxford University Press).

King, A. (2001) *Does the United Kingdom Still Have a Constitution?* (London: Sweet and Maxwell).

Loveland, I. (1996) *Constitutional Law: A Critical Introduction* (London: Butterworths), pp. 1-101.

Marshall, G. (1980) *Constitutional Theory* (Oxford: Clarendon Press).

Marshall, G. (1986) *Constitutional Conventions: The Rules and Forms of Political Accountability* (Oxford: Clarendon Press).

McAuslan, P. and McEldowney, J. F. (eds.) (1985) *Law, and the Constitution: Essays making the Centenary of Dicey's Law of the Constitution* (London: Sweet and Maxwell).

McLean, L. (ed.) (1996) *The Concise Oxford Dictionary of Politics* (Oxford: Oxford University Press).

Norton, P. (1994) 'The Changing Constitution', in B. Jones, A. Gray, D. Kavanagh, M. Moran, P. Norton and A. Seldon (eds.), *Politics UK*, 2nd edn (London: Harvester Wheatsheaf), pp. 280-294.

Padfield, C. F. and Byrne, T. (1990) *British Constitution* (Oxford: Made Simple Books), pp. 1-25.

Peele, G. (1993) 'The Constitution', in P. Dunleavy, A. Gamble, I. Holliday and G. Peele (eds.), *Developments in British politics 4* (London: Macmillan), pp. 19-39.

Punnett, R. M. (1994) *British Government and Politics* (Hampshire: Dartmouth), pp. 171-205.

Ridley, F. F. (1988) 'There Is No British Constitution: A Dangerous Case of the Emperor's Clothes', *Parliamentary Affairs*, Vol. 41, No. 3, pp. 340-361.

Shell, D. (1991) 'The British Constitution in 1990', *Parliamentary Affairs*, Vol. 44, No. 3, pp. 265-282.

Vile, M. J. C. (1967) *Constitutionalism and the Separation of Powers* (Oxford: Clarendon Press).

Zander, M. (1997) *A Bill of Rights?*, 4th edn (London: Sweet and Maxwell).

第二章 英國國體──立憲君主制

　　英國乃議會民主的發源地，英國議會亦成為世界各國實行代議民主的仿傚對象。對許多移植英國議會制度的共和國來說，英國乃這些國家立國精神與制度的師法來源。然而，英國卻仍採行所謂的立憲君主制，由世襲的君主作為國家的虛位元首，不免引人其理何在的疑惑。揆諸歷史，君主是英國政府中最古老的制度，君主制的出現，至少可追溯至西元九世紀，比起十三世紀出現的議會，足足早了四百年。英國政治是歷史長期演變的結果，立憲君主制亦是君主制度歷經長期政治演變，所形成的政治遺產。

　　本章共分三節，首節以立憲君主制的歷史發展為開端，對立憲君主制的形成背景與發展，做一簡介。第二節就立憲君主的角色與權力，加以討論。第三節針對立憲君主制的優點與缺點進行分析，探討立憲君主制的存廢爭議。

第一節　立憲君主制的歷史發展

　　英國國體的演進，最早為君主制。1649年君主制為共和制取代。1660年再恢復為君主制。1689年，立憲君主制取代君主制成為英國的國體，直至今日。

　　君主制的創立，可推溯至西元九世紀。盎格魯薩克遜時代（450-1066）的英格蘭，小國林立，威塞克斯國（Wessex）的國王愛格柏（King Egbert）於西元829年一度統一英格蘭全境，建立起盎格魯薩克遜王國。現任的英國女王伊莉莎白二世，便是愛格柏國王的嫡系後裔。然而，統一只是建立於個人功業的短暫表象。愛格柏逝世後，王國遭到北

歐丹麥人的不斷侵擾，反覆上演丹麥人入侵與英人收復失土的抗戰史。十一世紀初葉，英國政權數度落入丹麥人手中，包括國王斯韋恩・福克比爾德（Sweyn Forkbeard）、克努特（Canute）、哈洛德一世（Harold I Harefoot），以及哈迪克努特（Hadecanute），皆為丹麥人。

　　英國的君主制雖然溯源於盎格魯薩克遜時代，但由於盎格魯薩克遜時代的王國，面臨外族的不斷入侵與征服，稱不上是統一的獨立國家。因此，英國君主制的開始，一般以1066年「諾曼征服」（The Norman Conquest）算起。1066年愛德華國王（Edward the Confessor）逝世，哈洛德二世（Harold II Godwineson）繼任為王，但法蘭西的諾曼第公爵威廉（William Duke of Normandy）以愛德華表兄的身分，要求哈洛德二世讓位，並派兵攻打英國。威廉於哈斯丁一役打敗哈洛德，登基為威廉一世，史稱「諾曼征服」。1066年開始的諾曼王朝，是一個外族入侵的王朝，征服者威廉不僅是英格蘭國王，同時也是法蘭西的諾曼第公爵，在法蘭西轄有領土。諾曼王朝雖然是外來政權，但由於自此以後，英國便未發生之前外族的頻仍征服與侵擾，成為一個獨立的國家，君主制度得以鞏固發展。是故，諾曼王朝被視為英國君主制的正統開始。

　　十七世紀，對君主制來說，是一個充滿變動的關鍵年代。1642年爆發英國內戰，議會與軍隊合作，企圖推翻國王查理一世。1649年，軍隊首領克倫威爾（Oliver Cromwell）擊敗國王的軍隊，以叛國罪處決國王查理一世，隨後建立起共和國，造成英國君主制的中斷。1649年到1660年間採取共和制的政府，被稱為「弒君政府」。[1]1649年軍隊首領克倫威爾建立的共和國，名為「共和」，實則採行軍隊獨裁統治。1653年，克倫威爾解散「殘餘議會」，並自命為「護國君」。當時的共和國與現代的民主共和國大相逕庭，可說是一種「採共和之名，行君主統治之實」的共和國。1660年新議會成立，迎回查理一世之子，使其登基為查理二世。1649年到1660年間，英國君主制遭到中斷，這段期間因此被稱為「懸位期」或「空位

---

[1]　陳炳章（1988）。《英國史》。台北：大安，頁108。

期」。

　　查理二世的復辟，使原本中斷的君主制得以延續與恢復，但王權的復辟，仍未改善國王與議會間的對立關係。查理二世與詹姆士二世，並未記取英國內戰的教訓，依舊走回專制君主的老路，導致1668年在民怨沸騰的情況下，議會對國王詹姆士二世發動「光榮革命」，驅逐詹姆士二世，迎立威廉三世與瑪麗二世為王。光榮革命翌年，議會通過權利法案，使君主的權力受到限制，過去的專制君主為權力受限的立憲君主所取代，立憲君主制遂取代先前的君主制。有關英國國體的演進，請參閱圖2-1。

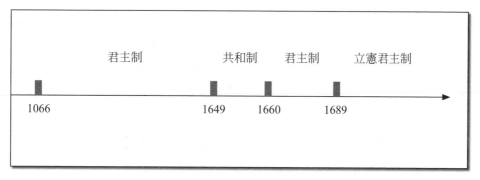

圖2-1　英國國體的演進[2]

　　立憲君主制亦簡稱為君主制，但與光榮革命之前的君主制並不相同，應予留意。光榮革命之前的君主制，君主獨攬行政、立法與司法大權，享有至高無上的權力與地位。立憲君主制下，君主雖然依舊保有國家領袖的頭銜與地位，但君主的實際權力受到限制。由君主、上院與下院三者共同享有的「議會主權」，取代過去的君主成為國家的最高權力。光榮革命後，議會主權的觀念，成為英國不成文憲法的一項基本原則。議會主權由「議會三權」（君主、上院與下院）共同分享，君主是「議會

2　圖2-1為作者自繪，圖表中各個階段的年代間距，並未依照比例精確劃分，本圖的主要目的，僅為藉由適度的簡化，以突顯英國國體的階段演變。

三權」憲政架構下的一個機構，君主成爲權力受到限制的「立憲君主」（constitutional monarchy）或「有限君主」（limited monarchy）。

在立法權方面，「議會主權」下，君主沒有得到上院及下院二者的同意，不得隨意制頒法律。隨著十九世紀以降選舉制度的逐步改革，下院逐漸取得立法的主導地位。非民選出身的上院，地位雖不如下院，但仍然扮演著輔佐下院的重要立法角色。相較於上院，君主的地位則更次之。一方面，君主既非專門職司立法工作的立法機構，另一方面，君主又非民選產生，因此，君主自然成爲「議會三權」權力角力下的輸家，最後只有落得舉行議會開幕、閉幕活動、批准條約、解散議會等儀式性的權力。

在行政權方面，十八世紀君主仍握有行政實權，但隨著議會內閣制的發展，十九世紀以降，行政實權便逐漸轉移到內閣政府手中。雖然至今君主在名義上仍是行政體系的領導人，英國政府在名義上是「英王陛下的政府」，但實際的行政權力已移轉到首相所領導的內閣政府。司法權方面，在名義上，君主仍是司法的來源，法庭亦屬於君主，但光榮革命後，議會制定的法律享有法律的至高性，法庭根據議會制定法所作的判決，君主不得予以撤銷或廢除法庭。

綜論之，光榮革命所建立的憲政原則——議會主權原則，將君主界定於「議會三權」之一，名義上，君主仍是國家的領導人，但卻與下院及上院，三者共同分享英國的最高主權——議會主權。隨著內閣政府與下院民選化的不斷發展，君主體察到自身權力在客觀環境下的困窘，逐漸採取保守化的權力運作，透過憲政慣例的不斷累積，君主的角色與權力在這種客觀環境的主觀自制下，發展成今日的立憲君主制。英國的憲法，是一種歷史演進累積而成的不成文憲法，立憲君主制，也是經過光榮革命後王權逐步受到削減的三百多年歷史，自然演變形成的制度。所謂的立憲君主，便是歷史演進所形成的不成文憲法下，權力受到限制的君主。

第二節　立憲君主的角色與權力

　　立憲君主的角色與權力，受到不成文憲法的規範與限制。立憲君主的角色與權力乃一體兩面，一方面，立憲君主的角色是象徵的，另一方面，立憲君主的權力是保守的。立憲君主身兼國家元首、政府的領袖、司法的來源、英國國教的衛教者、國協的大家長等各種崇高角色。然而，這些角色只是象徵性的，立憲君主並未掌控這些角色所賦予的實質權力。以下就國家、立法、行政、司法、宗教，以及國協層面，分別探討君主的角色與權力。

一、國家層面

　　首先，在國家層面，立憲君主的角色爲國家元首（head of state）。英王爲「大不列顚與北愛爾蘭聯合王國」五千多萬人民的君主。現任的英國女王伊莉莎白二世，是英國史上第四十位君主。有關英國的歷代王朝與君主，請參閱表2-1。

　　英王是國家團結與光榮的象徵。英國國歌〈天佑吾王〉，歌詞主題環繞於讚頌英王：「天佑吾王！吾王萬歲！天佑吾王！佑王勝利、幸福與光榮，長治吾國，天佑吾王！」英國的郵票，亦透露出英國君主的特殊地位，與一般國家印有國家領袖肖像的郵票相較，英國的郵票顯得特殊。英國印有女王肖像的郵票，並未印出國家的名稱，頗有「朕即國家」的意味。

表2-1　英國歷代王朝與君主

諾曼王朝	
威廉一世	1066-1087
威廉二世	1087-1100
亨利一世	1100-1135
史蒂芬國王	1135-1154

金雀花王朝	
亨利二世	1154-1189
理查一世	1189-1199
約翰國王	1199-1216
亨利三世	1216-1272
愛德華一世	1272-1307
愛德華二世	1307-1327
愛德華三世	1327-1377
理查二世	1377-1399
亨利四世	1399-1413
亨利五世	1413-1422
亨利六世	1422-1461
愛德華四世	1461-1483
愛德華五世	1483
理查三世	1483-1485
都鐸王朝	
亨利七世	1485-1509
亨利八世	1509-1547
愛德華六世	1547-1553
瑪麗一世	1553-1558
伊莉莎白一世	1558-1603
斯圖亞特王朝	
詹姆士一世	1603-1625
查理一世	1625-1649
（懸位期）	1649-1660
查理二世	1660-1685
詹姆士二世	1685-1688
威廉三世與瑪麗二世	1689-1702
安妮女王	1702-1714

漢諾威王朝	
喬治一世	1714-1727
喬治二世	1727-1760
喬治三世	1760-1820
喬治四世	1820-1830
威廉四世	1830-1837
維多利亞女王	1837-1901
薩克森─科堡─歌達王朝	
愛德華七世	1901-1910
溫莎王朝	
喬治五世	1910-1936
愛德華八世	1936
喬治六世	1936-1952
伊莉莎白二世	1952-

　　此外，英國並沒有像其他國家一樣舉行盛大閱兵遊行的國慶日[3]，取而代之的是一年一度的英王慶生閱兵遊行。英王慶生閱兵遊行通常於每年6月的第二個星期六舉行，該日被定為英王的「官方生日」，英王慶生遊行的傳統可溯源至十九世紀初葉。慶生遊行當日，英王由皇家馬車護送，自英王官邸白金漢宮移駕至鄰近的皇家禁衛騎軍閱兵場，舉行閱兵儀式。參與閱兵遊行的軍容，包括兩千多名英姿煥發的皇家禁衛軍，以及兩百多匹訓練有素的坐騎駿馬。壯盛氣派的閱兵遊行，每每吸引眾多參觀者及國際媒體的目光，成為凝聚與宣揚英國國威的重要場合。當今英王伊莉莎白二世的真正生日，是4月21日，生日當天除了國歌吟唱、公共建築升旗賀壽之外，並無閱兵慶生儀式。

　　身為國家元首，君主對外代表國家，對內則是國家團結的象徵。對外方面，君主享有與外國締約、宣戰、媾和、承認外國政府、合併與割讓領土等外交權力。名義上，這些權力由君主行使，所有的決策都是以君主之名行之。但實際上，這些權力由內閣政府的相關首長負責決策，君主對政府首長作成的決策，只有事後獲悉與被動批准的實質權力。英王受邀參訪

3　英國並沒有像其他國家一樣舉行盛大閱兵遊行的國慶日。英格蘭、威爾斯、蘇格蘭與北愛爾蘭，各有各的國慶日，然而，這些不同地區的國慶日，亦沒有像其他國家的國慶日一樣，舉行盛大的閱兵遊行，而是一種著重民族歷史與特色的地方節慶。英格蘭的國慶日，為每年4月23日的「聖喬治日」，節慶目的為紀念愛國聖人聖喬治。根據傳說，西元六世紀聖喬治屠龍救女，因此被視為英雄。英國百年戰爭時，英軍便以呼喊「聖喬治」，作為戰鬥時助威壯志的口號，並以代表聖喬治的紅十字旗為軍旗，這種白底紅十字的聖喬治旗於是成為英格蘭的國旗。聖喬治為代表性的愛國聖人，每逢聖喬治日，英格蘭的教會禮拜堂皆會高升紅十字旗，以資慶祝。威爾斯的國慶日，為3月1日的「聖大衛日」。國慶日當天，威爾斯人配戴威爾斯的國花水仙花或威爾斯的傳統象徵——韭蔥，以紀念這位愛國聖人。蘇格蘭的國慶日，是11月30日的「聖安德烈日」。聖安德烈是基督的十二門徒之一，被視為蘇格蘭的守護聖人。象徵著聖安德烈被釘於十字架處死的X形十字架，乃成為蘇格蘭的國家象徵。蘇格蘭的國旗，便以藍底白色的X形十字架作為旗徽，亦稱聖安德烈十字旗。北愛爾蘭的國慶日，為3月17日的「聖派翠克日」。聖派翠克當天，民眾會佩帶北愛與愛爾蘭共和國共同的象徵物——酢醬草，以紀念將基督教傳到愛爾蘭的重要人物聖派翠克。愛爾蘭的國旗乃白底紅十字旗（X形十字），亦稱聖派翠克十字旗。有關英格蘭、威爾斯、蘇格蘭與北愛爾蘭的國慶日，係參閱Foreign and Commonwealth Office (1998) *The 100 Questions Answered* (London: Foreign and Commonwealth Office)。英國國旗，亦即聯合王國國旗（Union Jack），便是由代表英格蘭的聖喬治十字旗（白底紅十字），代表蘇格蘭的聖安德烈十字旗（藍底白X形十字），與代表愛爾蘭的聖派翠克十字旗（白底紅X形十字）所組成。

非大英國協的國家，須經英國政府建議，才可接受。英王以國家領袖的身分出訪外國，換成外國元首來訪時，英王便是英國的東道主，負責迎接款待遠來之客。包括白金漢宮、溫莎堡等官邸皇宮，便成為貴賓下榻的招待行館。對內方面，君主為國家團結的象徵。舉凡國家的重要典禮、重大災變、公益活動等各種場合，皆可看到英王的身影。英王出席重要場合，有助於國家情感與認同的凝聚，特別當英王親赴災變現場探視災民時，對穩定民心有所裨益。

此外，君主身為國家元首，亦為軍隊宣誓效忠的對象。包括君主在內的皇室成員，通常身兼各種儀式性的軍隊職位。以當今英國皇太后為例，便身兼八個軍團的總團長。英國陸海空三軍的名稱，分別為皇家陸軍、皇家海軍與皇家空軍。英國政府與民間的許多機構，名稱上都冠以「皇家」二字。除了上述的皇家陸海空三軍，其他諸如皇家郵政、皇家造幣局、皇家金融交易所等多數的國立機構，都以皇家機構相稱。由皇室許可或贊助成立的民間機構，亦得以晉身皇家機構之列。綜言之，英王雖然只是國家的虛位元首，並未享有主導國政的實權，但英王仍保有國家元首的象徵性角色，充分發揮統而不治的立憲君主精神。

二、立法層面

在立法層面，君主、上院與下院三者，共同分享議會主權，君主在議會的角色為「議會三權」之一。但實際運作上，立法實權掌握在上院與下院手中，君主在議會只擁有儀式性的權力。光榮革命翌年通過的權利法案，建立起所謂的「議會主權」原則，亦即議會取代過去的專制王權成為國家的最高主權，議會的立法享有法律上的至高性。議會由君主、上院與下院三者組成，議案若遭任何一方反對，便無法成為法律。理論上，君主、上院與下院三者，享有相同的權力。然而，隨著十九世紀以降選舉制度的改革與政黨制度的發展，立法實權逐漸由下院與上院掌握。二十世紀初，下院立法地位優於上院的原則，獲得確立，下院成為議會中的立法主

導者，上院則扮演與下院相輔相成的角色，輔佐分擔下院的立法工作。在君主方面，雖然議會仍然由君主、上院與下院三者共同組成，君主依舊保留議會三權之一的角色，但君主的實際權力已儀式化、空洞化了。

　　君主在議會的權力，包括首相任命權、解散議會權、法律批准權、主持議會開幕與閉幕儀式等數端。有關君主在議會的權力，第五章專章討論。依照憲政慣例，君主應任命議會多數黨領袖為首相，按照首相的建議解散議會，批准上、下兩院所通過的議案。首相任命權、解散議會權與法律批准權，皆為一種被動的儀式性權力，君主不宜主動行使，否則恐破壞行之有年的憲政慣例與民主原則。畢竟，首相乃民選出身的多數黨領袖，下院亦為民選產生，君主理當尊重民選結果。至於主持議會開幕與閉幕典禮，則成為一種展現傳統儀式的年度盛會。儀式熱鬧有餘，但君主實權不足。君主在議會開幕時發表的「英王演說」，亦即議會開幕演說，演說內容為政府在新的年度所欲完成的立法計畫，演說稿由首相為首的內閣擬妥，君主只是代為宣讀罷了。

　　君主仍保留議會主權之一的角色，並享有包括首相任命權、解散議會權、法律批准權、主持議會開幕與閉幕儀式等議會運作的關鍵權力。因此，縱然君主在議會的權力受到憲政慣例的約束而逐漸儀式化，這些權力仍有發揮的可能空間。舉例來說，倘若議會大選未能產生多數黨，或國家面臨危急存亡之秋等特殊情況，君主仍可自由判斷決定首相人選。同理，君主在國家急難，不可一日無社稷的特殊情形下，拒絕解散議會，亦在情理之內。再者，若民選政府發生逾越民主法度，對國家百姓生存造成危害的情況，君主拒絕批准惡法，或主動解散議會，誠屬正當。是故，君主在議會的權力雖然儀式化，但在無限的政治可能中，仍有發揮的藝術空間。

三、行政層面

　　在行政層面，君主乃行政權力的最高象徵，英國政府為「英王陛下的政府」，政府的所有作為，皆以英王之名行之。光榮革命後，議會成為政

權中心，君主必須倚賴議會的支持，才得以維持政權，過去國王所享有的行政大權江河日下。

十八世紀初，喬治一世不諳英語並無心政事，英國的第一位首相，便在此種權力眞空的情況下產生。首相華爾波爾（Sir Robert Walpole）與國王關係良好，並贏得議會的支持，行政實權遂由君主手中，旁落至首相所領導的內閣政府。十八世紀後半葉，喬治三世重新拾回旁落首相的行政實權。喬治三世享有任命屬意首相的權力，並透過酬庸控制下院。喬治三世大掌行政實權，引起下院對王權擴展的疑慮與削弱王權的主張。十九世紀以降，選舉制度的改革與政黨政治的興起，使君主無法透過酬庸操控下院，促進了現代議會內閣制的發展。

議會內閣制下，行政實權由首相領導的內閣所掌握，君主則成爲統而不治的虛位行政領袖。名義上，君主仍是最高的行政首長，但實際上，行政實權則由「英王陛下的政府」之實質領袖──首相所操控。上面提到，君主在立法層面的角色與權力，受限於「議會主權」的憲政原則。君主在行政層面的角色與權力，則受限於「內閣責任」此一憲政原則。依據「內閣責任」原則，內閣須對政府作爲，向議會負責。君主身爲行政權力的來源，所掌握的行政權力亦稱爲「皇家特權」（royal prerogative）。皇家特權之所以稱爲特權，是因爲這些由君主所享有的權力，乃中古封建王權的遺蹟，君主不須獲得議會的同意，即可行使這些權力。雖然君主不須議會的同意，即可行使這些權力，但實際上，絕大多數的皇家特權由君主依照內閣建議行使，或由內閣政府代爲行使，而內閣政府必須向議會負責。此外，議會也可透過立法，限制或廢除這些歷史累積而成的皇家特權。

實際運作上，超過百分之九十五的皇家特權，並非由君主個人直接行使，而是君主依照內閣建議行使，或由內閣官員代爲行使。[4]絕大多數的皇家特權，由以首相爲首的內閣主導運作，但內閣只能決策，不能發號施

---

[4] Bogdanor, V. (1995) *The Monarchy and the Constitution* (Oxford: Oxford University Press), p. 66.

令，因爲內閣只是以君主之名來執行這些皇家特權。內閣的決策，尚須獲得樞密院以君主名義發布的敕令，才得生效爲命令。君主絕大多數的行政權力，乃依照內閣建議而爲，或由內閣官員代爲行使，因此，若行政作爲遭受批評，君主不須負責亦不作回應，而由內閣承擔責任並代爲回應，以維護君主獨立於政黨政治之外的超然中立。十九世紀憲法學者安孫（Sir William Anson），於其權威著作《君主》（*The Crown*）一書中，整理出君主行使行政權力的三項基本原則。其一，對於攸關國家事務的決策，君主不應接受非內閣人士的建議。其二，君主未與內閣諮議，不應公開發表對國家事務的看法。其三，君主應接受並支持內閣的建議。[5] 由此可知，君主的行政角色是象徵性的，行政權力則是受限的。君主絕大多數的行政權力，皆須依照內閣建議方可行使或由內閣代爲行使。

　　君主的行政權力雖然受到限制，絕大多數的行政權力行使上，必須遵照內閣建議被動行事或由內閣代爲行使，但君主的行政權力並非完全遭到架空，君主仍可透過與內閣人士的祕密會議，發揮君主的行政影響力。政論家貝捷特（Walter Bagehot），於1867年提出所謂的英王三權論，他認爲，英國立憲君主的權力有三，包括被諮詢的權力、鼓勵的權力與警告的權力。[6] 易言之，君主除了被動接受內閣諮詢的權力外，亦可透過與內閣的私下會晤，發揮鼓勵或警告內閣決策作爲的政治影響力。

　　英王雖然獨立超然於政黨政治之上，但對重要國事的運作，仍瞭如指掌。英王每日皆會批閱包括內閣決議報告、議會通過的法律案等各類國家公文。以現任英王伊莉莎白二世爲例，女王的御前大臣透露，女王每日約花費二到三小時批閱各類國家公文。[7] 除了勤於了解國事，君主本身的政治經驗往往比首相豐富，因此，君主的政治影響力不容小覷。至2019年爲止，女王伊莉莎白二世已就位超過六十年，在位期間計有十五位首相。

5　同前註，頁67。

6　Padfield, C. F. and Byrne, T. (1990) *British Constitution* (Oxford: Made Simple Books), p. 125.

7　Blackburn, Robert (1992) 'The Future of the British Monarch', in R. Blackburn (ed.), *Constitutional Studies* (London: Mansell), p. 3.

　　每週二，首相會前往白金漢宮晉見女王，向女王報告國事並諮詢女王意見。透過此種定期會面，包括被諮詢的權力、鼓勵的權力，以及警告的權力等所謂的英王三權，得以發揮。英國前首相希斯（Edward Heath）嘗言，女王不會直接指示首相應如何作爲，而是透過與首相交換意見的嫻熟技巧，發揮左右首相決策的影響力。前首相柴契爾（Margaret Thatcher）亦有同感，她認爲，女王與首相的定期會面，並不是一種表面形式，而是一種公事公辦的業務會談，女王不僅政治經驗豐富，對時事也有精闢的理解。[8]前首相布萊爾亦表示相同看法，他表示：「沒有一個人能對危機有更清楚的了解和見解，她總是提出坦誠、公開和具有建設性的意見。」[9]女王對時事的真知灼見，亦讓首相卡麥隆感到折服，他表示：「她問一些很深入的好問題，讓你對事情有更深的思考，在深層思考後，也對擔憂的事情找到了答案。」[10]因此，英王的行政實權雖然由內閣政府行使，但君主仍可透過與首相、閣員的私人會晤，發揮諮詢、鼓勵、或警告政府作爲的影響力。

四、司法層面

　　君主是司法的來源。早在盎格魯薩克遜時代，賢人會議一方面是國王施政的諮詢機構，同時也是國王的「最高法院」，國王在賢人的協助下，就重大司法案件進行審判。此外，國王亦於各郡設立郡法庭，並予以監督。君主身爲司法的仲裁者，足見其源遠流長。光榮革命後，議會成爲英國最高的權力機構，議會制定的法律享有最高的法律地位，優於法庭判決所建立的普通法。

　　在司法角色方面，君主仍保留作爲司法來源的角色。英國的法庭稱爲「皇家法庭」，所有的刑事訴訟都是以君主之名起訴。由於君主本身就

8　同註4，頁72。
9　中央社，2012年2月4日，http://www.haixiainfo.com.tw/176110.html。
10　同前註。

是司法的來源，君主在法律上，享有一個「超法律」的人格。「君主不能爲非」這句話常被引用描述君主的「超法律」人格。由於君主個人不受民事或刑事上之訴究，亦不得於法庭受審，是故，君主在法律上不會爲非犯法。司法權力方面，光榮革命後，君主的司法權力受到削弱，議會制定的法律享有至高性，法庭根據議會的制定法作成判決，君主不得撤銷法庭判決或廢除法庭。此外，名義上君主仍保有減刑與特赦的權力，但實際上，君主須依照內政大臣的建議，方可行使這些權力。綜合以觀，君主雖然仍保有作爲司法來源的象徵性角色，但君主的司法權力，一方面受到議會立法至高性的限制，另一方面，議會內閣制下，君主的多數權力須依照內閣建議行使，使得君主手中的司法權力，成爲一種保守化的虛權。

五、宗教層面

君主的皇號之一是「宗教的捍衛者」或「衛教者」（Defender of the Faith），所護之教爲英國國教。君主的「衛教者」稱號，溯源於十六世紀的國王亨利八世。十六世紀，德國教士馬丁路德公開批評羅馬天主教會，引發歐陸的宗教改革運動，造成西方世界陷入基督新教與天主教的針鋒相對之中。年輕時候的亨利八世，對正統宗教的信仰堅定不移，著書攻擊宗教改革者馬丁路德，深受羅馬教皇利奧十世嘉許，教皇因此將「衛教者」的頭銜授予亨利八世，此即英王享有「衛教者」稱號的最早起源。但不出數年，亨利八世受到親信臣子的影響，逐漸轉向路德派基督教。再加上羅馬教會拒絕批准亨利八世與皇后凱撒琳的離婚，亨利八世一怒之下，便宣布斷絕與羅馬教會的關係，並兼任英格蘭教會（Church of England）的最高統治者，建立起英國國教。

君主的「衛教者」稱號沿用至今，但其所捍衛的宗教，古今有異。最早，「衛教者」的亨利八世所衛之教爲羅馬天主教，亨利八世成立英國國教後，所衛之教則爲英國國教（當時的英國國教所指爲英格蘭教會）。今日的英國國教，廣義上包括英格蘭教會與蘇格蘭教會（Church of

Scotland），狹義上則爲英格蘭教會。英國是一個保障宗教自由的國家，境內除了受到法律承認的官方教會——英國國教，世界其他主要宗教如回教、印度教、猶太教、錫克教等，在英國皆有一席之地。

　　廣義而言，英國國教包括英格蘭教會與蘇格蘭教會。1707年英格蘭與蘇格蘭簽訂《聯合條約》，兩個王國正式合併爲「大不列顛聯合王國」，兩國議會合併，並以倫敦議會爲王國議會。英格蘭與蘇格蘭合併後，共有一位君主及一個議會，但蘇格蘭仍保留自己的宗教與法律。因此，原本屬於英格蘭國教的英格蘭教會與原本屬於蘇格蘭國教的蘇格蘭教會，則順理成章成爲「大不列顛聯合王國」的國教。1801年，愛爾蘭王國與大不列顛聯合王國進行合併，組成「大不列顛與愛爾蘭聯合王國」。二十世紀初葉，愛爾蘭爭取獨立自治，愛爾蘭北方六郡脫離愛爾蘭，繼續留在聯合王國內，英國更名爲「大不列顛與北愛爾蘭聯合王國」（United Kingdom of Great Britain and Northern Ireland，英文簡稱UK），別名大不列顛（Great Britain），或不列顛（Britain），亦即現在的英國。現今的英國，所謂的英國國教（Established Church），乃英國予以法律承認的官方教會。英格蘭教會與蘇格蘭教會，皆屬於英國予以法律承認的英國國教。因此，廣義上，英王作爲「衛教者」，所衛之教爲包括英格蘭教會與蘇格蘭教會兩者在內的英國國教。英王繼位時，須宣誓承諾捍衛英格蘭教會與蘇格蘭教會。

　　狹義而言，英國國教指的是英格蘭教會。英王身爲衛教者，所衛之教爲亨利八世創立、沿革至今的英格蘭教會。英王與英格蘭教會的關係，至爲密切。其一，英王身爲英格蘭教會的最高統治者。其二，君主的登基典禮，由英格蘭教會的坎特伯里大主教爲君主加冕。其三，包括大主教、主教等英格蘭教會的神職領袖，皆由英王按首相建議任命，這些神職領袖沒有英王的同意，不得辭職。其四，大主教、主教、牧師等神職人員須對英王宣誓效忠。此外，英格蘭教會享有特殊的政教關係，包括坎特伯里大主教與約克大主教，以及二十四名主教，皆擁有英國上議院神職貴族的職位。相較於1530年代創立的英格蘭教會，1560年代創立的蘇格蘭教會

不僅歷史較短，與英王及政府的關係，亦遠不如英格蘭教會。英王並非蘇格蘭教會的最高統治者，與英王身兼英格蘭教會最高統治者的情況，大不相同。蘇格蘭教會與政府的關係，採取政教分離的原則，教會與政府相互獨立，英格蘭教會則與英國政府，保持特殊的密切關係。從「大不列顛聯合王國」到「大不列顛王國與北愛爾蘭聯合王國」，英格蘭長久以來皆享有統治上的種種優勢。同樣地，英格蘭教會在英國亦享有代表性的國教地位。因此，狹義而言，英國國教所指為英格蘭教會。

　　由於英國國教的定義，有廣義與狹義兩種，英王的衛教者角色，亦因英國國教本身的定義問題，無法明確定位。不論就廣義或狹義的英國國教而論，英王的衛教者角色都存在無法明確定位的盲點。就廣義的英國國教來說，英王所衛之教包括英格蘭教會與蘇格蘭教會，然而，英格蘭教會與蘇格蘭教會兩者的歷史、組織、領導方式等皆各有不同。兩者皆屬基督教派，但個別教義仍有出入。兩個教會間的矛盾無可避免，而英王應捍衛哪一個教會，才算是捍衛英國國教？就狹義的英國國教而言，英王所捍衛的國教為英格蘭教會，但不可否認，英格蘭教會與蘇格蘭教會皆為英國境內獲法律承認的國教，英王繼位時亦宣誓保護這兩個教會。因此，英王在這兩個教會間出現衝突時，無法避免陷入左右為難的矛盾。

　　綜言之，揆諸英國國教的發展歷史，可以發現，英國國教是一種「國中有國，教中有教」的錯綜沿革，不易予以單一明確的定義，因此，英王的衛教者角色，亦無法明確勾勒。此外，所謂的衛教者，是一種象徵性的抽象角色，無須對此角色作過分枝節的具象歸納。準此而論，英王所捍衛的英國國教，是一種英國國教所植基的基督教教義，英王本身亦即基督教教義的象徵。

六、國協層面

　　當今英國女王伊莉莎白二世的正式頭銜，為「蒙上帝恩典之大不列顛及北愛爾蘭聯合王國與其他領土的女王，大英國協的領袖，宗教

的捍衛者伊莉莎白二世」。因此，英國君主不僅是大不列顛及北愛爾蘭聯合王國與其他領土的元首，[11]同時也是大英國協的領袖（Head of Commonwealth）。大英國協是前大英帝國成員國獨立後所組成的國際組織。十七世紀初，英國便開始建立海外的殖民地，十八世紀的工業革命，使英國國力大爲擴張，並助長了英國的海外殖民活動。十九世紀中期，英國的海外殖民地已遍布世界各地，建立起享有「日不落國」稱譽的大英帝國。二十世紀以降，殖民地的民族主義高漲，紛紛尋求獨立，大英帝國因而瓦解。1931年，英國通過西敏法，正式承認大英帝國內自治領的獨立地位，包括加拿大、南非等殖民地逐成爲主權獨立的國家，並與英國組成大英國協（British Commonwealth of Nations）。1944年，大英帝國的帝國會議爲大英國協總理會議所取代。第二次世界大戰後，大英帝國更名爲國協（Commonwealth of Nations），「大英國協」中的「英國」二字遭到刪除，但英國對國協的影響力並未去除，中文仍多以「大英國協」相稱。1949年，大英國協總理會議簽訂「倫敦宣言」，承認英王爲大英國協的領袖。

　　大英國協成立至今，已成爲擁有五十三個成員國的國際組織。[12]根據大英國協的官方統計，2019年國協成員的人口總數，高達二十四億人。[13]

---

[11] 英國的國名爲大不列顛及北愛爾蘭聯合王國，國土包括英格蘭、蘇格蘭、威爾斯與北愛爾蘭。英國的其他領土，亦即英國在國家領土以外所管轄的海外領地。這些地區多爲未脫離英國統治獨立的前大英帝國殖民地，除了享有自治權外，舉凡外交、國防、内政安全等重要事務，則接受英國的統治。英國的海外領土，包括安圭拉、百慕達、英屬南極領土、英屬印度洋領土、英屬維京群島、蓋曼群島、福克蘭群島、直布羅陀、皮康特群島、南喬治亞與南三文治群島、聖海倫那、聖海倫那屬地，以及土克斯與開寇斯群島。

[12] 大英國協成立至今，已成爲擁有五十三個成員國的國際組織，成員國按照英文國名字母依序爲安地卡及巴布達、澳大利亞、巴哈馬、孟加拉、巴貝多、貝里斯、波札那、汶萊、喀麥隆、加拿大、賽普勒斯、多米尼克、史瓦帝尼、斐濟、迦納、格瑞那達、蓋亞那、印度、牙買加、肯亞、吉里巴斯、賴索托、馬拉威、馬來西亞、馬爾他、模里西斯、莫三比克、納米比亞、諾魯、紐西蘭、奈及利亞、巴基斯坦、巴布亞紐幾内亞、盧安達、聖克里斯多福及尼維斯、聖露西亞、聖文森及格瑞那丁、薩摩亞、塞席爾、獅子山、新加坡、所羅門群島、南非、斯里蘭卡、坦尚尼亞、東加、千里達及托巴哥、吐瓦魯、烏干達、英國、萬那杜與尚比亞。

[13] The Commonwealth (2019) *Fast Facts: The Commonwealth*, http://thecommonwealth.org/sites/default/files/inline/Fast%20Facts%20on%20the%20Commonwealth%20-%2012%20Feb%202019%20SA%20ND%20FINAL.pdf, p. 1.

除了居於領導地位的英國之外，多數成員國爲過去大英帝國殖民地，少部分則爲與大英帝國並無直接「血緣關係」的新興獨立國家。前大英帝國殖民地的國協成員國，例如加拿大、澳大利亞、紐西蘭、南非、印度、馬來西亞等國。這些國家除了對英國王室尚有依戀懷舊的歷史情感與記憶，在政治、經濟、教育等重要領域的發展，亦與英國維持良好的合作關係。少數的國協成員，則非昔日大英帝國的成員，例如前葡萄牙殖民地莫三比克、自南非獨立出來的納米比亞，以及脫離紐西蘭統治的薩摩亞。

　　1977年，女王伊莉莎白二世於登基二十五週年演說中指出，國協象徵著「由君主支配到自願組織的一種轉變。這種轉變是史無前例的」。[14]2012年女王登基六十週年演說中，亦向國協成員國表達感謝。女王表示：「我會繼續珍惜這個國家及國協人民帶給我的無限善意，並會由此汲取靈感。」[15]

　　相較於大英帝國下殖民者與被殖民者的統治關係，大英國協是一個由主權獨立國家自願組成的國際組織，英王的角色，亦從過去大英帝國下殖民統治者的角色，轉變爲今日大英國協的象徵性領袖，扮演著一種溫馨親切、大家長式的角色。

　　英王不僅身爲國協領袖，同時亦身兼十六個國協成員國的元首。除了英國之外，其餘的十五個國家包括安地卡及巴布達、澳大利亞、巴哈馬、巴貝多、貝里斯、加拿大、格瑞那達、牙買加、紐西蘭、巴布亞紐幾內亞、聖克里斯多福及尼維斯、聖露西亞、聖文森及格瑞那丁、所羅門群島與吐瓦魯，這十五個國家皆奉英王爲國家元首，實行立憲君主制，並由英王任命的總督作爲英王在該國的代表。部分國協成員國亦採行立憲君主制，並擁有自己的君主，而非由英王兼任君主，例如汶萊、馬來西亞、

---

[14] Foreign and Commonwealth Office (1998) *Britain and the Commonwealth: A Working Partnership* (London: Foreign and Commonwealth Office), p. 4.

[15] The Daily Mail (2012) '"I'm Deeply humbled": Her Majesty Offers Heartfelt Thanks to Everyone Involved in Her Diamond Jubilee Celebrations in Rare Address to the Country and Commonwealth', 5 June 2012, http://www.dailymail.co.uk/news/article-2154948/Diamond-Jubilee-2012-Queen-thanks-involved-celebrations-rare-address.html.

賴索托、史瓦帝尼、東加等國。多數的國協成員，則採行共和制，以總統作爲國家元首，例如孟加拉、波札那、喀麥隆、賽普勒斯、多米尼克、斐濟、迦納、蓋亞那、印度、肯亞、吉里巴斯、馬拉威、馬爾他、模里西斯、莫三比克、那米比亞、諾魯、奈及利亞、巴基斯坦、盧安達、薩摩亞、塞席爾、獅子山、新加坡、南非、斯里蘭卡、坦尙尼亞、千里達及托巴哥、烏干達、萬那杜、尙比亞等。

　　國協成員國不論採行何種國體，皆承認英王爲國協的領袖。英王身爲國協領袖，保有權杖與王旗，使得國協雖是一種自願性的國際組織，而非過去的大英帝國，但仍然保有幾分前大英帝國的餘味。因此，國協亦戲稱爲「大英帝國的分身」。英王作爲國協領袖，主要職責包括參與兩年一度的國協高峰會，[16]透過國協祕書長及各成員國代表掌握成員國的重要發展，與國協成員國首長或代表召開會議，受邀參訪國協成員國等。據統計，當今女王伊莉莎白二世每年的海外參訪活動，約有三分之一與國協成員國有關。[17]通常，英王前往外國進行參訪時，是以英國虛位元首的身分前往，須按照英國首相的建議行事。然而，當英王出訪的國家爲英王兼任元首的國協成員國，則英王須按照該國首相的建議行事。

　　除了政治活動外，英王亦透過不少軟性的國協活動，拉近與國協人民間的距離。例如每年3月第二個星期一的「國協日」，以及12月25日的聖誕節，英王皆會以國協領袖的身分發表演說，透過媒體向國協人民問候。四年一度的「國協運動會」，身爲國協領袖的英王，自然成爲開幕及閉幕典禮上不可缺少的重要貴賓。綜言之，英王不僅是英國元首，亦身兼國協領袖的角色，熟稔國協事務之餘，復展現國協大家長的象徵意義與風範。

---

[16] 1971年，「國協總理會議」（Meeting of Commonwealth Prime Ministers）更名爲「國協高峰會」（Commonwealth Heads of Government Meeting），英文簡稱爲GHOGM。
[17] 同註13，頁5。

第三節　立憲君主制的存廢爭議

　　自1688年光榮革命至今，立憲君主制的發展已有三百多年的歷史。英國君主的傳承，自1066年開始的諾曼王朝算起，更享有近千年的歷史。立憲君主制的悠悠歷史，一方面成為應予保留的傳統寶藏，另一方面，也引起除舊布新的改革聲浪。以下就反對與贊成立憲君主制的各種主張，探討立憲君主制的存廢爭議。

一、反對立憲君主制的主張

　　反對立憲君主制者主張，立憲君主制具有以下缺點，故應予以廢除。其一，世襲君主與民主政治格格不入。相較於光榮革命前的君主，立憲君主制下，立憲君主雖仍保留國家元首的最高地位，並保有國家運作的種種大權，但實際上，立憲君主的權力多已虛化，真正的行政實權由內閣政府所掌握。然而，在民主共和派人士的眼中，立憲君主仍是一個不合時宜，必須廢除的礙眼制度。首先，立憲君主乃世襲產生，違反民主選舉的精神，欠缺民主合法性的制度基礎。其次，立憲君主享有皇家特權，絕大多數的皇家特權，雖已虛化為儀式性的權力，君主必須按照內閣政府的建議行使，但名義上君主仍擁有這些權力，君主仍可主動行使或拒絕依照內閣政府建議行使這些權力。君主手中的皇家特權，包括宣戰、任命首相、解散議會、批准法律等國家重要權力。倘若君主逾越憲政慣例，不主動行使或拒絕依照內閣建議行使這些權力，將造成立憲君主制的潰堤，形成君主干預民主的憲政危機。

　　立憲君主制下，君主的權力受到不成文憲法的限制，但君主仍可透過其他管道，發揮左右政府作為的影響力。由於世襲君主的任期，通常較首相所領導的內閣政府為長，君主的政治經驗往往較首相豐富，因此成為首相請益國事的重要對象之一。得利於君主身兼英國元首與國協領袖兩種身分，君主在外交事務的處理上，技巧嫻熟、見解精闢，是故，君主在政府

外交政策上，具有不小的影響力。君主影響內閣首長決策，主要透過定期或不定期的私人祕密會晤。君主的權力雖然受到檯面上的行使限制，但君主仍可透過與內閣首長的祕密會晤，發揮左右決策的影響力。相較於民主共和體制，民選總統依法行使憲法明文規範的權力，立憲君主制下，立憲君主可以透過與內閣首長的祕密會晤，發揮左右政策的影響力，君主是否透過黑箱決策過程偷渡、擴張權力，不免啓人疑竇。

　　此外，爲了尊重內閣政府的治國實權，君主應保持政治上的超然中立，避免僭越或捲入政黨流派鬥爭下的政府運作。二十世紀以降，隨著普選權的不斷擴大，以下院爲首的民選政府逐漸取得政治主導權，君主於此政治現實下，培養出服膺民選政府的政治默契。維多利亞女王是最後一位按照個人喜好任命首相的君主，維多利亞時期結束後，君主服膺於民選結果，任命議會多數黨領袖爲首相的憲政原則，便逐漸確立。然而，君主身爲國家元首，心繫國事，欲保持政治上絕對的超然中立，並不容易。大體而言，維多利亞時代後的君主，皆恪遵不干涉實際政治的憲政原則，但英王干政的小插曲，仍不免偶爾發生。舉例來說，1931年，工黨政府首相麥克唐納辭職，當時國家正面臨經濟危機，不宜重新舉行國會大選，英王喬治五世於是捲入這場政治危機。喬治五世與政黨領袖召開協商會議，讓麥克唐納繼續留任並組成新政府。麥克唐納未獲多數工黨要員的支持，卻得以獲得英王任命爲首相，引來不少對英王干政的批評，認爲喬治五世任命麥克唐納之舉，誠爲不智。英王喬治六世的政治中立立場，亦有失守紀錄。1944年，喬治六世曾警告首相邱吉爾取消前往法國戰區巡視戰況的計畫。1945年，喬治六世影響另一首相艾德禮的內閣官員任命案，使艾德禮放棄原先屬意的工黨政治家達爾頓（Hugh Dalton），任命英王屬意的工黨政治家貝文（Ernest Bevin）爲外交大臣。

　　立憲君主制下，英王應保持不干預內閣政府的政治默契。但揆諸歷史，默契歸默契，君主不見得沉得住氣。英國王儲查理王子的政治活躍作風，亦引起未來英王干政情況或恐惡化的疑慮。查理王子的政治角色相當活躍，在不少重要的政府政策與議題上，查理王子並不避諱表態，甚至扮

演影響政府政策的意見領袖角色。以1999年備受爭議的基因食品政策爲例，由於查理王子對基因食品強烈反對的立場，迫使工黨改變原先較爲寬鬆的管制基因食品政策。針對查理王子的熱衷政事，媒體打趣評論：「王子比保守黨更像稱職的反對黨。」[18] 1999年10月，中華人民共和國國家主席江澤民訪問英國，由於查理王子與西藏流亡精神領袖達賴喇嘛私交甚篤，爲了顯示他的個人立場，查理王子於江澤民所設款待女王的國宴中，故意缺席，並拒絕陪同各項參訪活動。[19] 由於英王身爲國家元首，包括代表國家出訪外國，以及款待外國賓客等外交工作，皆由英王負責。查理王子因私人原因故意缺席，顯然違反外交禮節之餘，亦有失王室成員的國家職責。

英王未能保持政治中立，就國家層面而言，直接損害英王作爲國家元首的超然地位；就政治層面而言，則造成不民主機構干預民主機構的民主合法性問題，因而激起反對立憲君主制的不少聲浪。

其二，政治上的民主浪潮，使英王的國家元首角色，愈形尷尬。社會的開放、多元化，亦使英王的「衛教者」角色，愈形捉襟見肘。前面提過，君主的皇號之一是「宗教的捍衛者」或「衛教者」，所衛之教爲英國國教。君主身爲英國國教的「衛教者」，行爲舉止應合乎英國國教所植基的基督教教義，才能作爲全國人民的精神標竿。

英王的「衛教者」角色捉襟見肘，自古皆然，於今尤烈。追溯至英國國教（當時的英國國教爲英格蘭教會）的成立，令人備感諷刺，因爲英國國教的成立，其實就是「衛教者」的自我背叛。原本因維護羅馬天主教會有功，被羅馬天主教皇利奧十世頒贈「衛教者」頭銜的英王亨利八世，卻因離婚遭拒，決定與羅馬天主教會決裂，自創英國國教。「衛教者」的頭銜雖然繼續由後世英王承襲，沿用至今，但諷刺的是，英王所衛之教，已由英國國教取代原先的羅馬天主教。

---

[18] Furedi, F. (1999) 'A Very Expensive Crown', *The Wall Street Journal Europe*, 8 July 1999.
[19] 聯合報，1999年10月23日，第11版。

畢竟，英王的俗世身分與宗教的出世角色，兩者之間難免互有扦格。二十世紀以降，社會風氣較之過往開放，自由風氣下英王的俗世生活，與依舊謹嚴不變的教義規範之間，不免出現更多的衝突。1936年，愛德華八世因婚姻問題放棄王位，成爲英國史上唯一一位自願放棄王位的國王。當時的愛德華八世，執意迎娶平民辛普森女士，但辛普森女士梅開二度並已離婚。這樣的婚姻紀錄，與英格蘭教會所植基的基督教教義，顯得格格不入。根據基督教教義，英格蘭教會反對離婚。[20]辛普森女士兩度離婚的紀錄，在英王身兼英格蘭教會最高統治者的政教背景下，似乎並不適任王后。此外，根據教會的規定，若前配偶仍在世，不得再婚，而辛普森女士的前夫當時仍然健在。英王身兼英格蘭教會的最高統治者，並於加冕時宣誓保護英格蘭教會，英王的婚禮亦須由教會舉行，倘若英王執意違反教義與教會規定迎娶辛普森女士，將直接傷害英王的「衛教者」角色。愛德華八世盱衡當時的不利情況，做出「王位誠可貴，宗教價更高。若爲愛情故，兩者皆可拋」的決定，自願放棄王位。離開英國後，兩人便於法國的一個英格蘭教會結婚，主持婚禮的牧師還因此遭到上屬主教斷絕關係。愛德華八世於其放棄王位演說中表示：「我發現倘若沒有我愛人的幫助與支持，我無法履行作爲國王所應履行的沉重責任與義務。」[21]

愛德華八世做出「不愛江山愛美人」的決定，解決了自己的婚姻難題，但英王的俗世生活與宗教角色間潛在的矛盾問題，依然存在。根據1999年的統計[22]，英國離婚率已從二十年前的千分之二點四五，上升到千分之三點二五，到了每四對婚姻中，便有將近兩對婚姻以離婚收場的地步。英國王室成員的婚姻，似乎亦反映出這樣的社會現象。近數十年來，包括伊莉莎白女王的妹妹瑪格麗特公主、女王的千金安妮公主、女王的公

---

[20] 基督教強調家庭的價值，反對離婚。聖經馬可福音十章十一至十二節：「耶穌對他們說：『凡休妻另娶的，就是犯姦淫，辜負他的妻子；妻子若離棄丈夫另嫁，也是犯姦淫了。』」適說明基督教強調家庭永續與反對離婚的觀念。

[21] Safire, W. (ed.) (1992) *Lend Me Your Ears: Great Speeches in History* (London: Norton), p. 370.

[22] Gibb, F. (1999) 'Divorce Ends Two Out of Four Weddings', *The Times*, 16 June 1999.

子安德魯王子、查理王子等王室重要成員，皆面臨婚姻觸礁的離婚悲劇。查理王子離婚後，和舊識卡蜜拉的戀情逐漸檯面化，其後於2005年低調完婚。然而，英國國教反對教徒在前配偶在生時再婚，卡蜜拉業已離婚且前夫尚健在，因此當時兩人的婚禮亦引起宗教上的爭議。王室成員的婚姻狀況，不免引起人民對英王維護英國國教的能力產生質疑。反對君主制者認為，倘若英王的行為舉止，無法象徵與捍衛基督教基本教義，英王的「衛教者」角色，只會突顯君主制的不合時宜與矛盾。

其三，君主制成本昂貴，花費人民不少稅金，引起廢除王室的反彈聲音。每年，英王與王室的重要成員，皆會獲得一筆「王室年金」（Civil List）。王室年金亦即英國王室的官方薪水，包括英王與重要的王室成員，皆可獲得該項官方薪給。王室年金乃維持王室開銷的重要財源，主要用於支付王室員工的薪俸，與王室各種重要官方活動的開銷。王室年金可溯源至1760年，國王喬治三世與政府達成協議，同意以王室轄地所獲得的收益（英國王室仍保留蘭開斯特與康瓦爾兩直轄領地的地產收益），交換一筆由議會撥予王室的年度薪水。

王室年金來自人民的稅金，數額由議會核定。每當新任國王即位，或因應通貨膨脹率及王室需求的變動，議會應重新核定王室年金的數額，財政部再根據議會通過的法案按額支付給王室成員。1952年的王室年金法，賦予王室年金法源依據。當年英王的王室年金，為每年47萬5,000英鎊。由於通貨膨脹與王室經費的需求變動，王室年金屢番增定。1990年，政府重新訂定王室年金，規定十年為一調整基數。根據1990年訂定的王室年金，1991年至2000年，英王每年享有790萬英鎊的官方薪水，其他的王室重要成員方面，皇太后的王室年金約64萬英鎊，女王夫婿菲力普親王的王室年金約35萬英鎊，女王妹妹瑪格麗特公主享有約21萬英鎊的王室年金，女王次男安德魯王子的王室年金約24萬英鎊，女王長女安妮公主享有約22萬英鎊的王室年金，女王么兒愛德華王子的王室年金約9萬6,000英鎊。女王長男查理王子由於身兼康瓦爾公爵，擁有王室的康瓦爾直轄領地並坐收地產收益，因此未支領王室年金。

　　除了王室年金之外，約有百分之四十的王室官方活動，是由政府相關部門支付開銷。[23]舉凡出國參訪、皇家火車、飛機的使用、王室宮殿的維護修繕等王室履行職責所必須的活動花費，皆由政府相關部門經議會同意後支付。根據報導，1990年英國政府的環境部，在王宮的維修費上，花了2,500多萬英鎊，交通部花費200多萬英鎊於皇家火車，國防部則花費600多萬英鎊於女王專機。[24]隨著媒體對王室生活的爭相挖掘報導，王室的驚人花費已成為一項公開的祕密。相較於一般人民，王室本身的財力富甲一方。根據2016年美國富比士雜誌發表的全球富豪榜，英女王伊莉莎白二世的身價約5億美元。[25]民眾對王室經費的質疑聲四起，認為富有的王室應自行負擔講究派頭的王室花費，不應拿納稅人的血汗錢奢侈揮霍。

　　根據1988年的蓋洛普民調，約有百分之四十的受訪者認為，君主制代價太高。1990年的莫里民調顯示，約有一半的受訪民眾認為，王室獲得過多的人民稅金。[26]面對日益高漲的民眾質疑，1990年代以降，英國王室警覺之餘，對王室經費展開一連串的改革，以期降低人民的反感。首先，1990年，女王與政府達成協議，王室年金固定以十年做一變動基數，以減少王室年金屢次調動所引起的各界質疑。1992年，女王主動提議，願意就個人所得付稅，並支付部分王室成員的王室年金。1993年，女王開始就私人所得（不包括屬於官方薪水的王室年金）進行納稅，並將以往支領王室年金的王室成員中，除了女王、皇太后、女王夫婿菲力普親王三人以外成員的王室年金，全數退還政府，改由女王自行支付這些王室成員的費用。1992年底，溫莎堡遭祝融之災，整修費用估計高達5,000英鎊，女王在對王室經費的撻伐聲中，自然不敢向民眾伸手要錢，遂於翌年宣布開放

[23] Institute of Contemporary British History (1997) *Britain's Monarchy* (London: Foreign and Commonwealth Office), p. 29.

[24] 同註7，頁8。

[25] Cam, T. (2016) 'As Queen Elizabeth II Turns 90, a Look into Her Fortune and Her Multi-Billion Dollar Lifestyle', https://www.forbes.com/sites/denizcam/2016/04/18/as-queen-elizabeth-ii-turns-90-a-look-into-her-fortune-and-multi-billion-dollar-lifestyle/#229a8d202418.

[26] Norton, P. (1994) 'The Crown', in B. Jones, A. Gray, D. Kavanagh, M. Moran, P. Norton and A. Seldon (eds.), *Politics UK*, 2nd edn (London: Harvester Wheatsheaf), p. 310.

白金漢宮供人參觀，以入場參觀費作爲修建溫莎堡的經費。1994年女王宣布，造價高達200萬英鎊、號稱世界最大私人遊艇的皇家遊艇——不列塔尼號，應於1997年除役，王室成員未來因私人理由使用女王專機，應該付費。[27]1990年訂定以十年爲一基期的固定王室年金，於2000年到期，2000年7月，女王與政府協議，未來十年的王室年金將不調漲，包括女王、皇太后、女王夫婿菲力普親王三人的王室年金，將繼續維持1990年所訂的數額。首相布萊爾表示，歸功於王室撙節有方，以及1990年代相對低度的通貨膨脹率，使得王室年金得已繼續凍結而無須增加。[28]然而，面對物價上漲及王室赤字的壓力，女王於2010年提出加薪要求。根據2013年至2014年度生效的一項法案，女王的年薪增加百分之二十，將從每年3,000萬英鎊上漲到3,600萬英鎊。[29]

　　長久以來，王室的財政問題，總是引起民脂民膏的質疑爭議。封建王朝下的專制君主，透過爲所欲爲的橫徵暴斂，盡情滿足君主個人所需。光榮革命後，議會取得控制君主恣意加稅的權力，君主不再享有過去任意加稅，取富於民的自由。二十世紀以降，君主在民怨日深的壓力下，主動釋出縮減王室經費或節省開支的善意，放棄過去的免稅優勢，與庶民一樣成爲納稅人的一份子。從最早的稅收者，到現在的納稅人；從過去的奢侈過求，到現在的精打細算，君主的角色與權力有了很大的轉變。面臨民眾對王室耗費稅金的種種質疑，君主只有儉以律己，知足不辱一途。

　　其四，立憲君主制除了遭受外界批評與反對之外，亦恐面臨來自君主本身的反抗。君主固然地位崇隆，受人羨慕，但相對衍生的責任壓力，亦不輕鬆，再加上現代媒體對王室生活緊迫盯人的追蹤報導，英王於王位世襲的宿命無奈之下，也只能大嘆君主難爲。世襲君主制下，君主是一項無法選擇的職責。1936年，愛德華八世便因婚姻問題放棄王位，成爲英國

---

[27] Forman, F. N. and Baldwin, N. D. J. (1996) *Mastering British Politics* (London: Macmillan), p. 185.

[28] BBC News (2000), 4 July 2000, http://uk.news.yahoo.000/04/115/accwc.htlm.

[29] 中國新聞網，2012年6月21日，http://news,sina.com。

史上唯一一位自願放棄王位的國王。當時的首相鮑德溫，便曾引用莎翁劇作《哈姆雷特》中的一段話，巧喻愛德華八世身爲君主，所面臨的角色無奈。[30]他引用《哈姆雷特》一幕三景中，普隆涅斯之子勒替斯的一段話：「他的意願非他所願，因爲他受限於他的出生；他不能像一般人一樣擇其所愛。因爲他的決定繫乎整個國家的安危。」愛德華八世放棄王位掛冠求去，反映出君主角色的宿命無奈。

隨著現代媒體的日益發達，王室成員已成爲媒體窺探隱私下的犧牲品，媒體肆無忌憚地採訪及傳播各種侵犯隱私的照片與小道消息，不僅增加英王難爲的無奈與壓力，亦造成其他王室成員的百般困擾。1991年7月，安德魯王子的裸浴照片，令人難堪地刊登在報紙上。1997年9月，受人愛戴的黛安娜王妃於巴黎車禍殞命，車禍判決歸因於司機酒醉駕車失速釀禍，但車禍當時攝影記者緊追在後，引起媒體間接殺人的諸多質疑批評。1999年5月，太陽報刊登出愛德華王子未婚妻蘇菲的上空裸照，使婚禮在即的待嫁新娘傷心困窘。近年來媒體無所不用其極的報導行徑，已使王室成員不堪其擾，王位繼承名單中的王室成員，不免大嘆英王難爲。緊迫盯人的媒體壓力，是否會造成第二位自願放棄王位，向命運說不的愛德華八世，或引發王室主動終結立憲君主的角色，不無可能。不當君主成爲君主最大夢想的時候，君主制的存在，已面臨主動瓦解的內部危機。

其五，英王的君主角色，不僅遭遇英國國內的反對壓力，亦面臨國協成員國的質疑反對。由於英王同時身兼包括英國在內之十六個國協成員國的元首，英國對立憲君主制的質疑，同樣可能發生在其他與英國一樣施行立憲君主制，並奉英王爲元首的國協成員國。1999年11月6日，實行立憲君主制並奉英王爲國家元首的澳大利亞，對該國國體進行公投，以決定繼續實行立憲君主制，或改採以民選總統取代英王的共和制。共和派人士認爲，澳洲依附於英國王室不合時宜，國家元首不應世襲，因而主張以總統取代英王作爲國家元首。公投結果顯示，五成四的澳洲人民反對共和制。

---

[30] 同註4，頁137。

因此，澳洲繼續維持奉英王為國家元首的立憲君主制。然而，贊成廢除奉英王為國家元首的立憲君主制，而改採共和制的票數，亦高達四成六。反對現行立憲君主制的票數，與贊成現制的票數，兩者勢力，互為伯仲。

　　澳洲的國體公投，反映出歷史與現代的矛盾。一方面，澳洲奉英王為國家元首，乃前大英帝國遺留下來的殖民史痕跡。另一方面，隨著澳洲開放各國移民以及與亞太地區國家的經貿往來日增，新一代的非英裔澳洲人，對英國王室並無感情。顯然，奉英王為元首的歷史舊制，與現代澳洲顯得格格不入。主張改革現制的呼聲，自然不可避免。1999年的澳洲國體公投，由於現行體制仍然運作得宜，改變國體恐茲事體大，因此，贊成繼續維持現制者獲得險勝。然而，這種維持現制的情況並非穩定不變，倘若歷史與現實的矛盾加劇，反對廢除英王作為澳洲國家元首或進而脫離大英國協的呼聲，仍難避免。

二、贊成立憲君主制的主張

　　贊成立憲君主制者認為，基於以下理由，現行的立憲君主制應予保留。其一，反對立憲君主制者批評，立憲君主制與民主原則格格不入。但贊成立憲君主制者的意見，正好相反，他們認為，立憲君主制具有加強民主的功能。與採行民主共和制的國家相比，立憲君主制下國家元首的角色設計，對民主制度的運作較為有利。採行民主共和制的國家，總統由人民直接或間接選舉產生，享有經由選舉所獲得的治國實權，同時亦身為國家的象徵。然而，總統同時身兼治國者與國家象徵，往往易因這兩種角色的相互矛盾，落得兩敗俱傷。一方面，民主共和制下，總統出身民選，所獲選票代表部分的全國人民，但總統一職卻是代表全體國民的最高元首，其間矛盾無可避免。總統對於選票背後的民意支持，自然不應背棄，但倘若政府政策獲得總統選舉時支持民眾的贊成，卻與國家整體利益相左，總統應服膺於支持民眾的利益，抑或國家整體利益？二方面，現代民主共和國的總統選舉，政黨運作至為關鍵。總統的當選與政黨運作息息相關，當選

後，總統與政黨的關係自然非比尋常。因此，倘若總統與政黨的共生利益關係，和國家利益相互衝突，總統不免陷入兩難。三方面，總統若發生公務上的貪污舞弊或道德上的醜聞，則同時傷害總統身為治國者與國家象徵的兩種角色，不但以總統為最高決策中樞的國家政務因此受到影響，整個國家的形象亦會遭到破壞，可謂賠了夫人又折兵。

立憲君主制，則可以減緩上述的問題。立憲君主制下，君主身為國家的象徵，治國者的角色由首相扮演。國家象徵與治國者兩種角色，分屬於君主與首相，因此可以避免上述因總統一人身兼二角所易引起的矛盾。首先，民主共和制下，總統雖然身為國家的象徵，但受限於民選基礎，難免引人對總統能否代表全體國民的質疑。相較於民選基礎來自於部分國民選票的總統，君主由世襲而非民選產生，世襲君主身為國家歷史與團結的象徵，享有完整的國家象徵角色。其次，君主並非民選，不受政黨利益牽絆，政治立場超然於黨派之上，使君主得以專心扮演國家元首的超然角色。再者，君主與首相分飾國家象徵與治國者兩種角色，倘若首相發生政務上的貪贓枉法或道德醜聞，由於國家象徵的角色由君主扮演，不會像民主共和制的總統一樣，造成將整個國家的形象全部賠上的後果。相反地，若君主發生醜聞，除了君主威望受損之外，政務大事仍由首相主導，不受影響。

與民主共和制相較，立憲君主制下，君主與首相分飾國家象徵與治國者兩種角色，對民主制度的運作較為有利。君主身為國家元首，治國者的角色交由首相負責，使君主得以專心一志扮演國家元首的角色，享有超然獨立於實際政治的國家象徵地位。因此，立憲君主制下的君主，較之民主共和制的總統，享有更為完整、超然的國家元首角色。立憲君主制下，國家的象徵與政務的實際推動這兩種角色，分屬二主，兩種角色同屬一人恐造成的兩敗俱傷，因而得以避免。準此而論，贊成立憲君主制者認為，較之民主共和制，立憲君主制對民主制度的運作較為有利，具有加強民主的功能。

其二，立憲君主制下，立憲君主為民主憲政的守護神，具有救濟民

主的功能。立憲君主制下，立憲君主仍然保有國家元首的象徵地位。在名
義上，各項重要的治國大權仍屬於君主，但實際上實質的治國權力則轉移
至首相所領導的內閣政府。在絕大多數的情況下，君主皆恪遵憲政慣例，
按照內閣政府的建議，被動行使這些治國大權。立憲君主的權力雖已保守
化、儀式化，但名義上，這些治國大權屬於君主，君主仍然有可能打破憲
政慣例，主動行使這些權力。這也是英國不成文憲法下，權力運作較具彈
性的特點。與實行成文憲法的民主共和國及立憲君主國相比，可看出不成
文憲法下英國立憲君主制的優點。實行成文憲法的民主共和國，統治者的
權力受到成文憲法的限制，易產生制度面無法解套的政治僵局。同樣地，
實行成文憲法的立憲君主國，君主的權力受到成文憲法的明文限制，成為
權力遭到真正架空的虛位元首。由於政治發展並無常規，英國不成文憲法
下的立憲君主制，較之實行成文憲法的民主共和國與立憲君主國，更能靈
活處理制度常規之外的政治僵局。

　　英國立憲君主的權力，受到不成文憲法的限制下，已空洞化、儀式
化，治國實權則轉移至內閣政府。英國的立憲君主，雖然不再享有治國實
權，但在名義上仍保有這些治國大權。不成文憲法，可說是一種反映政治
現實的歷史累積。一方面，不成文憲法反映出政治實權的移轉，過去君主
享有的治國實權已轉移至民選產生的內閣政府。另一方面，不成文憲法是
一種歷史累積，過去君主享有的治國大權，名義上仍保留在君主手中。英
國的不成文憲法與立憲君主制，便是這樣一種靈活反映政治現實，亦不至
於粗魯毀滅舊有制度的政治智慧。倘若出現政治僵局，導致既有的民主內
閣政府運作失靈，君主可介入作最終的仲裁，扮演救濟民主制度之不足的
憲政守護神。舉例來說，1931年首相麥克唐納辭職，當時的英國面臨經濟
危機，政局不安，喬治五世介入政局，主導麥克唐納繼續留任首相，籌組
聯合政府。1940年，英國籠罩在第二次世界大戰的陰影下，邱吉爾得以出
任首相組成戰時內閣，英王喬治六世具有一定程度的主導影響力。[31]由此

---

[31] 同註26，頁176。

可見，英王的適時介入，適足以發揮補充民主制度不足的救濟功能。主張立憲君主制者認為，立憲君主並非反民主，而是扮演救濟或補充民主制度不足的憲政守護神。

其三，贊成保留立憲君主制者認為，君主是英國歷史的延續，具有重要的國家象徵意義。君主可算是英國史上歷史最為悠久的政治制度。自1066年的威廉一世算起，至當今的伊莉莎白二世，英國計有四十位君主。1066年以降，除了1649年至1660年間，君主制為克倫威爾與其子所領導的共和國取代，英國的君主制未曾中斷。1688年光榮革命後，君主制為立憲君主制所取代，君主的權力受到限制，但王位傳承未受影響。因此，自1066年算起，英國君主已具有九百多年的歷史傳承，君主所代表的歷史意義與國家象徵，為民主共和國的民選總統所難望其項背。

長久以來，反對君主制的聲音一直存在，但贊成維持君主制的主張，始終居於多數。公開反對君主制並主張廢除君主制的人士只是少數，多數的英國人民，對代表英國歷史記憶與國家光榮的英王，一直是尊敬愛戴有加。根據英國的一份民調顯示，1993年至2016年間，英國贊成維持立憲君主制的人士，約有七成左右。主張廢除英國君主的人士，則約一成八左右。[32]

撇開民調不談，英國王室受到一般民眾的關心與歡迎，可以輕易理解。有關英國王室的一舉一動，每每吸引新聞媒體與讀者的目光。王室成員出席各種場合，總是受到民眾的歡迎致敬。王室成員的婚喪喜慶，更牽動全國人民的情感。1981年，查理王子與黛安娜王妃的婚禮，吸引無數英國人民的目光，被譽為「世紀婚禮」。1997年，受人愛戴的黛安娜王妃不幸殞命，英國上下陷入一片哀傷，黛妃住所肯辛頓宮前，擠滿前往致哀的英國民眾，約有三千萬英國民眾透過電視轉播，收看黛妃的葬禮。

2011年威廉王子與凱特王妃的皇室婚禮，成為英國與世界各國聚焦的

[32] Ipsos MORI (2016) 'Monarchy/Royal Family Trends-Monarchy v Republic 1993-2016', No Royal Rollercoaster', https://www.ipsos.com/ipsos-mori/en-uk/monarchyroyal-family-trends-monarchy-v-republic-1993-2016.

一大盛事。這場皇室婚禮，再次強化英國皇室在英國人民心中，作為國家象徵與精神支柱的重要角色。這場婚禮舉國同慶，街頭四處可見的英國國旗與婚禮周邊商品，展現出民眾對英國的向心力與凝聚力。婚禮過程透過媒體轉播，吸引全球約二十億人觀看直播。2018年哈利王子與梅根王妃的婚禮，再度讓英國皇室增添魅力，也吸引全球約十九億觀看。英國王室大婚受到全球的極大關注，充分展示這個昔日日不落國的國家影響力與獨特吸引力。

英國女王伊莉莎白二世於2012年登基滿六十週年，英國為此舉行盛大的登基鑽禧慶祝活動，成為英國皇室的另一項盛事。慶祝活動盛大非凡，特別是千艘船隻遊泰晤士河的活動，創下了金氏世界紀錄。慶祝活動再次凝聚了英國人民對王室和國家的情感，重新擦亮了王室招牌。根據2012年的民調顯示，女王的支持率超過八成，創下她繼任以來最高峰；同時亦有民調顯示，人民認為王室比內閣貼近民情。[33]英國女王伊莉莎白二世的謙遜拘謹和戮力從公的態度，使她經得起時代的考驗，顯得歷久彌新，因此受到英國人民的景仰和喜愛。根據2019年的民調顯示，英國女王伊莉莎白二世為王室成員中最受歡迎者，獲得百分之七十二的支持率。[34]多數的英國人民，對代表英國歷史記憶與國家光榮的君主，一直是敬愛有加。根據2018年的民調顯示，七成的受訪民眾支持英國繼續維持王室，兩成的受訪者則反對英國保有王室。[35]

與共和國的總統相同，英王享有作為現代國家元首的地位與榮耀，但與共和國總統不同的是，英王與國家歷史間具有特殊的關係，英王的一舉一動自然撩動英國人民的國家情感與記憶，所受到的愛戴與尊敬，非民選總統所能相比。因此，贊成立憲君主制者認為，君主乃英國歷史與國家的重要象徵，不應廢除。

---

[33] 聯合報，2012年6月6日，http://udn.com/news/WORLD/WOR3/7141090.shtml。

[34] YouGov (2019) 'The Most Popular Royalty in the UK', https://yougov.co.uk/ratings/politics/popularity/royalty/all.

[35] Smith, M. (2018) 'Seven in Ten Britons Support Britain Continuing to Have a Monarchy', https://yougov.co.uk/topics/politics/articles-reports/2018/05/18/who-are-monarchists.

其四，英王身兼國協領袖，若廢除王室，無異於切斷英國對國協的影響力。英王身兼國協領袖，使英國仍然得以與前大英帝國的殖民地，透過國協保持合作友好的關係。雖然大英帝國的統治，建立在武力殖民的不正當基礎上，但隨著時間推移，殖民地對統治者亦建立起共同的歷史與情感。這些前大英帝國殖民地獨立建國後，仍保留對英國的特殊情感，部分的國家依舊奉英王為國家元首。因此，大英國協與其他國際組織不同，絕大多數的國協成員國，都是前大英帝國的殖民地，對英王保有效忠依戀的情感。「日不落國」雖然已成過往，但落日餘暉的影像，依舊存留在人們的腦海中。目前，英王領導下的國協，共有五十三個成員國（包括英國在內），人口約二十四億，占世界總人口的比例為百分之三成左右。「世界級領袖」的稱呼，英王受之無愧。

基於共同的歷史情感，國協成員間維持著合作友好的特殊關係。英國在國協事務上，扮演著領導性的關鍵角色，英國外交部的全名為「外交與國協部」，包括國協祕書處、國協協會等重要國協組織皆設於英國首都倫敦。英國對國協成員國的民主發展、經貿成長、教育訓練、科技交流與人權維護等各個層面，皆作出經驗交換或資金援助的重要貢獻。此外，透過成員國間的多邊或雙邊會議，國協已成為成員國交換意見與經驗的重要橋樑，對促進全球民主、人權等價值的發展，產生積極貢獻。國協成員國擁有共同的語言──英語，分享從大英帝國到國協時代所累積而成的共同歷史與價值，並建立起綿密的交流網絡，在全球化風潮難以抵擋的未來，國協必將扮演重要角色。

國協的成員國數目不斷成長，與前大英帝國沒有直接血緣關係的國家亦紛紛加入。目前的國協成員中，包括薩摩亞、納米比亞與莫三比克等國，皆非前大英帝國成員。包括柬埔寨以及邁向獨立建國之路的巴勒斯坦等非前大英帝國成員國，亦基於經濟利益與政治因素，爭相表態加入國協。足見國協在世界舞台的影響力，仍然舉足輕重。

英王身兼國協領袖，不僅維繫了英國與國協間的友好關係，亦間接增強英國的外交勢力。倘若英國廢除立憲君主制，英國在失去英王的同時，

亦喪失英王所領導的國協勢力。一旦國協垮台，英國的世界地位將大為下降。再者，英王享有歷史傳承而來的特殊身分，獨立於實際政治之上的超然地位，國協的基礎繫於成員國對英王的依戀情感以及英王大家長式的柔性領導，而非一般國際組織的權力聯盟。英國若廢除君主，改由英國首相領導國協，勢必引起政治紛爭。因此，著眼於英國的外交勢力，主張廢除立憲君主，無異於自斷手足，得不償失。

綜論之，立憲君主制乃歷史自然演進的結果，而非先見之明的制度設計。值此民主聲浪震天價響的今日，君主的存在不免引起質疑，身為民主母國的英國，何以採取君主制與共和制並存的立憲君主制？反對立憲君主制者認為，立憲君主制違反民主原則，已不合時宜，應予廢除。但揆諸歷史，英國的立憲君主制，並未遭遇應予廢除的嚴重挑戰。相反地，自1688年光榮革命至今，立憲君主制的存在，已有三百多年的歷史。英國的立憲君主制，已發展為一套獨特的憲政制度。一方面，具有歷史與國家象徵意義的君主，得以保留，為英國提供國家統一與安定的統治機能，以及民選政客所無法帶給人民的特殊情感與崇拜。二方面，立憲君主制反映了政治現實下國家實權的移轉，君主的權力轉移至民選產生的內閣政府。三方面，君主恪遵憲政慣例，按照內閣建議被動行使治國大權，但君主仍然享有名義上的治國大權，倘若正常的民主運作失序，君主可介入政局，扮演憲政守護神的角色，發揮救濟民主之不足的功能。

因此，就憲政功能而言，立憲君主制可說是一種保留歷史精神，同時亦能靈活運作，與時俱進的憲政智慧。與共和制相較，立憲君主作為國家元首的制度設計與表現，不遜色於共和制的總統。此外，立憲君主制的英國，可說是以君主制之名，行共和制之實，但行共和制的國家，或恐反是以共和制之名，行君主制之實。是故，立憲君主制的存廢爭議，不應流於君主制或共和制的公式性俗套。

揆諸英國立憲君主制的歷史發展，有二啟發。其一，政治制度乃歷史發展的結果，而非先見之明、一體適用的制度設計。其二，英國十七世紀的短暫共和，雖採共和之名，卻行君主統治之實。今日英國實行立憲君主

制，可說是以君主之名，行共和之實。於此情形下，除了在統治者的產生方式上有所差異外，君主與共和只是一體兩面，兩者之間並無不同。職是之故，立憲君主制的未來發展，應為植基於歷史經驗的審慎改變，而非落入制度改革的公式性俗套。

中文參考書目

陳炯章（1988）。《英國史》。台北：大安。

黃琛瑜（2011）。〈伊麗莎白二世的典範〉。2011年6月5日，聯合報。

黃琛瑜（2012）。〈浪漫王室婚，老英國新魅力〉。2012年4月30日，聯合報。

黃鴻釗與潘興明合著（1997）。《英國簡史》。台北：書林。

英文參考書目

Baker, A. J. (1986) *Examining British Politics*, 3rd edn (London: Stanley Thornes), pp. 112-118.

Blackburn, R. (1992) 'The Future of the British Monarchy', in R. Blackburn (ed.), *Constitutional Studies* (London: Mansell), pp. 1-13.

Bogdanor, V. (1995) *The Monarchy and the Constitution* (Oxford: Oxford University Press).

Borthwick, R. (1994) *Long to Reign over Us? The Future of the Monarchy* (London: John Stuart Mill Institute).

Brazier, R. (1988) *Constitutional Practice* (Oxford: Clarendon Press), pp. 144-158.

Cannon, J. and Griffiths, R. (1988) *The Oxford Illustrated history of the British Monarchy* (Oxford: Oxford University Press).

Cam, T. (2016) 'As Queen Elizabeth II Turns 90, a Look into Her Fortune and Her Multi-Billion Dollar Lifestyle', https://www.forbes.com/sites/deniz-cam/2016/04/18/as-queen-elizabeth-ii-turns-90-a-look-into-her-fortune-and-multi-billion-dollar-lifestyle/#229a8d202418.

Dunleavy, P., Gamble, A., Holliday, I. and Peele, G. (eds.) (1994) *Developments in British Politics 4* (London: Macmillan), pp. 38-39.

Foreign and Commonwealth Office (1998) *Britain and the Commonwealth: A Working Partnership* (London: Foreign and Commonwealth Office).

Foreign and Commonwealth Office (1998) *The 100 Questions Answered* (London: Foreign and Commonwealth Office).

Forman, F. N. and Baldwin, N. D. J. (1996) *Mastering British Politics* (London: Macmillan), pp. 171-189.

Furedi, F. (1999) 'A Very Expensive Crown', *The Wall Street Journal Europe*, 8 July 1999.

Gibb, F. (1999) 'Divorce Ends Two Out of Four Weddings', *The Times*, 16 June 1999.

Hardman, R. (2012) *Her Majesty: The Court of Queen Elizabeth II* (New York: Pegasus).

Hardie, F. (1970) *The Political Influence of the British Monarchy 1868-1952* (London: Batsford).

Institute of Contemporary British History (1997) *Britain's Monarchy* (London: Foreign and Commonwealth Office).

Lacey, R. (2012) *The Queen: A Life in Brief* (New York: Harper Perennial).

Loveland, I. (1996) *Constitutional Law: A Critical Introduction* (London: Butterworths), pp. 27-133.

Marr, A. (2012) *The Real Elizabeth: An Intimate Portrait of Queen Elizabeth II* (New York: Henry Holt).

Norton, P. (1994) 'The Crown', in B. Jones, A. Gray, D. Kavanagh, M. Moran, P. Norton and A. Seldon (eds.), *Politics UK*, 2nd edn (London: Harvester Wheatsheaf), pp. 295-313.

Padfield, C. F. and Byrne, T. (1990) *British Constitution* (Oxford: Made Simple Books), pp. 119-127.

Punnett, R. M. (1994) *British Government and Politics* (Hampshire: Dartmouth), pp. 281-293.

Rabley, S. (1991) *The British Royal Family* (London: Macmillan).

Safire, W. (ed.) (1992) *Lend Me Your Ears: Great Speeches in History* (London: Norton), pp. 369-371.

Smith, S. B. (2012) *Elizabeth the Queen: The Life of a Modern Monarch* (New York: Random House).

Smith, M. (2018) 'Seven in Ten Britons Support Britain Continuing to Have a Monarchy', https://yougov.co.uk/topics/politics/articles-reports/2018/05/18/who-are-monarchists.

The Daily Mail (2012) '"I'm Deeply humbled": Her Majesty Offers Heartfelt Thanks to Everyone Involved in Her Diamond Jubilee Celebrations in Rare Address to the Country and Commonwealth', 5 June 2012, http://www.dailymail.co.uk/news/article-2154948/Diamond-Jubilee-2012-Queen-thanks-involved-celebrations-rare-address.html.

The Commonwealth (2019) *Fast Facts: The Commonwealth*, http://thecommonwealth.org/sites/default/files/inline/Fast%20Facts%20on%20the%20Commonwealth%20-%2012%20Feb%202019%20SA%20ND%20FINAL.pdf.

YouGov (2019) 'The Most Popular Royalty in the UK', https://yougov.co.uk/ratings/politics/popularity/royalty/all.

　　議會內閣制下，議會大選中贏得相對多數選票的政黨，有權籌組內閣。內閣閣員同時也是議會議員，除少數閣員身兼上院議員外，包括首相在內的多數閣員，皆出身下院議員。誕生於十三世紀的議會，與十七世紀出現的內閣，兩者如何相互結合，發展成今日行政、立法大權匯一的議會內閣制？本章第一節以議會內閣制的歷史發展，作為開端。第二節針對內閣的組成、運作與功能，分別進行分析。最後一節則就議會內閣制的原則，加以討論。

第一節　議會內閣制的歷史發展

　　英國議會與行政權的關係演進，可以合久必分、分久必合形容。議會的最早起源，亦即盎格魯薩克遜時代的賢人會議。賢人會議由宗教領袖、王室官吏等賢達人士組成，包括編纂頒布法律、發動戰爭等重大政事，國王皆須請教賢人會議，尋求建議與支持。雖然賢人會議的功能不足與現代議會的功能相提並論，但賢人會議與國王一起分享立法與行政決策的工作，已具備現代議會的雛型。賢人會議時代，國王與賢人會議共同治理政事，議會與行政權的關係，是相互融合的。

一、十七世紀——內閣的出現

　　十一世紀，諾曼第公爵威廉征服英國後，大會議與小會議便取代了之前的賢人會議。大會議掌握了立法權，並演變成為後來的「巴力門」議

會。由國王親近人士組成的小會議，則取得了行政權，成為英國的行政機關。立法與行政，就此分屬於不同的機關。十三世紀，國王的顧問委員會（King's Council）取代小會議，繼之成為國王發號施令的行政機關。十六世紀中葉，顧問委員會改革成為樞密院（Privy Council）。查理二世（1660-1685）主政時期，開始召集樞密院內的少數親近人士，於國王的私室進行會議，形成所謂的內閣會議。內閣（cabinet）一字的法文意義，便是「私室」之意。

十七世紀，內閣會議從樞密院獨立出來，原來的樞密院仍然繼續存在，但是行政實權已漸漸由樞密院轉移到內閣會議。內閣會議的行政實權逐漸增加，係受到以下原因影響。其一，1688年光榮革命後，王權遭到限縮，君主的政治實權逐漸委縮，內閣會議相對取得更多的行政實權。其二，喬治一世（1714-1727）是德國人，不諳英語並無心政事，1717年起便未再出席內閣會議，這使得內閣會議享有不受君主控制的發展空間，並進而促使內閣總理的產生。

二、十八世紀──首相的誕生

十八世紀內閣首相誕生，逐漸取代王權成為行政實權的中心。喬治一世之後的漢諾威王朝國王，傾向與閣員進行非正式的諮商，愈來愈少參加內閣會議。內閣首相遂於此行政大權真空地帶產生，並逐漸取代國王，成為掌握行政實權的領袖。

1721年，華爾波爾（Sir Robert Walpole）擔任第一財政大臣，領導並主持內閣會議，成為英國第一位內閣總理。當時，尚未有內閣總理或首相（Prime Minister）這樣的正式名稱，華爾波爾的職位是第一財政大臣，領的也是第一財政大臣的薪俸。第一財政大臣只是一個名義上的職務，財政政務的實際處理則由第二財政大臣（也就是實際上的財政大臣）負責。

經過後來的演變，首相兼任另一個部長虛職，並以該職薪水為首相薪水，便成了憲政慣例。除了第一財政大臣一職，其他包括掌璽大臣、外交

大臣等重要職位，也曾為首相兼任的職位。自首相希斯（Edward Heath）以降，首相兼任第一財政大臣與文官部長，亦成了一種慣例。「首相」這個名稱，於1878年首相狄斯累利（Benjamin Disraeli）代表英國政府簽訂柏林條約時，才首次出現於官方文件。

華爾波爾之所以能夠成為內閣會議的領袖，除了喬治一世臨而不治所造成的權力機會外，也得力於以下原因。其一，華爾波爾與國王的關係良好，同時他身為財政大臣職掌全國財務，可以透過各種方式操控選舉，幫助國王屬意的人選進入國會，更加贏得國王的寵信。其二，華爾波爾能夠取得國會的支持，並得順利組閣。華爾波爾憑藉著與國王、議會、內閣三面玲瓏的能力，使內閣首相成為政界呼風喚雨的靈魂人物。十八世紀末葉，發展出內閣向國王與議會集體負責的內閣責任原則，內閣首相主持內閣會議並做成決定後，須將共同決議向國王與議會報告。

十八世紀，議會內閣制開始萌芽。除了上述首位內閣首相誕生，以及內閣向議會集體負責的內閣責任之外，議會內閣制中最關鍵的發展，乃閣員與議員間的身分重疊關係。依據1707年頒布的王位繼承法案，國王的政府官員不得身兼國會議員，以防止國王透過酬庸，增加國王在議會的影響力。倘若這項原則得以貫徹，議會內閣制便無從產生，行政與立法分屬於不同的機構，英國十八世紀以降的政治面貌便會徹底改寫。然而，歷史仍然踏著自己的腳步，朝向議會內閣制發展。1705年的王位繼承法案，規定下院議員得兼任部分的政府官員職位，至此以後，內閣與議會便開始產生結合。

三、十九世紀以降——議會內閣制的成熟

十九世紀以降選舉的改革與政黨政治的發展，進一步加強了議會內閣制的發展。1832年的選舉改革，將選舉權擴大至工業化所產生的新興中產階級，摧毀了過去由國王與上院貴族透過酬庸或賄賂，以操控下院選舉的壟斷優勢。普選權的擴大，使國王對下院的控制不再，亦使下院的政治權

力隨之水漲船高。1867年的選舉改革，繼之將選舉權擴大至勞工階級，選
民人口的增加，促使了群衆政黨的發展。政黨逐漸成爲下院的主角，從選
舉的動員到議會的運作，皆以政黨爲依歸。1870年左右，政黨標籤與立法
行爲，已呈現近乎一比一的對等關係。[1]掌握下院多數席位的政黨，成爲
新的政治權威，內閣成員亦多由下院執政黨的議員出任。內閣與議會的關
係，從十八世紀內閣可以出身議會，到十九世紀內閣多出身議會，演變至
二十世紀以降內閣必須出身議會，議會內閣制於焉成形。

第二節　內閣的組成、運作與功能

一、內閣的組成

　　內閣由首相與內閣官員組成。議會內閣制下，獲得勝選的議會多數黨
領袖，接受君王任命後，成爲首相。英國歷任首相一覽表，請參見表3-1
至表3-3。首相身爲政府的領導人，有權任命百餘位的政府官員，其中約
有二十位左右的內閣官員，其餘的八十多名官員則爲次官級的部會政務
官。內閣官員多爲資深政壇老將，身兼政府要職。內閣官員在首相的帶領
下，組成負責政府決策的權力核心——「內閣」。

表3-1　歷任英國首相一覽表（十八世紀）

首相	中文譯名	黨籍	任期
Sir Robert Walpole	華爾波爾	輝格黨	1721-1742
Earl of Wilmington	維明頓伯爵	輝格黨	1742-1743
Henry Pelham	佩勒姆	輝格黨	1743-1754
Duke of Newcastle	紐卡塞公爵	輝格黨	1754-1756

---

[1] Beattie, A. (1998) *Why the Case for Parliamentary Reform in Britain Is So Weak?* (London: LSE), p. 2.

表3-1 歷任英國首相一覽表（十八世紀）（續）

首相	中文譯名	黨籍	任期
Duke of Devonshire	德文希爾公爵	輝格黨	1756-1757
Duke of Newcastle	紐卡塞公爵	輝格黨	1757-1762
Earl of Bute	比特伯爵	托利黨	1762-1763
George Grenville	格蘭維爾	輝格黨	1763-1765
Marquess of Rokingham	羅金厄姆侯爵	輝格黨	1765-1766
William Pitt (The Elder)	庇特	輝格黨	1766-1768
Duke of Gradfton	格拉夫頓公爵	輝格黨	1768-1770
Lord North	諾斯	托利黨	1770-1782
Marquess of Rokingham	羅金厄姆侯爵	輝格黨	1782
Earl of Shelburne	謝爾本伯爵	輝格黨	1782-1783
Duke of Portland	波特蘭公爵	托利黨	1783
William Pitt (The Younger)	小庇特	托利黨	1783-1801

表3-2 歷任英國首相一覽表（十九世紀）

首相	中文譯名	黨籍	任期
Henry Addington	艾丁頓	托利黨	1801-1804
William Pitt (The Younger)	小庇特	托利黨	1804-1806
William Wyndham Grenville	格蘭威爾	輝格黨	1806-1807
Duke of Portland	波特蘭公爵	托利黨	1807-1809
Spencer Perceval	波西瓦爾	托利黨	1809-1812
Earl of Liverpool	利物浦伯爵	托利黨	1812-1827
George Canning	甘寧	托利黨	1827
Viscount Goderich	高德利治子爵	托利黨	1827-1828
Duke of Wellington	威靈頓公爵	托利黨	1828-1830
Earl Grey	格雷	輝格黨	1830-1834
Viscount Melbourne	墨爾本子爵	輝格黨	1834
Duke of Wellington	威靈頓公爵	托利黨	1834

表3-2　歷任英國首相一覽表（十九世紀）（續）

首相	中文譯名	黨籍	任期
Sir Robert Peel	皮爾	保守黨	1834-1835
Viscount Melbourne	墨爾本子爵	輝格黨	1835-1841
Sir Robert Peel	皮爾	保守黨	1841-1846
Lord John Russell	羅素	輝格黨	1846-1852
Earl of Derby	德比伯爵	保守黨	1852
Earl of Aberdeen	亞伯丁伯爵	保守黨	1852-1855
Viscount Palmerston	帕默斯頓子爵	自由黨	1855-1858
Earl of Derby	德比伯爵	保守黨	1858-1859
Viscount Palmerston	帕默斯頓子爵	自由黨	1859-1865
Earl Russell	羅素	自由黨	1865-1866
Earl of Derby	德比伯爵	保守黨	1866-1868
Benjamin Disraeli	狄斯累利	保守黨	1868
William Ewart Gladstone	格萊斯頓	自由黨	1868-1874
Benjamin Disraeli	狄斯累利	保守黨	1874-1880
William Ewart Gladstone	格萊斯頓	自由黨	1880-1885
Marquess of Salisbury	索爾茲伯里侯爵	保守黨	1885-1886
William Ewart Gladstone	格萊斯頓	自由黨	1886
Marquess of Salisbury	索爾茲伯里侯爵	保守黨	1886-1892
William Ewart Gladstone	格萊斯頓	自由黨	1892-1894
Earl of Rosebury	羅斯伯里伯爵	自由黨	1894-1895
Marquess of Salisbury	索爾茲伯里侯爵	保守黨	1895-1902

表3-3　歷任英國首相一覽表（二十世紀以降）

首相	中文譯名	黨籍	任期
Arthur James Balfour	巴爾福伯爵	保守黨	1902-1905
Sir Henry Campbell-Bannerman	甘貝爾－班納曼	自由黨	1905-1908

表3-3　歷任英國首相一覽表（二十世紀以降）（續）

首相	中文譯名	黨籍	任期
Herbert Henry Asquith	阿斯圭斯	自由黨	1908-1916
David Lloyd George	勞合喬治	自由黨	1916-1922
Andrew Bonar Law	勞	保守黨	1922-1923
Stanley Baldwin	鮑德溫	保守黨	1923-1924
James Ramsay MacDonald	麥克唐納	工黨	1924
Stanley Baldwin	鮑德溫	保守黨	1924-1929
James Ramsay MacDonald	麥克唐納	工黨	1929-1935
Stanley Baldwin	鮑德溫	保守黨	1935-1937
Neville Chamberlain	張伯倫	保守黨	1937-1940
Winston Spencer Churchill	邱吉爾	保守黨	1940-1945
Clement Richard Attlee	艾德禮	工黨	1945-1951
Sir Winston Spencer Churchill	邱吉爾	保守黨	1951-1955
Sir Anthony Eden	艾登	保守黨	1955-1957
Harold Macmillan	麥克米倫	保守黨	1957-1963
Sir Alec Douglas-Home	道格拉斯－霍姆	保守黨	1963-1964
Harold Wilson	威爾遜	工黨	1964-1970
Edward Heath	希斯	保守黨	1970-1974
Harold Wilson	威爾遜	工黨	1974-1976
James Callaghan	卡拉漢	工黨	1976-1979
Margaret Thatcher	柴契爾	保守黨	1979-1990
John Major	梅傑	保守黨	1990-1997
Tony Blair	布萊爾	工黨	1997-2007
Gordon Brown	布朗	工黨	2007-2010
David Cameron	卡麥隆	保守黨	2010-2016
Theresa May	梅伊	保守黨	2016-2019
Boris Johnson	強生	保守黨	2019-

　　以2010年5月國會大選後聯合政府的新任內閣爲例，內閣成員總數爲二十三名，除了首相（身兼第一財政大臣與文官部長）[2]以外，內閣成員尚包括副首相（身兼樞密院議長）、首席大臣兼外交與國協大臣（或簡稱外交大臣）、財政大臣、司法大臣、內政大臣兼婦女及平等事務大臣、國防大臣、商業、創新及技能大臣、就業及退休保障大臣、能源及氣候變遷大臣、衛生大臣、教育大臣、社區及地方政府大臣、交通大臣、環境、食品及鄉郊事務大臣、國際發展大臣、北愛爾蘭事務大臣、蘇格蘭事務大臣、威爾斯事務大臣、文化、奧運、媒體及體育大臣、財政部首席祕書、上議院議長（身兼蘭開斯特公爵領地事務大臣）、不管部國務大臣。

　　英國的內閣組成，有以下特點。首先，在內閣的人數方面，自十九世紀以來，內閣成員約十多位至二十多位。以2015年至2017年的梅伊政府（梅伊政府之首任任期）爲例，內閣人數爲二十二人。以2017年至2019年的梅伊政府（梅伊政府之第二任期）爲例，內閣人數則爲二十三人。內閣的人數，由首相視政治需要或個人喜好拿捏，各屆政府並不相同。此外，由於內閣人數有限，不宜過度膨脹，部分的內閣成員亦身兼數職。其二，內閣的成員，並非固定不變。內閣官員在任期中，可能因爲私人原因辭退，或由於政策失誤而遭革職。首相亦可盱衡情勢進行內閣改組汰舊換新，淘汰表現不佳或不合作的內閣官員，增加新的內閣官員以塡補空缺，以加強首相對內閣的領導力。

　　其三，內閣的成員，多數爲政府部會的首長，少部分則爲非部會的首長，例如上議院領袖、下議院領袖、蘭開斯特公爵領地事務大臣、首席黨鞭等職務。入閣的部會組織與名稱，由首相視政治需要或個人喜好設立，並無固定。政府部會中，財政部、外交部與內政部三者地位崇高，財政大臣、內政大臣、外交大臣等重要部會首長，皆爲內閣不可或缺的基本成

2　英國首相身兼第一財政大臣與文官部長，這兩個部長職位都是名義上的虛職，除了重要的人事與政策決定外，實際的政務都是由該部的「正牌」部長處理。財政部有兩位部長，包括名義上的第一財政大臣（First Lord of the Treasury），與負責實際部務的財政大臣（Chancellor of the Exchequer）。文官部亦有兩位部長，包括名義上的文官部長（Minister for the Civil Service），與負責實際部務的掌璽大臣（Lord Privy Seal）。

員。其中，掌管政府財政的財政部，地位至爲重要，財政大臣的官邸位於唐寧街十一號，與唐寧街十號的首相官邸比鄰而居，重要性不言而喻。

其四，內閣是政府的領導中樞。通常，每一個政府部門都有一位內閣官員作爲首長，使政府部門的決策與責任得以匯集至內閣，達到權責相連的功效。此外，有時也會出現一個政府部門由三位內閣官員領導的情況。以2010年5月的聯合政府內閣爲例，財政部便由第一財政大臣（首相兼任的虛職）、財政大臣與財政總長三位內閣官員領導。

其五，身兼政府部門首長的內閣官員，可統稱爲部長（Minister），然其正式名稱則並不統一，有的部門首長稱爲大臣（Secretary of State），有的部門首長則稱爲部長（Minister）。早期的政府部門首長稱爲國務大臣，簡稱大臣。隨著政府部門的擴充改革，晚近成立的現代政府部門，則出現以部長作爲部門首長稱呼的情況。今日的政府部門，於是呈現部門首長名稱新舊交雜的情形。舉凡內政部、外交部等歷史悠久的政府部門，部門首長名稱皆爲大臣。相對而言，諸如婦女部、農漁糧食部等晚近成立的政府部門，首長名稱則以部長相稱。此外，財政部的財政第一大臣（First Lord of the Treasury）與財政大臣（Chancellor of the Exchequer），雖然職務位階等同於大臣或部長，中文亦可翻譯爲大臣或部長，但英文名稱則有其固定的特別稱謂。其他包括財政次長、財政總長等內閣官員，雖然在位階上次於大臣或部長，但在一般的稱呼，他們仍與大臣或部長一樣，可以統稱爲內閣部長。由此可知，身兼政府部門首長的內閣官員，雖然可以統稱爲內閣部長，但究其名號，則不盡相同。

內閣會議採取合議制，內閣對會議的內容應予保密、三緘其口，對會議的結果應表支持、同聲相應，以落實內閣的集體責任。內閣是英國政府的權力中樞，而首相是內閣中的核心人物，稱得上是英國政治中最有權力的人。首相官邸位於唐寧街十號，首相辦公室（Prime Minister's Office）也設於此。首相辦公室爲首相提供多項重要的私人服務，首相辦公室的下設組織，包括負責安排首相工作日程的私人服務處、負責首相與選區及政黨聯絡事宜的政治服務處、提供政策諮詢的政策小組、處理加官封爵等恩

惠任命事宜的任命處，以及職司政策宣達的新聞處。

　　首相的權力，可就國家、行政與議會三個層面，分別討論。在國家層面，首相為國家政務的實際領導人，享有對內與對外的國家領導實權。對內方面，首相身為政府發言人，須向英王報告政府的重要決策，同時也成為社會公評的眾矢之的。對外方面，首相負責戰爭與和平時期國家安全的重責大任，亦代表國家出席國際高峰會議等國際政治活動。在行政層面，首相是行政領袖，擁有任命、調職及解除閣員與其他政務官職務的權力，並負責政府政策的擬定與協調。首相有權任命二十多名的閣員與八十多名屬於次官級的部會政務官。通常，首相會尊重黨內浮出檯面的資深人選，並考量區域及政治派系的勢力平衡，而非全憑己意自由任命。首相除了擔任內閣會議的主席，亦兼任若干內閣委員會的主席，並享有內閣委員會委員的任命權。除了有權任命政務官（負責決策的官員）外，首相亦身為文官部部長（負責執行決策的事務官），有權與財政次長、文官次長及內閣次長共同參與對高級文官的任命。

　　在議會層面，首相身兼議會多數黨領袖，透過黨鞭與黨紀的運作，通常能夠取得黨籍議員的支持，順利推動執政黨的立法工作。首相在議會的權力，受到以下因素的影響而因人而異，這些因素包括首相的個人聲望與領導能力，政黨在議會的政治勢力，議會中黨籍同仁的支持度，黨鞭的技巧與效能等。一般來說，保守黨的內部階層性較工黨嚴密，議員對首相的支持與忠誠度高，有助於鞏固首相在議會的權力。[3]首相在議會的權力中，議會解散權最為重要。議會解散權使首相掌握政府生死由己的選擇權，然而，議會解散權是一把利弊互見的雙刃劍。一方面，首相若判斷得當，適時發動解散議會權，可以使政府在對自己最有利的政治情況下進行改選，有利於順利取得連任。另一方面，首相若誤判時機進行解散國會，則可能使政府在不利的情況下輸掉大選，將政權拱手讓人。

3　Forman, F. N. and Baldwin, N. D. J. (1996) *Mastering British Politics* (London: Macmillan), p. 253.

　　最後，英國的內閣政府中，內閣爲主要的決策機構及領導中樞，並負責協調英國中央政府各個部會的政策。內閣在英國政府的運作上，扮演關鍵的重要角色。舉例而言，研究英國內閣體系的知名學者Martin Burch指出：「內閣並未做所有的決定，但內閣會作出所有重要的決定，並且內閣設定了整體架構，讓更詳細的政策得以在此架構下提出及發展。」（Burch 1995: 103）[4]英國學者Martin Burch及Ian Holliday分析英國內閣體系，亦發現這個咸認爲英國政府核心的體系，事實上是一個「比一般理解更爲實質及複雜的體系」，而這個體系主要包括內閣、內閣委員會、內閣辦公室、首相辦公室、財政部及主要的政府法律辦公室，且這個機制的另一部分，則包括負責管理行政的直接支持基礎──議會中的執政黨（Burch and Holliday, 1996: 1-2）。[5]

　　英國內閣政府以內閣爲主的這個特色，在1980年代以後，逐漸受到學界的挑戰。特別是由於1980年代以降，包括英國首相柴契爾及布萊爾的出現，其強勢領導的作風引起學界對英國內閣政府的辯論。舉例來說，布萊爾首相偏好繞過內閣及內閣委員會等正式的決策管道，而選擇透過非正式的私下會晤的「軟性政府」（soft government）決策模式（Jones and Blick, 2010: 1）。[6]此外，布萊爾政府時期，首相的權力出現顯著增長。以英國對歐決策爲例，布萊爾展現主導的強勢風格，任命內閣辦公室歐盟祕書長與防衛暨對外祕書長，分別兼任首相的歐盟顧問與外交政策顧問，藉此增加布萊爾對歐政策的領導能力。[7]這樣的改變，使原本由內閣辦公室歐盟祕書處協調對歐政策的主導地位，向首相辦公室傾斜。首相在英國政

---

[4]　Burch, M. (1995), 'Prime Minister and Cabinet: An Executive in Transition', in R. Pyper and L. Robins (eds.) (1990) *Governing the UK in the 1990* (London: Macmillan), p. 103.

[5]　Burch, M. and Holliday, I. (1996) *The British Cabinet System* (London: Prentice Hall), pp. 1-2.

[6]　Jones, G. W. and Blick, A. (2010) 'The PM and the Centre of UK Government from Tony Blair to David Cameron. How Much Will Change in the Transition from Single-Party to Coalition Government', http://eprints.lse.ac.uk/39576/, p. 1.

[7]　Seldon, A., Ballinger, C., Collings, D., and Snowdon, P. (2005) *Blair* (London: Free Press), p. 329.

府對歐決策過程中的權力，因而造成顯著的增加。[8]因此，有學者主張，[9]
英國的內閣政府，不再以內閣為中心，而是以首相為權力核心（Benn
1985; Foley 1993, 1994, 2000; Seymour-Ure 1984; Young and Sloman 1986;
Wapshatt and Brock 1983）。英國的內閣政府，應改稱為「首相政府」
（Prime Ministerial government）較為貼切。

然而，傳統的「內閣政府」（Cabinet government）理論，在英國
2010年開始運作的聯合政府中，重新獲得有力的應證。一方面，在聯合
政府的機制運作上，傳統的內閣及內閣委員會重新獲得重視。同時，兩個
主要執政黨在內閣及內閣委員會的角色，透過制度性的安排，達到兩黨共
治的權力平衡。另一方面，聯合政府運作下，內閣體系的決策風格，整體
而言變得更為同僚化，[10]而不再以首相的決定為中心。這樣的轉變，使得
傳統以內閣為權力核心的「內閣政府」理論，相較於以首相為權力核心的
「首相政府」理論，更具解釋力。有關英國究竟是「內閣政府」抑或「首
相政府」，於近幾十年來，因此成為兩派學者熱烈爭論的議題。

二、內閣的運作

內閣的運作以內閣會議為主，內閣委員會為輔。內閣會議通常每週一
次，每次二至三小時，可視需要增加會議次數。內閣會議的成員，包括首
相與其他內閣閣員，但若有需要，首相亦可邀請非閣員的政府官員，參與

---

[8] 黃琛瑜（2011）。〈歐洲化與英國中央政府：布萊爾政府個案研究〉，《歐美研究》。
第41卷第2期，頁482。

[9] Benn, T. (1985) 'The Case for a Constitutional Premiership', in A. King (ed.), *The British
Prime Ministe*r (London: Macmillan); Foley, M. (2000) *The British Presidency* (Manchester:
Manchester University Press; Seymour-Ure, C. (1984) 'British "War Cabinet" in Limited Wars:
Korea, Suez and the Falklands', *Public Administration*, vol. 62, no. 3, pp. 181-200; Young, H.
and Sloman, A. (1986) *The Thatcher Phenomenon* (London: BBC); Wapshott, N. and Brock, G.
(1983) *Thatcher* (London: Fontana).

[10] Hazell, R. and Yong, B. (2011) *Inside Story: How Coalition Government Works* (London: Con-
stitution Unit), pp. 3-4; Jones, G. and Blick, A. (2010) 'The PM and the Centre of UK Gov-
ernment from Tony Blair to David Cameron. How Much Will Change in the Transition from
Single-Party to Coalition Government', http://eprints.lse.ac.uk/39576/, p. 2.

內閣會議提供建言。內閣會議的進行，並非民主式而是家長式。首相對於議程擬定與發言順序，享有主導權。

內閣會議鮮少進行投票，因爲一方面內閣的決策具有整體性，進行投票會增強閣員的個人主體性，削弱內閣的整體性。另一方面，數人頭式的投票，無法反映內閣閣員間大不相同的政治分量。[11]由於大部分的政府事務涉及內政、經濟、外交等重要部會，這些部會的部長在內閣中的政治分量，遠較其他閣員爲重。內閣中的重大決定，往往由首相與內閣中的重要部會閣員進行諮商，決定後再由內閣背書。首相與這些少數的重要閣員，可說是內閣中的內閣。

由於政府事務龐雜繁多，內閣無法消化所有的重要決策，因此，除了內閣會議之外，內閣委員會（Cabinet Committee）於二十世紀孕育而生，成爲分擔內閣決策工作的好幫手。內閣委員會由首相任命及授權，委員會的決議亦代表內閣的決議。若委員會的討論出現重大爭議，則須將議案送交內閣會議作最終裁定。內閣委員會針對不同的政策議題相應成立，成員包括相關部會的內閣閣員。委員會提供閣員一個對政策議題進行專門討論的園地，彌補內閣會議功能有限的不足之處。內閣委員會主要分爲兩類，包括依照不同政策領域設立的常務委員會，以及針對特定政策議題，邀集相關部會進行跨部會政策研議的特別委員會。

爲了協助內閣運作，政府部會中設有內閣部（Cabinet Office），職員約有兩千人。[12]內閣部下設不同單位，包括負責內閣會議與內閣委員會中部會間協調工作的內閣祕書處、蒐集政府及社會資訊的中央統計處、職掌高級文官人事任命的人事管理處、編纂官方歷史的歷史處，以及因應不同政策議題所成立的跨部會研究小組等。

---

[11] Baker, A. J. (1990) *Examining British Politics*, 3rd edn (Cheltenham: Stanley Thornes), p. 95.

[12] Cabinet Office (2019) 'About Us', https://www.gov.uk/government/organisations/cabinet-office/about#who-we-are.

三、內閣的功能

內閣的功能，主要有三。其一，兌現競選政見為國家政策。下院選舉時，政黨皆會推出競選政綱，以爭取選民認同與支持。勝選的政黨成為執政黨後，應兌實選舉時對選民的競選承諾，將競選政綱化為國家政策，而這也就是身為執政中樞的內閣，責無旁貸的工作與責任。由於競選政綱往往只是簡略的政策方向，內閣須透過討論研議，才能具體化為可行的政策方案。可以授權部會施行的政策方案，內閣政府便交由相關部會直接實施。需要進行立法的政策方案，則由內閣擬定立法計畫，以期能按部就班完成立法工作。

其二，治理國政，包括處理突如其來的重大問題。除了選前承諾的國家政策方針以外，內閣尚須因應瞬息萬變的國家情勢，做出正確的政策判斷。面對突發的國際衝突或社會危機，內閣如何體察民意，做出適當的政策判斷與領導，關係內閣的能力與壽命。

其三，統合政府部會間的政策爭議。政府是一個團隊，隊員的目標、步伐一致，政府運作才有效率，政府的集體政治責任才易釐清。反之，若政府成了各個部會各行其是的多頭馬車，則形成政治癱瘓。此外，政策往往經緯萬端，牽連廣泛，需要多個部會的戮力合作，方能有效運作。因此，統合政府部會間的政策爭議，成為內閣的重責大任。除了首相身為政府部會間的協調中樞之外，內閣祕書處也具有協調部會間爭議的功能。內閣委員會中閣員彼此能夠盡情溝通，亦成為部會首長交換與整合意見的重要管道。

第三節　議會內閣制的原則

權力和責任同時產生。內閣身為權力的核心，享有大權亦負有重責。議會內閣制下，內閣被賦予權力，也被權力衍生的責任所束縛。內閣責任是議會內閣制的基本原則，內閣責任下，內閣對其所做成的決策，負有責

任。就責任的歸屬而論，內閣責任又可分爲集體責任與個人責任。

一、集體責任

集體責任或集體內閣責任（collective ministerial responsibility）原則，發展於十八世紀末葉，並於十九世紀初葉逐漸成熟，成爲英國憲政制度的一項重要原則。1782年，首相諾斯（Lord North）得不到下院的多數支持，被迫辭職。當時除了財政大臣之外，其他所有閣員都陪他一同辭職，表現出內閣的整體性。其後，內閣逐漸建立起政策上的整體一貫原則，帶動內閣責任的觀念發展。依據集體內閣責任的原則，內閣須將做成的統一決定，向英王報告。內閣的決定必須統一，以形成內閣整體的責任。十九世紀英國首相墨爾本（Viscount Melbourne），曾對爭論不休的內閣說過一段有名的話：「紳士們，我們扯什麼謊不重要，因爲我們全都扯同樣的謊。」[13]

二十世紀中葉，集體內閣責任已成爲英國政治的一項重要原則，舉凡行政、立法、司法等重要政府職權的憲政運作，都是建立於這項基本原則。時至今日，雖然政府的部會組織遠較已往龐雜並不斷膨脹，集體責任的原則，依舊保留適用，並擴大適用到非閣員的政府官員。內閣身爲政府的代表，背負內閣政府的集體責任。憲政慣例上，內閣負責的對象包括君主與議會，內閣仍須將重要決定向君主報告。然而，內閣政府負責的實質對象已不再是君主，而是議會。

內閣集體責任，建立在三個原則上，包括信任原則、一致原則與祕密原則。在信任原則方面，內閣若是失去議會的支持，例如議會通過對政府的不信任投票案，或是政府在議會輸掉自己提出的信任投票案等情況，內閣政府必須總辭下台或解散議會重新舉行大選。一致原則方面，內閣或內閣委員會作成的一致決策，便是政府的決策，政府各個部門應予支持，以維護政府政策的整體性。在公開場合，包括身兼閣員的內閣部長與非閣員

---

[13] Cordell, J. (1994) *Essential Government and Politics* (London: Collins Educational), p. 171.

的其他政府官員，皆應支持內閣的政策立場。公開發言與內閣政策立場唱反調者，應主動辭職或遭去職。祕密原則方面，爲了維護內閣政府的整體性，內閣與內閣委員會的會議，都是祕密進行。由於會議採祕密進行，閣員可以在會議中盡情發表不同意見，而不會影響到內閣決策的一致性。

內閣的權力來自議會的支持與信任，內閣負責的對象也是議會。當內閣失去議會的支持，便須負起內閣責任，總辭下台或解散議會重新舉行大選。內閣應負起內閣責任總辭下台或解散議會重新舉行大選的情況，有以下數端。其一，議會中的反對黨對政府提出不信任投票案，並表決通過，則內閣政府失去議會的支持，必須總辭下台或解散議會重新舉行大選。不信任投票案的通過，在逼迫內閣下台負責的情況中，是最直接了當也最爲有效的一種。

其二，內閣政府可針對備受爭議的政策議題，於議會中提出信任投票案，將政府的政策立場問信於民。倘若內閣政府在信任投票案的表決中獲勝，則代表政府在議會的領導地位受到確認；如果內閣政府於表決中失利，則代表政府失去議會的支持，必須總辭下台或解散議會重新舉行大選。對執政黨而言，除非不得已，執政黨不會隨便提出信任投票案，將好端端握在手上的政權付之一賭。不論在不信任投票案中敗陣，或在信任投票案中失利，政府都面臨下台壓力，但在壓力程度上，兩者略有差別，後者較前者爲輕。政府在不信任投票案的表決中敗陣，形同議會對政府表示反對，而政府在信任投票案中失利，則代表政府失去議會的支持。議會對政府發動不信任投票案，是一種要求政府整體下台的直接壓力，比起政府失去議會對政府部分政策的支持所形成的下台壓力，自然嚴重許多。此外，信任投票案建立在爭議性政策的辯論上，內閣政府一方面可以控制信任投票案的提出，另一方面內閣政府亦可以政策投票取代信任投票，避免正式提出信任投票案後可能面對的下台承諾。如果說反對黨提出的不信任投票案，形同對內閣的迎頭痛擊，無法預防，那麼，執政黨提出信任投票案，則是內閣手中的一把兩刃劍，如何運作則操之在己。因此，執政黨提出的信任投票案與反對黨提出的不信任投票案，皆會造成政府下台的壓

力，但在兩者的壓力程度上，前者不如後者。

其三，政府預算案與部分的財政議案，關係到政府能否運作，享有重要的議案地位，相較於政府明示提出的信任投票案，可算是一種「暗示的政府信任投票案」，若議會未能通過這些議案，形同政府在信任投票案中失利，內閣則須面臨總辭下台或解散議會重新舉行大選的壓力。

以上三種內閣必須總辭下台或解散議會重新舉行大選的情況，都牽涉到信任投票案（不論是不信任投票案，或明示的信任投票案，或暗示的信任投票案）。由於信任投票案的後果茲事體大，再加上政府多能透過黨紀維持政府在議會的勢力，內閣政府因信任投票案總辭下台或解散議會重新舉行大選的例子，並不多見。以十九世紀為例，這類例子不過四件，到了二十世紀，則減至三件。

除此之外，還有一種內閣可能辭職的情況，亦即當政府的重大政策（過去未被視為等同於信任投票案的議案）在議會遭到否決時，政府也可以選擇總辭下台，或解散議會重新舉行大選，或就此議案提出信任投票案，問信於民。然而，內閣因重大政策遭到否決而辭職下台或解散議會重新舉行大選的情況，亦不多見。一方面，何者屬於政府的重大政策，難以認定。二方面，內閣政府自然傾向於淡化政策的重要性，以迴避內閣下台的政治責任。以十九世紀為例，政府因政府重大政策在議會遭到否決，而總辭下台或解散議會重新舉行大選的例子，只有三件，但二十世紀以降，這樣的例子便不復見。內閣政府因重大政策在議會遭到否決，而選擇就此議案提出信任投票案的例子，在二十世紀亦不過寥寥數件。

二、集體責任的盲點

集體責任固然是議會內閣制的基本原則，但由於以下原因，此一原則於實際運作上難以落實。首先，不論是內閣會議、內閣委員會的會議或官員間的私人會談，皆採祕密進行，內閣政府的決策過程猶如黑箱作業，議會皆難以監督。一方面，依據法律規定，官員在議會備詢時，可基於保

護國家機密等理由，拒絕透露政府資料及部會間的決策互動，議會監督政府責任的功能，因此無法盡情發揮。二方面，內閣政府同時也是議會的多數黨，在黨紀的運作下，內閣政府享有議會的主導勢力。議會在執政黨的控制下，自然不易對內閣政府多所責難。反對黨的相對弱勢，在監督內閣政府責任的功能上，往往力不從心。三方面，議會雖然可以透過質詢、辯論、特別委員會的調查等方式，監督政府作為，然而，礙於議會的議事繁重，議會無法對政府作為進行全面深入的監督。此外，議會本身並未享有充分的調查權，使得議會監督政府的工作無法有效進行。

綜論之，內閣集體責任的存在充滿不少盲點。首先，內閣集體責任本身，可能就是包庇責任的責任黑洞。其次，議會為內閣政府所掌握，難以發揮監督政府集體責任的功能。因此，與其說內閣集體責任是一項不容否認的金科玉律，倒不如視之為一種倚賴政治慣例維持的政治信仰。

三、個人責任

個人責任或內閣個人責任（individual ministerial responsibility），則是部會官員對應其職權所負有的個人責任。負有個人責任的部會官員，除了身兼閣員的部會首長外，還包括非閣員的其他部會首長。因此，內閣個人責任的「內閣」一詞，廣義上包括入閣與其他非內閣成員的政府部會首長。身為部會首長，對部會的決策成敗，無論是自己參與或下屬決策，皆負有榮辱與共的責任。政治學者羅威爾（Lawrence Lowell）指出：「部長個人對於他所掌管之部會所做的一切，負有責任。」下院議員莫里森（Lord Morrison）亦嘗言：「官員對信封上的每一個戳記，都負有責任。」[14]

內閣負責的實質對象是議會，官員個人負責的實質對象也是議會。但不同的是，議會透過不信任投票案，或信任投票案，或否決政府重要的議

---

[14] Marshall, G. (1989) 'Introduction', in G. Marshall (ed.), *Ministerial Responsibility* (Oxford: Oxford University Press), p. 7.

案，逼迫內閣下台負責。個人責任方面，議會則是透過質詢、委員會的調查等方式，將官員的作爲攤在公衆目光下，接受監督與公評。官員若遭議員或媒體揭露行政疏失或醜聞，往往因此失去首相、民意與議會的支持，只有落得掛冠求去一途。十九世紀中葉以前，議會存在著藉由通過對個別官員的譴責案，使個別官員去職的情形，但十九世紀中葉以後，議會已不復出現這樣的例子。而今，迫使個別官員下台的力量，主要來自議會反對黨對官員行政疏失的質詢或調查。此外，媒體監督政府的第四權精神，及其唯恐天下不亂的多事心態，亦爲揭發政府官員政治或道德醜聞的重要力量。

四、個人責任的迷思

個人責任是一項廣爲接受的原則，但同時也充滿爭議。理論上，官員身爲部會首長，應爲部會的一切作爲負起責任。但實際運作上，個人責任應如何落實，備受爭議，主要原因如下。

其一，何種情況官員應負起個人責任，純屬自由心證的政治判斷，難以認定。不論行政疏失或道德醜聞，都僅是一種難以定量的抽象概念。此外，由於這些觀念牽涉到價值的相對判斷，往往難以予以明確的立法歸納。以行政疏失而論，行政疏失是一種客觀的判斷，難以有一周全定義。威爾遜政府的閣員克羅斯曼（Richard Crossman），曾對行政疏失做一定義，他認爲偏見、疏忽、粗心、拖延、無能、行爲不妥、剛愎自用、卑鄙、獨斷等行爲皆屬於行政疏失的範疇。這項定義稱爲「克羅斯曼目錄」（Crossman catalogue），成爲定義行政疏失的參考基準。[15]然而，正如「克羅斯曼目錄」，行政疏失的定義至多也僅止於負面表意，而無法對何種行爲應構成行政疏失，做出具體的正面歸納。畢竟，行政疏失屬於一種情況各異的政治判斷，功過論斷並非一體適用的定義歸納所能簡單勾勒。

---

[15] Loveland, I. (1996) *Constitutional Law: A Critical Introduction* (London: Butterworths), pp. 371-372.

和行政疏失一樣，道德醜聞方面的個人責任，亦難以界定。何種道德醜聞應該使官員下台負責，婚外情、性騷擾或是其他？如何界定道德醜聞？決定道德與否的尺度為何？道德醜聞是否可以分為非常不道德、有點不道德等不同等級？由上可知，個人責任難以認定，若試圖予以法律化，只會落得文字障，無法反映真實情況之餘，復顯得荒謬可笑。

其二，個人責任不易落實，犯錯官員未必願意主動下台，以示負責。分別從議會與官員兩方面討論。首先，在議會方面，議會並沒有強制官員負起個人責任的能力。對於內閣的集體責任，議會可以提出不信任投票案，但對於個別官員，只能透過質詢、辯論及委員會的調查等方式，予以監督。但官員面對議會的質詢與調查，得以保護國家機密為由，拒絕透露與官員責任利害相關的資訊，使得議會難以監督官員的政策行為。此外，議會的議程與運作由執政黨主控，議會的黨籍同仁，自然盡力為官員撐腰護航與粉飾過失。首相亦可選擇不接受官員的辭職，或以內閣集體責任包庇個人責任，為官員護短的情況難免發生。正所謂「我們對人喜惡，並非因為他們所做，而是因為他們是誰。」官員的個人責任，往往淪為一種對人不對事的政治喜好，而非對事不對人的責任判斷。除非執政黨不足以主控議會的運作，反對黨才有較多機會發揮監督政府官員的功能。除非執政黨的首相與議員不徇私護短，議會才不會淪為執政黨包庇自己人的掩護場所。

在官員的個人意願方面，即使官員的政策失誤昭然若揭，個人聲望亦備受批評，只要官員拉得下老臉拒絕辭職下台，旁人也莫可奈何。官員規避政策責任，雖然難逃史家或政治學者的功過論斷，但對一般民眾而言，往往不會引以為意。畢竟，人民的眼睛是雪亮的，但記憶是短暫的，時間一久，彌天大罪往往也能雲淡風清，更何況是這種可大可小、難以認定的政治責任。政治是良心事業，官員的個人責任植基於個人的良心發現，並非只靠制度設計就能立竿見影。

其三，部會首長究竟應不應該對所屬部會的一切作為，負起個人責任？根據古典個人責任理論，部會首長對其所領導部會的一切作為，負有

最終責任。這種理論的價值在於，因為議會沒有權力與能力對行政中立的龐大文官體系，進行有效監督，由部會首長作為部會責任的最終負責人，部會首長再對議會負責，便可形成政府責任的串聯。如此一來，議會對政府責任的監督，便不會出現無人負責的責任死角。古典個人責任理論，於十九世紀開始盛行，當時的政府組織較為簡單，這種古典個人責任理論還行得通。今日，古典個人責任理論依然風行，只不過十九世紀中葉以降，政府組織逐漸膨脹，部會首長對其所領導的部會，已不再能事事知悉，對古典個人責任理論的不少質疑，亦隨之而起。

反對古典個人責任理論者認為，由於政府的組織日益龐大，部會首長不可能掌握所屬部會的一舉一動，倘若部會首長對於並非親自參與，事前亦毫不知情的行政疏失，皆應負起責任，似乎說不過去。1977年杭特爵士（Sir John Hunt）便發表過此種論點，他認為：「部會首長應該為他連聽都沒聽過的人所做的錯事負責，這種觀念真是過時了。」1984年，由於管理的疏失，北愛爾蘭監獄發生三十八名愛爾蘭共和軍的囚犯越獄，造成社會不安。監獄典獄長為此辭職，但包括北愛事務大臣與其他次級首長，則並未辭職下台。北愛事務大臣普萊歐（James Prior）表示：「我不認為這件事中，我有怠忽職守的地方。」[16]

古典個人責任下，部會首長應該犧牲自己，義無反顧負起所屬部會的一切責任。但在現實運作上，這種為人背黑鍋的負責態度，一方面可能引起部會首長的反彈，另一方面，上級保護下級的情況，亦讓真正該被換掉的失職人員遭到包庇。然而，如果部會首長對於干卿底事的行政失職，採取拒絕辭職的自清行為，縱然可以使部會首長免受不白之冤，但如此一來，也會造成政府責任的斷層，或是上級首長藉由犧牲下級官員，以圖自保的諉過推責。部會首長對部會的所作所為，不管是負起全部的責任，或是部分的責任，都各有爭議。

其四，為了應付日益擴充的政府職能，英國政府對政府部門的組織

---

[16] 同註14，頁11-12。

運作，陸續做了一些改革，但卻使得部會首長與所屬部會間的政治責任，出現斷層。首先介紹的政府組織改革是「半自主非政府組織」（quasi-autonomous non-governmental organization）的成立，「半自主非政府組織」的英文簡稱爲「匡苟」（quango）。隨著政府職能的不斷擴充，政府的組織與人員無法應付日益龐雜的公共需求，十九世紀政府便逐漸發展出將政府職能移轉給非政府組織運作的行政模式，這些非政府組織便是所謂的「半自主非政府組織」。「半自主非政府組織」有別於一般傳統的政府部門組織，所以被稱爲「非政府」組織。然而，「半自主非政府組織」執行的是原本屬於政府執行範圍內的公共政策，所以亦有學者主張「半自主非政府組織」應是「半政府」組織，而不是「非政府」組織。[17]理論上，「半自主非政府組織」享有執行政策的獨立權力，不必對議會負責。但事實上，「半自主非政府組織」所執行的政策方針，由部會首長決定並向議會負責，仍不脫傳統政府部門的權責窠臼。部會首長對「半自主非政府組織」的主控力依舊存在，「半自主非政府組織」的設立與廢除皆由部會首長決定，部會首長對組織的成員任命與政策目標的設定，具有很大的主導力。議員荷蘭（Philip Holland）嘗言：「部會首長發現，這種組織可以用以規避個人責任，酬庸友人。」[18]

「半自主非政府組織」的設立，造成政治責任的斷層。比起由部會首長領導並負起最終責任的一般政府部門，「半自主非政府組織」在實際運作上，也是由部會首長所領導，但在執行政策方面卻享有獨立自主的權力，不必向議會負責。部會首長便可透過這個責任眞空地帶，一方面享受主導干預「半自主非政府組織」的權力，另一方面亦可藉「半自主非政府」的名義，迴避應有的責任。此外，「半自主非政府組織」的定義模糊、爲數眾多，且成長快速。1979年議會設立的特別委員會，嘗試對這些妾身不明的「半自主非政府組織」進行監督，但由於特別委員會本身的權

---

[17] Mclean, I. (1996) *The Concise Oxford Dictionary of Politics* (Oxford: Oxford University Press), p. 415.

[18] Padfield, C. F. and Byrne, T. (1990) *British Constitution* (Oxford: Made Simple Books), p. 378.

力與資源有限，還是無法改善「半自主非政府組織」所造成的責任問題。

除了議會難以監督之外，法律亦無法成為一種有效救濟。「半自主非政府組織」不僅是一種抽象的名詞，也是一種創新的制度發明。組織成立的方式，從正式的依照議會法成立，或部會首長下院備詢時的回答，到非正式的搖手一揮等，不一而足。因此，「半自主非政府組織」的法律屬性多不相同，難以依法而治。並且，法院一方面缺乏審查「半自主非政府組織」的法源與憲政基礎，另一方面，司法機構亦無意跨足牽涉政府權責的政治領域。綜言之，「半自主非政府組織」形成官員個人責任的真空地帶，議會與司法機構皆難以介入監督。

除了「半自主非政府組織」，1988年英國政府開始推行的「下一步」（Next Step）計畫，對政府官員的個人責任，亦產生不小衝激。「下一步」計畫將政府部會的部分行政工作，授權給半獨立機構，這些半獨立機構和政府維持短期契約的關係，機構領導人多由非文官人士擔任。「下一步」計畫的改革重心，在於將行政機構的政策制定功能與政策執行功能，作一區別。一方面，行政決策仍由部會首長與部分的高級文官掌握，另一方面，政策執行則由文官與這些新設立的半獨立機構負責。部會首長可以視情況需要，設立半獨立機構，並明定該機構的成立目的與工作目標。「下一步」計畫推行六年後，亦即1994年，約有百分之六十的文官服務於這種半獨立行政機構。[19]半獨立行政機構的設立，對傳統的個人責任造成不小衝激。

首先，這些半獨立行政機構的領導人，可由文官體系外的人士出任，他們與政府訂有三到五年的短期契約，薪俸與續約視工作成效而定。半獨立行政機構的領導人與部會首長的關係，是一種短期的半契約關係，而非傳統行政機構與部會首長間唯命是從的權責關係。在成員的身分上，半獨立行政機構的確有別於傳統文官體系，可說是夾在文官體系與非文官體系

---

[19] Drewry, G. (1996) 'Revolution in Whitehall: The Next Steps and Beyond', in J. Jowell and D. Oliver (eds.), *The Changing Constitution*, 3rd edn (Oxford: Clarendon Press), p. 157.

間的灰色地帶，難以定義之餘，只好以「半獨立行政機構」相稱。半獨立行政機構的成員，可以由不經傳統文官體系考核任用的人士出任。嚴格而論，植基於文官體系的傳統政府部門，已被半獨立行政機構任用非官方人士的權限所解構。既然「半獨立行政機構」不算是正統的行政組織，政府官員與半獨立行政機構間的責任關係，自然難以界定成政府官員與一般政府部會的傳統責任關係。

其次，在責任的歸屬方面，半獨立行政機構的領導人被授予執行業務的權力，對機構的業務執行負有個人責任，必要時應出席議會的特別委員會接受備詢。半獨立行政機構的領導人，負責機構業務的推行，甚至當業務推行受到所屬部會的干擾時，亦可拒絕部會首長的干預。機構領導人的責任與權力，可見一斑。然而，機構的領導人同時亦向相關的部會首長負責，由相關的部會首長向議會負起最終責任。半獨立行政機構的領導人與部會首長，對機構的業務執行都負有責任，造成「誰應負責」的責任矛盾。

此外，在權責的劃分方面，「下一步」計畫特別將政策制定與政策執行作一劃分，部會首長負責政策制定，半獨立行政機構則專門負責執行，以期政策制定與政策執行的個別責任得以釐清。然而，實際上，政策制定與政策執行之間，並未能清楚劃分。一方面，倘若半獨立行政機構的政策目標有欠周延，半獨立行政機構的領導人可以部會所定的政策目標失當為由，拒絕對政策執行的失敗負責。因此，政策目標必須由部會首長與半獨立行政機構達成共識，才能拍板定案。政策制定與政策執行由兩個不同對象分別掌握的設計，實際上難以落實。二方面，由於部會首長身為半獨立行政機構的最終負責人，面對議會對半獨立行政機構的政策制定與政策執行等各個層面的質詢，皆須負責回答。因此，「下一步」計畫雖然將政策的制定與執行作一劃分，但傳統上部會首長對部會負起最終責任的原則仍然保留，部會首長對政策的制定與執行依舊負有責任，使政策的制定與執行責任無法劃分。三方面，政策的制定可能包裹在政策執行的過程中，政策的制定與執行間，實無法清楚劃分。綜上所論，「下一步」計畫的改革

初衷，乃希望政府部會首長與部會文官間的政治責任得以釐清，個別負責政策制定與政策執行的工作。但實際運作上，改革計畫反而突顯出政策制定與政策執行兩者之間難以涇渭分明。「下一步」計畫中引進的半獨立行政機構，不僅改變行政部門的傳統定位，亦使得原本已存在於部會首長與部會文官間的政治責任問題，愈加複雜、惡化。

　　「下一步」計畫之外，二十世紀末葉，柴契爾首相與梅傑首相主政時期所推動的私有化政策，亦對傳統的官員個人責任產生不小影響。依據私有化政策的信念，多數的政府事務交由民間私人企業運作，會比政府部門自己運作更有效率，私有化的方式包括將傳統屬於政府管轄的國營產業，部分開放給私人產業經營，或完全賣給私人產業。柴契爾政府認為，舉凡電信、鐵路、瓦斯、水電供應等服務，應開放給民間私人產業運作才會更有效率。[20]與上述的「下一步」計畫兩相比較，私有化政策對個人責任的影響，遠較「下一步」計畫嚴重。「下一步」計畫成立的半獨立行政機構，縱然機構的領導人與職員可能由非官僚體系的民間人士出任，但權責上仍透過部會首長的個人責任對議會負責。政府部門私有化政策，則是將原本屬於政府部門掌管的機構私有化，而私有化的產業自然不受傳統官員個人責任的約束。

　　私有化政策是一項利弊互見的選擇。一方面，私有化或可改善政府部門效率不彰的問題，提供民眾更具市場競爭性的服務品質。另一方面，原本屬於政府部門負責的社會服務，通常具有牽涉廣大人民福祉的特性，採取資本主義的競爭模式，固然可透過競爭提升效率，但倘若產業陷入資本壟斷、自由淘汰，或惡性倒閉，廣大民眾的利益便成了私人產業追求私利的祭品。政府作為社會資源的統籌分配者，若是可以為了行政效率，而放棄對民眾利益的保障責任，人民何須透過選舉機制產生政府，由資本家自由競爭取代政府統治豈不直接了當？單就政治責任而論，私有化政策無異於政治責任的棄守，政府官員對於私有化的公共服務不再負有個人責任，

---

[20] 同註14，頁376。

民眾面對權益受損，亦無從追究政府的政治責任。

五、集體責任與個人責任間的關係

　　不僅集體責任與個人責任本身充滿盲點，兩者之間亦充滿矛盾。集
體責任與個人責任間的關係，理論上應是一種互為表裡的共生關係，內閣
集體責任代表政府整體的對外責任，政府內部各個部門的責任，則落到部
會首長身上，部會首長以內閣的決策為依歸，政府對外與內部的責任便得
以串聯，形成所謂的內閣責任。然而，實際運作上，集體責任與個人責任
間，存在以下的矛盾與衝突。首先，身為閣員的部會首長，一方面應服從
內閣決策，另一方面亦身為所屬部會的領導者。倘若內閣與部會首長間產
生政策歧見，理論上首長應以內閣決策為優先，對內閣決策公開反對者，
應主動辭職或被迫去職。然而，實際上，部會首長反對內閣決策卻不因此
去職下台的情況，亦曾出現。1969年，當時的工黨政府內政大臣，便公
開反對政府的工會改革政策，結果政府在日益高漲的反對壓力下，取消改
革提案，內政大臣本人並未因與政府唱反調而去職下台。因此，集體責任
與個人責任兩者之間，並非絕對的合作關係，而是充滿潛在衝突的權力拉
鋸。

　　其次，針對集體責任與個人責任間的矛盾，1932年發展出「異議協
議」（agreement to differ）的慣例。當時的聯合政府達成一項「異議協
議」，同意政府部會首長對關稅保護政策，進行公開的自由表態。1975年
英國對是否繼續留在歐洲共同體進行公投，英國工黨政府的立場是贊成英
國繼續留在歐洲共同體，但這項政策茲事體大且備受爭議，工黨政府於是
祭出「異議協議」，允許部會首長公開反對這項政策。1977年，工黨政府
再次運用「異議協議」，使官員對歐洲議會選舉制度的政策爭議，得以盡
情表態。

　　「異議協議」的出現，突顯出內閣政府面對重大爭議的決策問題之
際，若缺乏凝聚共識的能力，傳統上內閣集體責任與個人責任間的一致性

原則，往往難以維持。「異議協議」可說是一種對集體責任與個人責任間矛盾關係的解套。由於「異議協議」下，內閣政府與官員間的異議，是一種經過協議的特別情況，傳統上集體責任與個人責任間的一致性原則仍獲得保留。但事實上，儘管是經過協議，內閣政府公然允許官員對政府政策表示異議，已對集體責任與個人責任間互為一體的傳統內閣責任原則，造成傷害。

再者，集體責任與個人責任相輔相成的良善立意，在運作上卻可能出現內閣整體與官員個人相互包庇，以規避責任的諷刺結果。由於政府的決策過程採祕密進行，究竟政策是由內閣整體或是官員個人主導，不得而知，因此，內閣集體責任與官員個人責任間，亦難以劃分認定。於此兩造間的責任模糊地帶，便產生了內閣政府以集體責任包庇官員個人責任，或內閣政府犧牲官員個人責任以規避內閣集體責任的情況。

倘若個別官員面對下台負責的壓力，內閣政府可以指稱這位官員的個人責任是屬於內閣的集體責任，企圖以內閣集體責任包庇官員的個人責任。相反地，如果內閣政府面對下台負責的壓力，亦可將內閣政府的集體責任，轉移到個別官員的個人責任，藉由官員的下台犧牲，為政府脫罪。縱使制度的本意是良善的，但實際運作上，卻可能淪為惡意的工具。內閣責任原則，亦不免如此。

從以上的討論，可做一結論。不論是集體責任，或個人責任，或集體責任與個人責任所組成的內閣責任，都很難使權力擁有者負起真正的責任。尤其，隨著政府職能的日趨龐雜，權力的運作愈加複雜，相應的責任往往無法簡單釐清。於是，權力與責任間，存在著一道難以清楚連接的鴻溝。權力與責任間的這道鴻溝，加上議會功能的不彰，內閣責任乃成為一種政治信仰與期待。盲目信仰，使人迷惘；過度期待，令人失望。

中文參考書目

陳炯章（1988）。《英國史》。台北：大安。

黃琛瑜（2011）。〈歐洲化與英國中央政府：布萊爾政府個案研究〉，《歐美研究》。第41卷第2期，頁465-495。

雷飛龍（1983）。《英國政治制度論集》。台北：台灣商務印書館。

雷飛龍（2010）。《英國政治與政治》。台北：台灣商務印書館。

英文參考書目

Alderman, R. K. and Carter, N. (1991) 'A Very Tory Group: The Ousting of Mrs Thatcher', *Parliamentary Affairs*, Vol. 44, No. 2, pp. 125-139.

Baker, A. J. (1990) *Examining British Politics*, 3rd edn (Cheltenham: Stanley Thornes), pp. 90-111.

Barnes, J. (1989) Contribution to a roundtable symposium on 'The British Cabinet in the 1980s', Annual Conference of the Political Studies Association, University of Warwick, 5 April.

Beattie, A. (1995) 'Ministerial Responsibility and the Theory of the British State', in R. A. W. Rhodes and P. Dunleavy (eds.), *Prime Minister, Cabinet and Core Executive* (London: Macmillan).

Beattie, A. (1998) *Why the Case for Parliamentary Reform in Britain Is So Weak?* (London: LSE).

Beech, M. and Lee, S. (2011) *The Cameron-Clegg Government: Coalition Government in an Age of Austerity* (London: Palgrave Macmillan).

Benn, T. (1985) 'The Case for a Constitutional Premiership', in A. King (ed.), *The British Prime Minister* (London: Macmillan), pp. 221-241.

Bogdanor, V. (2011) 'The Coalition and Constitutional Reform', *Amicus Curiae*, Vol. 86, pp. 19-24.

Bulmer, S. and Burch, M. (1998) 'Organising for Europe: Whitehall, the British State and the European Union', *Public Administration*, Vol. 76, No. 4, pp. 601-608.

Bulmer, S. and Burch, M. (2000) 'The Europeanisation of British Central Government', in R. A. W. Rhodes (ed.), *Transforming British Government; Volume I: Changing Institutions* (London: Macmillan).

Bulmer, S. and Burch, M. (2001) 'The "Europeanisation" of British Central Government: The UK and Germany in Historical Institutionalist Perspective', in M. Aspinwall and G. Schneider (eds.), *The Rules of Integration* (Manchester: Manchester University Press), pp. 73-96.

Bulmer, S. and Burch, M. (2002) 'British Devolution and European Policy-Making: A Step-Change towards Multi-Level Governance', EPRU working paper, Department of Government, University of Manchester.

Bulmer, S. and Burch, M. (2005) 'The Europeanization of UK Government: From Quiet Revolution to Explicit Step-Change?', *Public Administration*, Vol. 83, No. 4, pp. 861-890.

Bulmer, S. and Burch, M. (2006) 'Central Government', in I. Bache and A. Jordan (eds.), *The Europeanization of British Politics* (London: Palgrave Macmillan).

Bulmer, S. Burch, M., Carter, C., Hogwood, P., and Scott, A. (2002) *British Devolution and European Policy-Making: Transforming Britain into Multi-Level Governance* (London: Palgrave Macmillan).

Bulmer, S., Burch, M, Hogwood, P., and Scott, A. (2006) 'UK devolution and the European Union: A Tale of Cooperative Asymmetry?', *The Journal of Federalism*, Vol. 36, No. 1, pp. 75-93.

Burch, M. (1995) Prime Minister and Cabinet: An Executive in Transition', in R. Pyper and L. Robins (eds.), *Governing the UK in the 1990s* (London: Macmillan).

Burch, M. and Holliday, I. (1996) *The British Cabinet System* (London: Prentice Hall/ Harvester Wheatsheaf).

Burch, M. and Holliday, I. (1999) 'The Prime Minister's and Cabinet Offices: An Executive Office in All But Name', *Parliamentary Affairs*, Vol. 52, No. 1, pp. 32-45.

Burch, M. and Holliday, I. (2000) 'New Labour and the Machinery of Government', in D. Coates and P. Lawler (eds.), *New Labour in Power* (Manchester: Manchester University Press), pp. 65-79.

Burch, M. and Holliday, I. (2004) 'The Blair Government and the Core Executive', *Government and Opposition*, Vol. 39, No.1, pp. 1-21.

Burch, M., Hogwood, P., Bulmer, S., Carter, C., Gomez, R., and Scott, A. (2003) '*Charting Routine and Radical Change: A Discussion Paper*', Devolution and European Policy Making Series, No. 6, European Policy and Research Unit, Department of Government, University of Manchester.

Butler, D., Adonis, A. and Travers, T. (eds.) (1994) *Failure in British Government: The Politics of the Poll Tax* (Oxford: Oxford University Press).

Cabinet Office (1992) *Questions of Procedure for Ministers* (London: Cabinet Office).

Cabinet Office (2019) 'About Us', https://www.gov.uk/government/organisations/cabinet-office/about#who-we-are.

Cameron, D. and Jones, D. (2010) *Cameron on Cameron: Conversation with Dylan Jones* (London: HarperCollins UK).

Campbell, C. and Wilson, G. K. (1995) *The End of Whitehall* (Oxford: Blackwell).

Charmley, J., Black, J., Adonis, A., and Otte, T. G. (eds.) (2011) *Coalition Government in British Politics: From Glories Revolution to Cameron-Clegg* (London: Social Affairs Unit).

Cordell, J. (1994) *Essential Government and Politics* (London: Collins Educational), pp. 160-179.

Dickie, J. (2004) *The New Mandarins: How British Foreign Policy Works* (London: I.B. Tauris).

Dowding, K. (1993) 'Government at the Centre', in P. Dunleavy, A. Gamble, I. Holliday and G. Peele (eds.), *Developments in British Politics 4* (London: Macmillan), pp. 175-193.

Dowding, K. (1995) *The Civil Service* (London: Routledge).

Drewry, G. (1996) 'Revolution in Whitehall: The Next Steps and Beyond', in J. Jowell and D. Oliver (eds.), *The Changing Constitution*, 3rd edn (Oxford: Clarendon Press), pp. 155-174.

Foley, M. (1993) *The Rise of British Presidency* (Manchester: Manchester University Press).

Foley, M. (1994) 'Presidential Politics in Britain', *Talking Politics*, Vol. 6, No. 3,

Summer.

Foley, M. (2000) *The British Presidency* (Manchester: Manchester University Press).

Forman, F. N. and Baldwin, N. D. J. (1996) *Mastering British Politics* (London: Macmillan), pp. 239-281.

Hazell, R. and Yong, B. (2011) *Inside Story: How Coalition Government Works* (London: Constitution Unit).

Heffernan, R. (2003) 'Prime Ministerial Predominance? Core executive Politics in the UK', *British Journal of Politics and International Relations*, Vol. 5, No. 3, pp. 347-372.

Hennessy, P. (1990) *Whitehall* (London: Fontana Press).

Hennessy, P. (2000) 'The Blair Style and the Requirements of Twenty-First Century Premiership', *Political Quarterly*, Vol. 71, No. 4, pp. 386-395.

Hennessy, P. (2001) *The Prime Minister: The Office and its Holders Since 1945* (London: Penguin).

Hood, C. and James, O. (1997) 'The Central Executive', in P. Dunleavy, A. Gamble, I. Holliday and G. Peele (eds.) (1997) *Developments in British Politics 5* (London: Macmillan), pp. 177-204.

James, S. (1992) *British Cabinet Government* (London: Routledge).

James, S. (1994) 'The Cabinet System Since 1945: Fragmentation and Integration', *Parliamentary Affairs*, Vol. 47, No. 4, pp. 613-629.

James, S. (1995) 'Relations between Prime Minister and Cabinet: From Wilson to Thatcher', in R. A. W. Rhodes and P. Dunleavy, P. (eds.), *Prime Minister, Cabinet and Core Executive* (London: Macmillan).

Jones, G. W. (1975) 'Development of the Cabinet', in W. Thornhill (ed.), *The Modernization of British Government* (London: Pitman), pp. 31-65.

Jones, G. W. (1985) 'The Prime Minister's Power', in A. King (ed.), *The British Prime Minister*, 2nd edn (London: Macmillan), pp. 195-220.

Jones, G. W. and Blick, A. (2010), 'The PM and the Centre of UK Government from Tony Blair to David Cameron. How Much Will Change in the Transition from Single-Party to Coalition Government', http://eprints.lse.ac.uk/39576/.

King, A. (ed.) (1985) *The British Prime Minister* (London: Macmillan).

Koutrakou, V. N. (2000) 'The British Presidency', in V. N. Koutrakou and L. A. Emerson (eds.), *The European Union and Britain: Debating the Challenges Ahead* (London: Macmillan), pp. 44-77.

Lewis, N. (1985) 'Who Controls Quangos and Nationalized Industries?', in J. Jowell and D. Oliver (eds.), *The Changing Constitution* (Oxford: Clarendon Press), pp. 198-228.

Lewis, N. (1989) 'Regulating non-Government Bodies: Privatization, Accountability, and the Public-Private Divide', in J. Jowell and D. Oliver (eds.), *The Changing Constitution*, 2nd edn Oxford: Clarendon Press), pp. 219-245.

Loveland, I. (1996) *Constitutional Law: A Critical Introduction* (London: Butterworths), pp. 356-377.

Marshall, G. (1989) 'Introduction', in G. Marshall (ed.), *Ministerial Responsibility* (Oxford: Oxford University Press), pp. 1-13.

Mclean, I. (1996) *The Concise Oxford Dictionary of Politics* (Oxford: Oxford University Press).

Muir, R. (2011) 'Coalition: A New Era in British Politics', *Public Policy Research*, Vol. 17, No. 1, pp. 17-22.

O'Donnell, C. M. (2011) 'Britain's Coalition Government and EU Defense Cooperation: Undermining British Interests', *International Affairs*, Vol. 87, No. 2, pp. 419-433.

Parker, R. J. (2011) *British Prime Ministers* (London: Amberley).

Poguntke, T. and Webb, P. (eds.) (2007) *The Presidentialization of Politics: A Comparative Study of Modern Democracies* (Oxford: Oxford University Press).

Padfield, C. F. and Byrne, T. (1990) *British Constitution* (Oxford: Made Simple Books), pp. 378-379.

Punnett, R. M. (1994) *British Government and Politics* (Hampshire: Dartmouth), pp. 206-244.

Quinault, R. (2011) *British Prime Ministers and Democracy* (London: Continuum Publishing Cooperation).

Ridley, F. F. and Wilson, D. (eds.) (1995) *The Quango Debate* (Oxford: Oxford University Press).

Rhodes, R. A. W. (ed.) (2000) *Transforming British Government* (London: Macmillan).

Rhodes, R. A. W. and Dunleavy, P. (eds.) (1995) *Prime Minister, Cabinet and Core Executive* (London: Macmillan).

Rhodes, R. A. W. (2011) *Everyday Life in British Government* (Oxford: Oxford University Press).

Rose, R. (2001) *The Prime Minister in a Shrinking World* (Cambridge: Polity).

Seldon, A. (ed.) (2001) *The Blair Effect: The Blair government, 1997-2001* (London: Little, Brown).

Seldon, A. (2004) 'The Cabinet System', in V. Bogdanor (ed.), *The British Constitution in the Twentieth Century* (Oxford: Oxford University Press).

Seldon, A., Ballinger, C., Collings, D., and Snowdon, P. (2005) *Blair* (London: Free Press).

Seldon, A. and Kavanagh, D. (2005) *The Blair Effect 2001-5* (Cambridge: Cambridge University Press).

Seymour-Ure, C. (1984) 'British "War Cabinet" in Limited Wars: Korea, Suez and the Falklands', *Public Administration*, Vol. 62, No. 3, pp. 181-200

Smith, M. J. (1999) *The Core Executive in Britain* (London: Macmillan).

Taylor-Gooby, P. and Stoker, G. (2011) 'The Coalition Programme: A New Vision for Britain or Politics as Usual?', *Political Quarterly*, Vol. 82, No. 1, pp. 4-15.

Theakston, K. (2010) *After Number 10: Former Prime Ministers in British Politics* (London: Palgrave Macmillan).

Thomas, G. (1998) *The Prime Minister and Cabinet Today* (Manchester: Manchester University Press).

Turpin, C. (1996) 'Ministerial Responsibility', in J. Jowell and D. Oliver (eds.), *The Changing Constitution*, 3rd edn (Oxford: Clarendon Press), pp. 109-151.

Wapshott, N. and Brock, G. (1983) *Thatcher* (London: Fontana).

Woodhouse, D. (1993) *Ministers and Parliament: Accountability in Theory and Practice* (Oxford: Clarendon Press).

Young, H. and Sloman, A. (1986) *The Thatcher Phenomenon* (London: BBC).

英國議會（Parliament），亦稱巴力門或國會。在一般的用法，英國議會為上議院（或稱貴族院，House of Lords）與下議院（或稱平民院，House of Commons）的總稱，或為下議院的代稱。然於憲政定義中，英國議會是一種「兩人三腳」的結構體，一方面，英國議會採行兩院制，由上議院與下議院共同分擔立法工作。另一方面，英國議會的主權，乃由君主、上院、下院三者共同分享。本章先就英國議會的歷史發展做一簡介，再於其後三章，分別對「國會三權」——君主、上院與下院三者，進行討論。茲將英國議會自十三世紀誕生後的歷史發展，分為以下五個階段。

第一節　十三世紀——「巴力門」之始

盎格魯薩克遜時期的英國，國王習慣召開賢人會議（Witenage-mot），以廣徵諫言，尋求諮詢。入幕之賓盡為國王親近的重要人士，包括神職領袖、貴族、官僚等權貴。十一世紀，法國人諾曼第公爵威廉征服英格蘭後，大會議（Magnum Concilium）取代盎格魯薩克遜時期的賢人會議，成為輔國佐政的重要機構。由國王召集神職領袖、貴族、官僚等權勢人物的賢人會議與大會議，被視為現今上院的最早雛型。但由於這些會議的召開由國王主導，且不過一年數次，議會的國王幕僚屬性大於代議屬性，故僅視為議會之源，而非議會之始。隨著王權的恣意擴張，國王與會議間的關係，逐漸呈現緊張的對立關係。飽受王權壓迫的貴族，逐於1215年趁勢揭竿起義，強迫國王約翰簽訂大憲章（Magna Carta）。大憲章簽訂的意義，並非國王被迫架空王權，而是國王與貴族之間的權力關係，重

新獲得憲政體制內的調整。自此之後，國王的權力開始受到議會勢力（神職領袖、貴族，乃至後來加入的平民階級等）的限制，國王與議會的相互角力、對抗與妥協，也就成為其後七百多年議會發展的權力基調。

　　1264年，由於不滿亨利三世橫徵暴斂，國王與貴族的衝突再度一觸即發。貴族蒙特福（Simon de Montfort）召集軍隊與國王對陣，並於翌年召集貴族、神職領袖、各郡騎士、各市鎮平民代表等，於西敏宮舉行議會。這場議會被稱為「巴力門」（Parliament，法文原意為「議論」之意），這場集會也被視為英國議會之始。於是英國的「巴力門」議會，享有「世界最古老悠久的議會」、「世界議會之母」等各種美名。1265年的議會，出席成員除了貴族與神職領袖外，各郡騎士與各市鎮平民亦推派代表參加，使封建制度下的地方共同體，包括郡、市、鎮等地方單位的利益獲得代表，故此次議會亦被視為平民院的濫觴。在當時，「commons」一字所指並非平民（common people），而是代表封建制度下的地方共同體（local communities）。[1]遲至十九、二十世紀公民普選權的逐步擴充，下院才逐漸演變為代表平民的平民院。但十三世紀的議會，充其量只能算是各個地方共同體的象徵代表，尚不足以稱為代表平民的平民院。

第二節　十四世紀至十六世紀——兩院制的成型與發展

　　1332年，郡騎士與市鎮平民代表這兩種階級，逐漸定期開會，和以貴族與神職領袖為首的議會分庭抗禮。各郡騎士代表與市鎮平民代表組成的會議，發展為下議院（或稱平民院），而以貴族與神職領袖為首的會議，則成為上議院（亦名貴族院）。十四世紀，英國議會的兩院制就此成型。貴族與神職領袖組成的貴族院，不僅歷史較下院為久，地位亦較平民院為高，「上議院」之名由此可見。上議院享有進諫國王、制定法規、控制課

---

[1]　Christy, G. (ed.) (1997) *The Houses of Parliament* (Hampshire: Pitkin Guides), p. 4.

稅、審判重要司法案件等職權。與上院相較，下院的地位與職權，雖存在著起跑點的落後差距，但下院亦不斷爭取擴充本身的職權，逐步取得控制課稅、制定法律等權力。

隨著上院與下院職能的不斷擴充，至十六世紀末葉，兩院已取得僅次於國王的政治地位，並建立起兩院分工互動的基礎模式。十四世紀至十六世紀間，由於國王對議會採取高壓懷柔的雙面手法，國王與議會尚能化干戈爲玉帛。其間並以都鐸王朝時期尤甚，國王與議會間衝突甚少，關係和諧。

第三節　十七世紀——議會主權的確立

都鐸王朝時期國王與議會的和諧關係，到了十七世紀的斯圖亞特王朝，便好景不在。詹姆士一世與查理一世主張君權神授，在財政與宗教政策上恣意妄爲，國王與議會的緊張關係，終於導致1642年內戰爆發，議會與軍隊合作推翻國王。1649年國王被處斬首，軍隊首領克倫威爾（Oliver Cromwell）建立獨裁政權，並於其後自命爲護國君，開始了英國史上正統王朝的眞空期。1660年，查理二世復辟，新議會成立，英國回復到了原來的君主制。詹姆士二世繼位後，走回專制王權的老路，導致1688年的「光榮革命」（Glorious Revolution），詹姆士二世遭到驅逐後，議會便迎立威廉三世（William III）與瑪麗二世（Mary II）繼任爲王。

光榮革命是議會發展的重要分水嶺，使英國從封建王權轉型至議會政府的統治型態。光榮革命翌年，權利法案（Bill of Rights）獲得通過，議會取代過去的國王，成爲國家的最高主權，議會的制定法享有法律的至高地位。君主、上議院與下議院三者，共同分享代表英國至高主權的「議會主權」（Parliamentary Sovereignty）。於此憲政新制下，國王過去享有的專制王權遭到限縮，成爲權力受到限制的「立憲君主」（constitutional monarchy）或「受限君主」（limited monarchy）。理論上，君主、上院

與下院三者，享有相同的立法地位，只要三者之一不表同意，議案便無法通過成爲法律。然而，實際運作上，英國政治的實權，已逐漸從君王手中轉到上、下兩院。

第四節　十八世紀與十九世紀——上院的式微與下院的興起

　　光榮革命後，政權逐漸從國王移轉到上、下兩院，進而轉移至下院手中。十八世紀，下院議員仍由君王與上院貴族所掌控。其中，上院貴族挾地方權勢，買賣下院議席的情況尤爲嚴重，導致下院的功能雖逐步擴充，實質權力卻仍由上院貴族間接掌握。隨著十九世紀以降選舉制度的漸進改革，君王與上院貴族掌控下院議席的情況，方逐漸消弭。1832年大改革法案，將選舉權擴大至工業化所產生的中產階級，開啓了平民院的民主化道路，下院議員的代表性與合法性，亦隨之水漲船高。相較於不斷民主化的下院，非民選產生的上院，雖然在憲政理論上，享有與下院相同的地位，但實際運作上，上院的功能逐漸式微，其存在的合法性亦啓人疑竇，甚至被譏爲「不民主的異類」。

第五節　二十世紀以降——議會的內憂外患

　　二十世紀以降，民主聲浪日益高漲，相對於民選化的下院，上院的民主合法性引人質疑，君主的角色愈形尷尬。歷經七百多年的歲月演進，代表人民的下院，從封建王權的暗巷，步出民主時代的新天地，成爲英國政治的主角。然而，二十世紀以降的英國議會，在享受歷史沿革產生的民主果實，接受世界各國爭相效法的欣羨眼光之際，卻也面臨新一波的內憂外患。在內憂方面，茲就組成英國議會的君主、上院與下院三者，分別討

論。首先，「議會三權」中的君主方面，君主雖仍維持憲政傳統上的儀式性角色，但在民主浪濤難以抵擋的今日，非民選產生的立憲君主是否應繼續存在，已成爲部分民主改革者的衆矢之的。議會中的君主角色，應如何調整以迎合民主改革的需求，儼然成爲當今英國政治從過去走向未來，所無法迴避的一大難題。

其次，在上院方面，1911年的議會法案對上院做出重大改革，上院的議案否決權遭到廢除（對議會延任案、委任立法案、臨時命令確定案，以及私議案等議案，仍享有否決權），以兩年的議案延擱權取代。此外，下院提出的金錢議案送交上院後，若上院遲遲未予通過，一個月後下院不須上院同意，即可將議案逕請英王批准，成爲法律。易言之，議案即使沒有上院的同意，亦可通過成爲法律。相對地，議案須經下院的同意，方可通過成爲法律。上院的立法地位較下院爲低，自此於法有據，上院遂成爲兩院制中次於下院的「副屬院」。再者，1999年末，上院經表決通過，廢除世襲貴族議席制。這項民主化的改革可謂壯士斷腕，將七百多年的上院傳統一舉革除，但亦引起有識者的憂心。畢竟，上院的未來發展尚未定調之前，大刀闊斧革除世襲貴族制，不僅操之過急，亦使上院未來的整體改革更加困難。

在下院方面，歷經十九世紀以降數度大規模的選舉改革，1969年投票年齡降到十八歲，普選權改革至此完成。然而，普選權的落實，並未代表下院的民主代議問題就此解決。透過政黨體系與選舉制度的運作，下院已成爲議會政治的主要舞台，首相身爲議會多數黨領袖，行政、立法大權一把抓，導致下院逐漸淪爲執政黨的立法橡皮圖章，爲人詬病。如何改革下院，提升議員的議事功能，已成爲下院改革的關鍵下一步。

外患方面，歐洲聯盟的興起和發展，已對英國的議會主權，構成多方挑戰。1973年，英國加入歐洲共同體後（現今歐洲聯盟的前身），至高無上的議會主權便遭遇三方面的挑戰。首先，歐洲法院於1960年代，藉判例建立起歐體法律高於會員國法律的重要原則。其次，歐洲議會自1979年直接選舉以來，英國議會與歐洲議會，不免產生代議功能的尷尬重疊。

此外，二十一世紀初歐盟的立憲運動及憲政發展，特別是《歐盟憲法條約》[2]及《里斯本條約》，使歐盟的超國家治理更進一步深化，亦對英國的議會主權原則，產生進一步的衝擊。準此而論，歐洲統合運動，業已侵蝕英國的議會主權原則，對英國議會的法律至高性構成挑戰，成爲英國議會安內不及之餘的頭號外患。

英國的「議會主權」意謂，由君主、上院與下院所組成的「議會」，享有英國立法的最高主權。然而，如上所述，1960年代後，歐盟法取得高於會員國國內法的法律位階，再加上隨著歐盟不斷發展，歐盟立法的政策領域不斷擴增，決策過程中多數決的表決方式日益增加，使得英國的「議會主權」原則，受到很大的衝擊。誠然，英國議會仍然享有制定英國法律的主要角色，同時英國議會亦保有制定法律退出歐盟的權力。然而，「議會主權」的憲政原則，在歐盟法取得高於會員國法的法律位階後，好似「國王的新衣」。英國議會看似仍然擁有象徵英國主權的憲政至高性，但實質上，英國議會已無法享有「絕對的」或「完整的」的憲政至高性。因此，所謂的「議會主權」以及「議會至上」的憲政原則，仍然是英國政府與政治運作的重要基石，但在歐洲統合的挑戰下，已轉變成一種相對而非絕對的憲政原則。[3]

綜上所論，「議會三權」——君主、上院與下院三者的權力演進，可簡略整理如下圖（圖4-1）。[4]在君主方面，相對於兩院職權的逐漸壯大，君主的權力呈現相對削弱的趨勢，尤以1688年光榮革命君主權力遭到限縮後，君主權力更是江河日下。在上院方面，自十四世紀與下院分家後，上院便維持著君主之下、下院之上的貴族之姿。光榮革命後，上院逐步被執

---

[2] 2004年，歐盟會員國簽署《歐盟憲法條約》（該條約亦簡稱歐盟憲法），象徵歐盟立憲運動的一大里程碑。然而，由於《歐盟憲法條約》引起諸多疑慮和反對聲浪，2005年該條約於先後遭到法國與荷蘭的否決，歐盟憲法的立憲運動隨之遭到擱置。

[3] 黃琛瑜，2014。〈英國與里斯本條約的批准：自由政府間主義的分析〉，《歐美研究》。第44卷第2期，頁129。

[4] 圖4-1，將「議會三權」的權力演進，做一簡略整理。然吾人須知，君主、上院與下院三者的權力演進，並非靜態的線性發展，橫座標上的時間分隔點，亦爲適度的簡化。本圖目的僅在使議會三權的權力演進，得一簡明比較。

掌民主大旗的下院搶走鋒頭。二十世紀初的改革法案，使下院高於上院的立法優勢獲得確立。然而，較之權力虛化的君主，上院手中仍握有不少立法實權，憲政重要性較君主略勝一籌。在下院方面，十四世紀與上院分家後，下院的權力便逐漸擴充。走過看君主眼色、低上院一截的漫長歲月，下院在光榮革命後，終於媳婦熬成婆，隨著民主化的逐步發展，下院逐漸擺脫受到君主與上院貴族控制的劣勢，取得議會三權中的主導地位與權力。

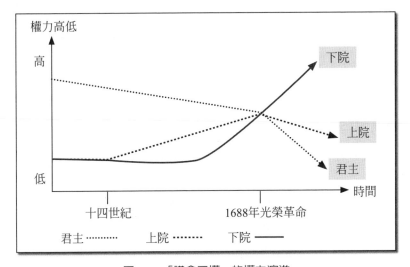

圖4-1　「議會三權」的權力演進

資料來源：作者自繪。

中文參考書目

克萊登・羅柏茲與大衛・羅柏茲合著，賈士蘅譯（1986）。《英國史》。台北：五南。

陳炯章（1988）。《英國史》。台北：大安。

黃琛瑜（2011）。〈歐洲化與英國中央政府：布萊爾政府個案研究〉，《歐美研究》。第41卷第2期，頁465-495。

黃琛瑜（2014）。〈英國與里斯本條約的批准：自由政府間主義的分析〉，《歐美研究》。第44卷第2期，頁127-167。

黃偉峰主編（2003）。《歐洲聯盟的組織與運作》。台北：五南。

黃琛瑜（1999）。《歐洲聯盟——跨世紀政治工程》。台北：五南。

黃鴻釗與潘興明合著（1997）。《英國簡史》。台北：書林。

英文參考書目

Adonis, A. (1993) *Parliament Today*, 2nd edn (Manchester: Manchester University Press).

Bradley, A. W. (1996) 'The Sovereignty of Parliament—in Perpetuity?', in J. Jowell and D. Oliver (eds.), *The Changing Constitution* (Oxford: Clarendon Press), pp. 79-107.

Bulmer, S. and Burch, M. (2006) 'Central Government', in I. Bache and A. Jordan (eds.), *The Europeanization of British politics* (London: Palgrave Macmillan), pp. 37-51.

Bulmer, S. and Burch, M. (2008) 'New Labour, New European policy? Blair, Brown and Utilitarian Supranationalism', *Parliamentary Affairs*, Vol. 61, No. 4, pp. 597-620.

Butt, R. (1967) *The Power of Parliament* (London: Constable).

Carbone, (2009) 'From Paris to Dublin: Domestic Politics and the Treaty of Lisbon', *Journal of Contemporary European Research*, Vol. 5, No. 1, pp. 43-60.

Carbone, (2010) *National Politics and European Integration: From the Constitution to the Lisbon Treaty* (Cheltenham: Edward Elgar).

Christy, Geraldine (ed.) (1997) *The Houses of Parliament* (Hampshire: Pitkin Guides).

Davis, D. (1997) *A Guide to Parliament* (London: Penguin Books).

Drewry, G. (1993) 'Parliament', in P. Dunleavy, A. Gamble, I. Holliday and G. Peele (eds.), *Developments in British Politics 4* (London: Macmillan), pp. 154-174.

Gordon, S. (1948) *Our Parliament*, 3rd edn (London: Hansard Society).

Griffith, J. A. G. and Ryle, M. (1989) *Parliament* (London: Sweet and Maxwell).

Jowell, J. and Oliver, D. (eds.) (2004) *The Changing Constitution*, 5th edn (Oxford: Oxford University Press).

Judge, D. (ed.) (1983) *The Politics of Parliamentary Reform* (London: Heinemann).

Judge, D. (1992) *The Parliamentary State* (London: Sage).

Loveland, I. (1996) *Constitutional Law: A Critical Introduction* (London: Butterworths), pp. 27-62.

Loveland, I. (1996) 'Parliamentary Sovereignty and the European Community: The Unfinished Revolution?', *Parliamentary Affairs*, Vol. 49, No. 4, pp. 517-535.

Menon, A. (2004) 'Britain and European Integration: The View from Within', *Political Quarterly*, Vol. 75, No. 3, pp. 285-317.

Morrison, H. S. (1964) *Government and Parliament*, 3rd edn (Oxford: Oxford University Press).

Norton, P. (1981) *Parliament in Perspective* (London: Martin Robertson).

Norton, P. (1993) *Does Parliament Matter?* (London: Harvester Wheatsheaf).

Norton, P. (1997) 'Parliamentary Oversight', in P. Dunleavy, A. Gamble, I. Holliday and G. Peele (eds.), *Developments in British Politics 5* (London: Macmillan), pp. 155-176.

Padfield, C. F. and Byrne, T. (1990) *British Constitution* (Oxford: Made Simple Books), pp. 50-118.

Punnett, R. M. (1994) *British Government and Politics* (Hampshire: Dartmouth), pp. 171-205.

Ridley, F. F. (1988) 'There is no British Constitution: A Dangerous Case of the Emperors' Clothes', *Parliamentary Affairs*, Vol. 41, No. 3, pp. 340-361.

Silk, P. (1987) *How Parliament Works* (London: Longman).

　　1688年光榮革命後，英國議會的權力便由君主、上議院與下議院三者共享。立憲君主取代過去的國王，成為有名無實的憲政守護神。過去國王享有的治國實權，逐漸轉移至上、下兩院。十八世紀君主習慣倚賴議會，君主手中的治國大權，便漸漸旁落至議會出身的首相手中。十九世紀，由於選舉制度的改革與政黨制度的發展，國王對任命首相漸感無力，不能一如過往全憑個人喜好選擇首相。表面上，國王仍享有首相任命權，然而事實上，首相人選乃透過政黨運作選舉產生，君主面對民意結果，只得接受。揆諸法律，並沒有任何限制君主任命首相，或禁止君主否決法案的法律規定，[1]但由於憲政慣例的建立，二十世紀以降，包括首相任命權、法律批准權、議會解散權在內的君主權力，在形勢比人強的政治環境下，已逐漸成為一種儀式化的權力。

　　雖然君主的權力逐漸儀式化、空洞化，但在英國政治的運作中，君主仍維持政權法統繼往開來的重要角色。議會產生的政府、執政黨與反對黨，正式名銜為「英王陛下的政府」、「英王陛下的執政黨」與「英王陛下的反對黨」。君主象徵傳統的延續，角色特殊可見一斑。現今英國議會中，君主所享有的重要權力，包括首相任命權、法律批准權、議會解散權、主持議會開幕及閉幕儀式四端（請參閱圖5-1），茲分節論述如下。

---

[1] Norton, P. (1994) 'The Crown', in B. Jones, A. Gray , D. Kavanagh, M. Moron, P. Norton and A. Seldon (eds.), *Politics UK*, 2nd edn (London: Harvester Wheasheaf), p. 299.

```
                議會中的君主權力
    ► 首相任命權
    ► 法律批准權
    ► 議會解散權
    ► 主持議會開幕及閉幕儀式
```

圖5-1　議會中的君主權力

第一節　首相任命權

　　依照憲政慣例，君主應任命議會下院的多數黨領袖出任首相。首相制於十八世紀出現後，首相成為君主輔國大將，君主於議會兩院自由任命首相，便逐漸形成一種憲政慣例。十九世紀，由於選舉制度的改革與政黨政治的強化，下院挾其民意基礎，逐漸取代上院成為首相人選的人才庫。贏得下院選舉的多數黨領袖，便成為首相的不二人選，國王想挑也沒得挑了。英國史上最後一位享受挑選首相樂趣的君主，便是維多利亞女王（1837-1901），[2]自此之後，君主便須依照大選結果，接受前任首相及若干重要政治人物的建議，任命議會下院多數黨領袖出任首相。

　　1965年以前，首相若於任期中逝世、辭職或退休，君主仍得介入首相人選的拔擢挑選，但由於政黨機制的發展日漸成熟，藉由黨內選舉產生新黨魁遞補首相遺缺的慣例逐漸形成，君主的影響力因而難以介入。保守黨於1965年，便正式採納這種新黨魁繼任首相遺缺的補選機制，該機制並於1991年梅傑（John Major）繼柴契爾（Margaret Thatcher）拜相，首次施行。在工黨方面，1976年威爾遜（Harold Wilson）辭職退休，新選出的黨魁卡拉漢（James Callaghan）繼任首相一職，首次實行黨內補選首相遺

---

[2]　Forman. F. N. and Baldwin, N. D. J. (1996) *Mastering British Politics*, 3rd edn (London: Macmillan), p. 175.

缺的機制。³政黨補選機制的建立，首相若於任期中逝世、辭職或退休，首相人選得以迅速替補，亦促使君主的首相任命權更進一步儀式化、空洞化。

　　君主的首相任命權，雖已演變爲一種有名無實的憲政慣例，然而，在下面兩種情況下，君主仍能發揮左右首相人選的影響力。其一，國家危急存亡之秋，君主得藉主導首相任命，以穩定政局。例如1931年英國面臨經濟大恐慌，工黨政府首相麥克唐納（James Ramsay MacDonald）的財經法案在下院遭到反對，不得不掛冠求去，向英王喬治五世辭職。當時的財政危機迫在眉睫，喬治五世與政治要角開會協商後，讓麥克唐納繼續留任組成新政府，名爲「國民政府」。由於麥克唐納未獲得多數工黨政府要員的支持，繼任首相一事也未與工黨商量，導致後來遭工黨解除黨魁一職。麥克唐納在對其不利的情況下，能夠重拾首相烏紗帽，君主意志的介入誠爲關鍵，也顯露出國家危難之際，君主運用首相任命權以救亡圖存的藝術空間。其二，當國會大選結果出現沒有任何一黨過半，聯合政府難產之際，君主得以介入首相人選的任命。以1974年2月的國會大選爲例，選舉結果呈現保守黨與工黨互爲伯仲的拉鋸局面，工黨席次比保守黨多出四席，可以勉強獨立主政，但保守黨若拉攏自由黨亦可獨當一面，組成聯合政府。由於自由黨不願與保守黨共組聯合政府，英王伊莉莎白二世盱衡情勢後，便邀請工黨領袖威爾遜組成「少數政府」。由上以觀，君主手中的首相任命權，雖已演變爲一種儀式性的憲政慣例，君主只能依據選舉結果邀請議會多數黨領袖出任首相。但在上述兩種特別情況下，正常政黨政治機制失衡導致首相難產之際，君主手中的首相任命權，便成了一種政治潤滑劑。超乎黨派的君主，是可以發揮解決首相人選爭議的影響力。

---

³　Punnett, R. M. (1994) *British Government and Politics* (Hampshire: Dartmouth), p. 289.

第二節　法律批准權

　　議會通過的法案，須獲君主批准（royal assent），始得生效。1854年以前，皇家批准是由君主親身御賜，但其後則由君主任命的貴族大臣，代理君主行使批准儀式。1967年皇家批准法通過後，上院與下院兩院議長，得就完成議會程序的法案，於兩院逕自宣布獲得皇家批准，該法案即成為法律，批准手續更為簡便。

　　光榮革命後，君主的實權慢慢轉移至首相為首的議會身上。面對民主合法性日增的議會立法，權勢江河日下的君主自知輕重，只有安分簽字批准一途，已成為議會與君主雙方皆了然於心的遊戲規則與默契。君主的法律批准權，逐演變為一種儀式性的憲政慣例。1707年，君主最後一次拒絕批准法案，當時的安妮女王（Queen Anne）反對蘇格蘭民兵法案，於是拒絕批准該法案。1913年，愛爾蘭自治法案引發巨大爭議，一般認為英王喬治五世有權並應拒絕批准該法案，[4]但喬治五世仍謹守傳統慣例，未敢拒絕批准。

　　君主的法案批准權，已演變成一種儀式化的憲政慣例，1708年後未有君主拒絕批准法案。然而，究竟君主是否享有拒絕批准法案的權力，各方看法不一。贊成君主有權拒絕批准法案者認為，若是議會通過戕害民主、貪贓枉法的法案，君主乃英國的憲政守護神，身為捍衛民主的最後一道防線，君主當然應該發揮撥亂反正的政治勇氣，拒絕批准法案。反對君主有權拒絕批准法案者認為，立法決策乃議會政治的運作產物，應由內閣與代議士全權負責，不應由超乎政黨政治的君主僭越政府組織的責任架構，斷然推翻議會兩院通過的法案。縱使議會若通過戕害民主、貪贓枉法的瑕疵法案，那也是議會本身的責任。正所謂解鈴還須繫鈴人，議會立法捅出的政治危機，理當由議會負起責任並尋求解決，而非由置身事外的君主越俎代庖。

4　同前註，頁286。

自1708年後，英國並未發生君主拒絕批准法案的情況，除了君主對憲政傳統的尊重與自制外，尚可歸因於以下幾點。其一，什麼樣的法案算是戕害民主、貪贓枉法的議會爛法，致使君主應予介入拒絕批准，在界定方面實有困難。因此，君主不至於甘冒不韙斷然否決法案，與憲政傳統作對。其二，若議會通過的法案確實構成戕害民主、貪贓枉法的客觀事實，拒絕批准法案這種治標不治本的舉措，倒不如直接解散議會訴諸民意來得高明。其三，上院享有對下院法案的否決權與擱置權，對議會惡法的產生，具有嚇阻防範的作用，使君主不必動用到法案否決權的尚方寶劍。其四，英國議會在光榮革命後，確立了議會主權的至高原則，君主也逐漸建立起不干涉議會立法的憲政慣例，意味著只要法案能在上院與下院通過，兩院的立法權無所不能，包括制定戕害民主、貪贓枉法的法律。然而，無限上綱的議會立法權，並沒有為英國帶來破壞政治綱常的立法怪獸，此乃由於議會一方面尊重舊有的優良傳統，另一方面亦遵守新興的民主精神，一路走來謹守分際，使君主不須面對動用法案否決權以解決議會亂法的困境，幸哉。

第三節　議會解散權

與上述權力相同，君主的議會解散權已演變為一種儀式性的權力。表面上，君主在首相的建議下發動議解散權；實際上，首相具有解散議會的實權，君主只能依照首相的提議，做出被動的回應。

君主的議會解散權由實轉虛，但這不表示議會解散權就此喪失，和前述的首相任命權、法律批准權一樣，議會解散權仍保留在君主手中。究竟君主何時能夠不依首相建議，主動行使議會解散權？各方看法見仁見智。反對人士認為，君主遵循首相的建議，被動行使議會解散權，已是行之有

年的憲政慣例。十八世紀末葉以降，君主的這項權力已多時不用，[5]等於放棄，實不宜重掌解散議會實權，損害君主的憲政中立角色之餘，復破壞經年累月建立起來的憲政慣例。贊成君主得不依首相建議，主動發動議會解散權者主張，當以首相為首的政府胡作非為，逾越民主法度之際，君主身為憲政守護神，理當適時動議國會解散權以救亡圖存，乃政治情理之內。

　　君主解散議會權的另一疑義，則是君主是否能夠拒絕首相的建議，不解散議會呢？喬治六世的御前大臣拉賽爾爵士（Sir Alan Lascelles），提出君主拒絕解散議會的三項條件。第一，現任議會仍運作良好；第二，舉行大選將危害國家經濟；第三，君主擁有主導下院的首相備胎人選。三項條件齊備，君主得拒絕首相提出的解散議會請求，但這三項條件同時成立，並不容易。[6]試假設一種情況舉例說明。在時局混亂的一場大選中，產生三黨不過半的選舉結果，保守黨與第三小黨組成聯合政府，但不久便因政策相左而產生嫌隙，首相欲提出解散議會請求，以重組新政府，但第三小黨卻揚言與工黨結盟另組新政府。這時，君主面對首相解散議會的請求，便陷入兩難之境。一方面，君主接受首相的請求解散議會，乃行之有年的憲政慣例。另一方面，若君主拒絕接受首相的請求，等於逼迫現任首相辭職，使工黨與第三小黨另組聯合政府執政，這種議會內部不經大選產生的「內造政府」，在國家緊急危難之際，倒是一種可行方案。君主究竟應遵循憲政慣例而為，或展現政治判斷與作為，實在進退維谷。不過幸好，這樣的情況只是假設，實際運作上鮮少出現。事實上，十九世紀中葉以降，並未出現君主拒絕首相提出的議會解散請求，主要原因有三。其一，承上所述，構成君主拒絕解散議會的情況並非常態，至為罕見；其二，由於首相識相，不會在違逆君意的情況下提出解散議會的請求，陷君主於進退兩難之境；其三，君主識大體、明大義，寧可接受首相的建議解

5　同註2，頁177。

6　Padfield, C. F. and Byrne, A. (1987) *British Constitution* (Oxford: Made Simple Books), p. 122.

散議會，而不願孤身走上破壞憲政慣例傳統的險路。

　　理論上，君主仍享有主動解散議會權與拒絕解散議會權。但實際上，這兩種權力被冷凍多時，君主依照首相提議解散議會，已成為一種行之有年的憲政慣例。畢竟，君主的民主合法性在民主化的道路上，早已舉步維艱，豈敢與民選產生的政治領袖在解散議會權上互別苗頭。君主與首相捉對廝殺，若是君主占上風而首相敗陣，無異於專制勝民主，勢必引起開民主倒車之譏。再者，若民選政府因首相領導或政策不得人心，由君主發動解散國會以解決政爭，未免越俎代庖。畢竟，民選政府的改朝換代，應循議會政治的模式解決，諸如首相辭職或政策轉彎等，而不宜由非民選產生的君主直接介入，形成民主跳格的憲政爭議。

　　君主的議會解散權，已成為儀式性的憲政慣例，就實際面以觀，君主不宜重掌解散議會實權。然而，這不意味著未來不會發生君主主動解散議會或拒絕解散議會的情形，正所謂一朝權在手，便把令來行。君主手中的解散議會權，仍是一張保留牌，在無限可能的政治牌局中，伺機而出。

第四節　主持議會開幕及閉幕儀式

　　君主為議會主持開幕及閉幕儀式，乃議會的年度盛事。尤其是開幕儀式，君主身著華麗禮服，依傳統程序行禮如儀，已成為一場引人目光的政治嘉年華會。在議會閉幕典禮方面，閉幕演說由君主在上院發表，內容包括會期內通過的法案以及政府施行的政策，然遠不如開幕儀式引人注目。

　　英國議會的開幕典禮，通常是在每年的11月上旬舉行。開幕當日，君主由皇家馬車護送，自白金漢宮起程前往議會大廈——西敏宮，從議會的「君主入口」進入後，於衣帽間戴上皇冠，披上議會的紅色禮袍，整裝完畢後，穿越皇家走廊，抵達開議儀式的場地——上議院議事廳，此時，盛裝整齊的上院議員早已列席恭候多時了。

　　君主即位上院王座後，便指派上院官員至下院，邀請下院議員前來與

會。當這位上院官員抵達下院時，橫諸眼前的是一扇關閉的門，因此，他必須敲門三次才得獲准進入。這項儀式慣例顯示出下院的獨立地位，下院的議事廳乃民主聖地、君主禁區，君主自然不得隨意跨越雷池一步。接受上院官員的邀請後，下院議員在議長的引領下，雙雙對對魚貫進入上院。待下院議員擠滿上院議事廳後，上院議長便向君主呈上議會開幕演說稿，著名的議會開幕演說，便隨之展開。議會開幕演說由君主發表，若君主不克出席議會開幕典禮，則由上院議長代為宣讀。

議會開幕演說稿，由首相為首的內閣政府所擬，內容主要為政府在內政、外交等方面的施政綱領與立法計畫，以期在議會新會期能夠獲致實踐。君主結束議會開幕演說後，上院及下院便針對議會開幕演說，分別展開為期四天與六天的辯論。但是，為了保留兩院的自尊與自主，兩院並不會即刻開始討論議會開幕演說，而先對業已廢置的議案進行虛案虛讀；上院與下院分別對「選任教區委員會議案」（Select Vestries Bill）與「褫奪公權議案」（Outlawries Bill）進行一讀。這兩項議案並不會繼續審議，因為自十八世紀以來，對這些議案進行一讀，已形式化為上、下兩院開始討論議會開幕演說前的一項憲政慣例，兩院藉由不立刻對君主演說進行討論回應，突顯議會論政的自主地位。[7]兩院討論結束後，由執政黨擬定奉答文以答謝君主的演說，若在野黨要求修改奉答文獲得通過，則形同通過對內閣的不信任案。

英國乃禮儀之邦，在政治上，英國人的細膩禮節，亦處處可尋，包括上述的上、下兩院討論君主演說前的虛案虛讀、下院掩門以待開會通知的大牌之姿等憲政慣例，都是一種政治禮節的細膩展現，使權力機構相互往來間，你贏裡子，我顧面子。君主的議會權力，亦為政治禮儀的展現。1688年光榮革命，君主吃了敗仗，權力遭到架空，其後歷經民主化的驚濤駭浪，卻仍能與立論相左的民主制度弔詭共存，英國立憲君主制的存續，實應歸功於英人對傳統的尊敬。在國會三權（君主、上院與下院）

7　Davis, D. (1997) *A Guide to Parliament* (London: Penguin Books), pp. 11-12.

中，較之於上、下兩院，君主的權力可謂名存實亡，但君主的影響力又無所不在，包括首相的任命、法律的批准、解散議會、主持議會開幕及閉幕典禮等重要活動，君主的參與密不可分。一方面，君主的權力是一種政治禮儀的抽象體現。另一方面，君主的權力也可能適時成爲救亡圖存的具體實權。由於英人對傳統延續的尊敬，君主得以保有今日統而不治的政治實力，在議會三權中鼎足而立。

英文參考書目

Baker, A. J. (1988) *Examining British Politics*, 3rd edn (Cheltenham: Stanley Thornes), pp. 112-118.

Blackburn, R. (1992) 'The Future of the British Monarchy', in R. Blackburn (ed.), *Constitutional Studies: Contemporary Issues and Controversies* (London: Mansell), pp. 1-12.

Bogdanor, V. (1995) *The Monarchy and the Constitution* (Oxford: Clarendon Press).

Brazier, R. (1988) *Constitutional Practice* (Oxford: Clarendon Press), pp. 144-161.

Davis, D. (1997) *A Guide to Parliament* (London: Penguin Books).

Forman. F. N. and Baldwin, N. D. J. (1996) *Mastering British Politics*, 3rd edn (London: Macmillan), pp. 171-189.

Hardman, R. (2012) *Her Majesty: The Court of Queen Elizabeth II* (New York: Pegasus).

Hartley, T. E. (1992) *Elizabeth's Parliaments: Queen, Lords and Commons* (Manchester: Manchester University Press).

Jennings, I. (1959) *Cabinet Government*, 3rd edn (Cambridge: Cambridge University Press).

Jowell, J. and Oliver, D. (eds.) (2004) *The Changing Constitution*, 5th edn (Oxford: Oxford University Press).

McLean, I. (2010) *What's Wrong with the British Constitution?* (Oxford: Oxford University Press).

Marr, A. (2012) *The Real Elizabeth: An Intimate Portrait of Queen Elizabeth II* (New York: Henry Holt).

Marshall, G. (1984) *Constitutional Conventions: The Rules and Forms of Political Accountability* (Oxford: Clarendon Press).

Norton, P. (1993) *Does Parliament Matter?* (London: Harvester Wheatsheaf).

Norton, P. (1994) 'The Crown', in B. Jones, A. Gray , D. Kavanagh, M. Moron, P. Norton and A. Seldon (eds.), *Politics UK*, 2nd edn (London: Harvester Wheashcaf), pp. 295-313.

Padfield, C. F. and Byrne, A. (1987) *British Constitution* (Oxford: Made Simple

Books), pp. 119-127.

Punnett, R. M. (1994) *British Government and Politics* (Hampshire: Dartmouth), pp. 281-293.

Smith, S. B. (2012) *Elizabeth the Queen: The Life of a Modern Monarch* (New York: Random House).

Starkey, D. (2011) *Crown and Country: The Kings and Queens in England: A History* (London: HarperCollins).

上議院亦名貴族院（House of Lords），代表著該院組成分子與歷史淵源的優越性。貴族院是英國議會的起源，從盎格魯薩克遜時期的賢人會議，到諾曼第時期的大會議，與會者除君主外，包括神職貴族（大主教及主教）與世俗貴族（官僚、地主等權貴人士）。若將這段時期的貴族會議視爲貴族院的前身，貴族院的歷史比平民院足足早了數百年，稱之爲「議會之母」實不爲過。十三世紀，各郡武士及各城鎮代表才獲君主召集參與議會。這批議會新貴於十四世紀獨立出來，組成代表地方利益的「平民院」，原本由貴族組成的議會，便成爲「貴族院」。十三世紀咸認爲英國議會之始，由於議會兩院制至十四世紀方告成型，一般提到貴族院的歷史，乃從十四世紀算起。以下就上議院的組成、政黨運作、功能與改革爭議，加以說明。

第一節　上議院的組成——議員與議長

上議院亦名貴族院，由兩種貴族組成，其一爲神職貴族（Lord Spiritual），其二爲世俗貴族（Lord Temporal）。神職貴族爲來自教會的二十六名宗教領袖，包括坎特伯里教省與約克教省的兩名大主教，倫敦教區、杜蘭教區、溫徹斯特教區的三名主教，以及其他教區遴選出的二十一名資深主教。相左於神職貴族的固定人數，世俗貴族的人數則變動不一，世俗貴族包括終身貴族（Life Peer）及世襲貴族（Hereditary Peer）。

相對於神職貴族，世俗貴族爲非神職的貴族。世俗貴族又可分爲世襲貴族與終身貴族。首先，在世襲貴族方面，上院於1999年10月27日，通

過了《1999年上議院法案》，決議廢除十三世紀起便存在的世襲貴族議席。享有七百多年歷史的世襲貴族走過二十世紀的大半歲月，卻無法撐到二十一世紀的旭日東升。《1999年上議院法案》中，計有七百五十九名世襲貴族成為改革箭靶。大刀闊斧改革之餘，工黨政府也向世襲貴族作了讓步。七百五十九名世襲貴族中，共有九十二名經所屬政黨投票或由世襲貴族互選的世襲貴族，得以繼續保留議席，但其餘的世襲貴族議員則遭到廢除。1999年11月17日起的國會新會期，4月5日經選舉產生的上院世襲貴族，便成為上院的舊瓶新酒，引來不少好奇的眼光，因為這不僅是享有七百多年歷史的上院世襲貴族下台一鞠躬前的臨去秋波，也是上院史上頭一遭出現經選舉產生的議員。

世襲貴族議席制遭遇大幅改革，但世襲貴族的重要性仍值得一提。1999年世襲貴族議席制廢除案通過之前，上院計有一千二百九十五名議員，其中世襲貴族議員有七百五十九人，[1]占總議員人數的百分之五十九。根據2019年上議院的官方資料統計，上議院的議席總數為八百名左右。上院議員的組成，請參見圖6-1。

世襲貴族議席的廢除，無疑是上院組成的一項大規模改革，影響深遠。贊成這項改革者認為，世襲貴族頂著繼承而來的貴族頭銜參與上院議事，決策國家大政，在進步的民主社會中，成為一種退步的現象。誠如工黨上院領袖潔依夫人於改革法案通過後所言：「這項法案是政府推動英國憲政現代化，使之在二十一世紀更周全的方案之一，吾等相信廢除世襲議員所代表與民主大相違背的要素，實為必要的第一步。」[2]反對者認為，在上院的未來組成與功能尚未定調之前，便一舉廢掉享有七百多年歷史的世襲貴族議席制，未免操之過急。此外，反對者憂心，廢除世襲貴族議席制後，上院成員除政治中立的神職貴族與專業掛帥的法律貴族外，將淪為政黨酬庸的舞台，首相親信及趨炎附勢之徒充斥其間。

1　聯合報，1998年10月28日，第11版。
2　中國時報，1999年10月28日，第13版。

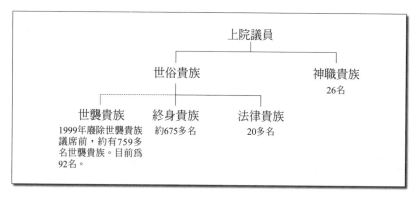

圖6-1　上院議員的組成
資料來源：House of Lords (2019a).

在終身貴族方面，《1958年終身貴族法案》（1958 Life Peerages Act）通過後，君主可經首相建議頒予賢達人士終身貴族頭銜，該頭銜並非世襲，故名為「終身」。舉凡對國家公益有卓越貢獻的各界菁英，皆有機會獲此殊榮，例如優秀文官、高級軍官、工商領袖、傑出學者等各行翹楚。終身貴族的背景不一而足，其中以出身政界最為多見。首相藉由頒授終身貴族頭銜，使退休閣員或有功政客躋身上院議員之林，已成為一種政治酬庸之途。此外，出身地方政府的優秀政客亦為上院終身貴族的熱門人選，藉由安排讓地方政客入主下院，可以使他們與地方政府的政治關聯與技巧，於上院中做一保留與發揮。[3]

《1999年上議院法案》通過前，終身貴族的議員約有四百多名，僅次於七百多名的世襲貴族，是上院四種貴族中的第二大族群，占總上院議員人數的三成左右。但1999年年底，上院決議廢除世襲貴族議席制後，終身貴族搖身一變成為上院組成的主要分子。以2019年的上院為例，終身貴族占上院議員總人數的比率，從過去的三成暴增為八成。倘若未來九十二名的過渡世襲議員遭到廢除，終身貴族占上院議員總人數的比率，更可能超

[3] Forman. F. N. and Baldwin, N. D. J. (1996) *Mastering British Politics*, 3rd edn （London: Macmillan), p. 196.

過九成。

《2005年憲改法案》（The Constitutional Reform Act 2005）通過前，除立法功能之外，司法功能也是貴族院的主要功能之一。貴族院昔日本身就是一個司法機關，相當於英國的最高上訴法院。為了有效發揮貴族院的司法功能，1876年上訴管轄權法案通過，建立起上院的最高法院職權，其中影響深遠的一點，便是「上訴司法貴族」或稱「上訴法院法官」（Lord of Appeal in Ordinary）的設立，君主得挑選四名法界菁英，授予貴族頭銜，任命他們為上訴司法貴族，以協助上院議長審理上訴案件。上訴司法貴族的名額約十二名，盡為學養精湛的法界翹楚，其消極資格為出任法界高職（例如上院議長、上訴司法貴族等）兩年以上，或執業律師（可在高等法院出庭的律師）十五年以上者。上訴司法貴族的退休年齡為七十歲，然退休後仍可保留其上院議席。除了上訴司法貴族之外，前上院議長、退休的上訴司法貴族，以及其他曾出任法界高職者，亦可獲封「法律貴族」參與司法工作。一般在上院議員的分類中，對負有司法職務的貴族，包括「上訴司法貴族」與「法律貴族」，可泛稱為法律貴族（Law Lords）。以2000年2月為例，上院的法律貴族（負有司法職務之貴族的泛稱）計有二十七名。不同於卸下神職便失去貴族議席的神職貴族，法律貴族（特別指上訴司法貴族）即使退休亦可保留其上院議席，所以在上院議員的分類上，法律貴族亦可歸類為終身貴族。

然而，2009年，英國最高法院成立，並取代上議院成為英國最高的司法機關。十二名的上議院「上訴司法貴族」，轉任最高法院法官。但這十二名上議院「上訴司法貴族」，不能在於上議院出席或投票，須自最高法院卸任法官後，方能恢復其上議院議員的議席。[4]

《2005年憲改法案》通過前，大法官（Lord Chancellor）一人，身兼立法、司法與行政三種要角。就立法角色而言，大法官身兼上議院的議

---

[4]　House of Lords (2009) *From House of Lords to Supreme Court*, http://www.parliament.uk/business/news/2009/07/from-house-of-lords-to-supreme-court/.

長，負責主持院會討論。不同於下院議長，上院議長維持會議秩序的權力顯得單薄，因為上院的議事程序與秩序主要靠貴族自律，以及政黨領袖的從旁協助，不需議長代勞。若上院出現議員發言過長等失當行為，其他議員則會同聲喝斥：「秩序！」並依情節輕重加以干預。相左於政治中立的下院議長，大法官在上院仍保留其政黨屬性，以執政黨黨員的身分參與會議討論與投票。然而，為了避免行政與立法角色的混淆，會議討論中，大法官若欲以行政角色發言，為所屬的執政黨辯護，則大法官須自議長座位起身，向前移動數步，象徵暫時離開上院議長的立法角色。

在司法角色方面，《2005年憲改法案》通過前，上院不僅是一個立法機關，同時也是英國的最高司法機構——最高上訴法院。因此，大法官昔日不僅是英國司法系統的首長，同時亦為最高上訴法院的大法官。除了負責主持上訴案件的審理之外，大法官亦擁有選任或解除法官及法院院長的職權。就行政角色而言，《2005年憲改法案》通過前，大法官由首相直接任命，與內閣同進退，屬於內閣團隊的一員，代表政府在上議院辯護或說明政府的政策。

昔日的大法官一人飾三角，大法官座位的來頭也不小。大法官座位又稱「羊毛袋」（woolsack），雖然它只是一個塞滿羊毛的長方型紅色大沙發，但卻是議會歷史的發展紀錄，成為上院特別搶眼的一項陳設。十三世紀末葉，英國已奠定了羊毛生產國的地位，並由此獲得許多財富。十四世紀兩院制成型之前，愛德華三世（1327-1377）將羊毛袋放入當時的議會廳，作為大法官主持院會的寶座，象徵國家的富庶。1330年代兩院制形成後，羊毛袋便於上院留傳至今。今日，羊毛袋則塞滿來自大英國協數個成員國家的羊毛，使羊毛袋不僅象徵國家的富庶，也代表大英國協的團結。一般議員的座椅，則是和大法官座位同色系的紅色普通沙發，搶眼的紅色座椅與上院議事廳的金色廳堂相互輝映，形成富貴莊嚴的景致，與下院簡單樸實的陳設風格迥異。

然而，近十年來，英國歷經重大的憲政改革，大法官的角色被一分為三。在立法方面，《2005年憲改法案》通過後，上議院增設了上院議長

（Lord Speaker）一職，過去大法官主持上議院會議的職權，自此改由上院議長負責。上院議長的主要職責，包括負責主持上議院的會議，以及作為上議院的代表。[5]2006年，首屆的上院議長由上院議員選出，取代了過去由大法官兼任上院議長的慣例。在司法方面，大法官原本為英格蘭及威爾斯地區司法機構及各級法院的司法首長，但這些司法職權在《2005年憲改法案》通過後，轉移至首席法官（Lord Chief of Justice）。[6]

在行政角色層面，大法官為內閣的成員，其所統轄的部門為「大法官辦公廳」（Lord Chancellor's Office），該部門於1971年至2003年更名為「大法官部」（Lord Chancellor's Department）。2003年，「大法官部」更名為「憲法事務部」（Department for Constitutional Affairs），並由大法官兼任憲法事務部大臣（Secretary of State for Constitutional Affairs）。2007年，「憲法事務部」改組為「司法部」（Ministry of Justice），大法官自此兼任司法大臣（Secretary of State for Justice）。[7]

昔日的大法官，身兼立法、司法與行政三種要角。然而，經過近十年來的憲政改革，大法官在立法、司法與行政等層面的主要職權，已分別轉移至上院議長、首席法官以及司法大臣這三個職位。與昔日相較，大法官的職權已大幅縮減。雖然大法官目前仍兼任司法大臣此一職位，但大法官未來是否會兼任司法大臣，亦會影響大法官在行政層面的職權，是否會進一步削減。

第二節　上議院的政黨運作

在下議院，政黨運作是必要的，議員須靠政黨運作才能生存，但在上議院，政黨運作則是輔助性的，議員不一定要具有黨籍。貴族院中，選擇

---

[5] House of Lords (2012) *Role of the Lord Speaker*, http://www.parliament.uk/business/lords/lord-speaker/the-role-of-lord-speaker/.

[6] Constitutional Reform Act 2005 (c. 4), http://www.legislation.gov.uk/ukpga/2005/4/contents.

[7] Ministry of Justice (2012), http://www.justice.gov.uk/.

超黨派的世俗貴族稱爲中立議員（crossbencher），這種類型的議員在下院未有所聞。中立議員組成一個議會團體，有一召集人作爲領導，但沒有黨鞭系統，不如一般政黨設有政黨領袖、黨鞭體系、部會發言人等綿密組織。除了這些無黨無派的世俗貴族外，二十六名神職貴族亦獨立於政黨之外。上院的世襲貴族廢除以前，中立議員的人數，從十九世紀的十餘名，增加到二十世紀的一、兩百名。以1997年爲例，中立議員約三百多名，占上院議員總人數的四成左右。1999年貴族議席廢除後的新上院，上院的中立議員人數隨之降低，只剩一百六十餘名，占上院議員總人數的三成左右（請參閱表6-1）。

　　以政黨而論，哪一個政黨在上院的勢力較大？長久以來，保守黨在上院享有優勢，這也是爲什麼保守黨對改革上院一向戒懼恐懼，而處於相對劣勢的工黨與自由民主黨，則對改革上院磨刀霍霍。保守黨籍議員雖然人多勢眾，但由於上院議員的出席率普遍偏低，保守黨往往未能在會議中形成有效的過半多數。其他處於相對少數的政黨，只要合從連衡運作得宜，便可以封殺保守黨的提案。據統計，1979年至1991年，執政的保守黨政府在上院便吃了不下一百七十件的議案敗仗。[8]然而，學者富爾曼（F. N. Forman）與鮑德溫（N. D. J. Baldwin）發現，二十世紀中葉以降，保守黨在上院的優勢便已消失，特別是自1979年起，保守黨在上院更是屢吃敗仗。這兩位學者認爲，「沒有一黨能夠呼風喚雨，是上院一項鮮爲人知的祕密。」[9]

　　1999年上院廢除世襲貴族後，保守黨的優勢大幅削弱，與工黨呈現伯仲之間的局面。以2000年的上院爲例（世襲貴族制已遭廢除，僅剩九十二名經選舉產生的過渡性世襲貴族），保守黨籍議員有兩百三十二人，和工黨的一百八十一人相去不遠（請參閱表6-1）。同樣地，以2019年的上院

---

[8] Norton, P. (1994) 'Parliament II: the House of Lords', in B. Jones, A. Gray, D. Kavanagh, M. Morton, P. Norton and A. Seldon (eds.), *Politics UK* (London: Harvester Wheasheaf), pp. 351-352.

[9] 同註3，頁196-197。

為例，保守黨籍議員有兩百四十三人，工黨籍議員則有一百八十二人。因此，在現今的上院，已沒有單一政黨享有主導勢力。

表6-1　上院議員的黨系分布

年 政黨	1880	1906	1930	1955	1975	1992	1997	2000	2004	2012	2019
保守黨	280	354	489	507	507	475	483	232	203	213	243
工黨			17	55	149	119	126	181	201	231	182
自由黨	203	98	79	42	30	58	55	54	68	90	96
中立議員	13	43	140	251	281	263	324	162	185	181	183

註：1. 1906年工黨甫成立，尚未競逐議會大選，故1880年與1906年兩年的黨籍人數空白。
　　2. 表中的自由黨，乃一簡稱，包括1981年以前的自由黨（The Liberal Party），1981年至1988年的自由與社會民主聯盟（Liberal-Social Democratic Alliance），以及1988年成立的自由民主黨（The Liberal Democrats）。3. 2000年2月的上院，世襲貴族已遭廢除，只剩下92名經選舉產生的過渡性世襲貴族，上院議員人數較改革前減少約600多名。
資料來源：1. Loveland, I. (1996) *Constitutional Law: A Critical Introduction* (London: Butterworths), p. 201. 2. House of Lords (2019b), 'Lords by Party, type of Peerage and Gender', https://www.parliament.uk/mps-lords-and-offices/lords/composition-of-the-lords/.

第三節　上議院的功能

前已提及，上議院最早起源於盎格魯薩克遜時期的賢人議會，當時的議會功能為國王的諮詢機構。十三世紀巴力門（Parliament）誕生後，議會的立法功能便逐漸擴充。光榮革命後，繼之而起的民主改革浪潮，使上議院的地位備受挑戰，成為民主目光下受人鄙視的次等院。上議院的權力與地位低於平民院雖已確立，但這並不代表貴族院的功能低下，相反地，上議院的功能舉足輕重，對議事繁重的平民院來說，是一股相輔相成的重要助力。上院議員並非民選產生，但這不應成為抹煞上議院功能的理由。若從十三世紀的議會算起，上議院已走過七百多年的歲月，在民主體制中

存活並發揮適當的功能。倘若存在就是眞理，上議院的存在，不應只是歷史的延續，而是對上議院功能與價值的肯定。以下就現今上議院的主要功能做一說明，包括立法功能、司法功能、監督政府的功能、集思廣益的討論功能、政府人才儲訓所、憲政守護神等六項功能。

一、立法功能

光榮革命後，名義上，上議院和下議院具有同等地位，兩院共同分享立法權，但實際上，隨著民主改革的腳步向前邁進，民選出身的下議院逐步取得立法主導權。1911年改革法案通過後，下議院提出的議案，不一定需要上院同意，亦可生效，而上院提出的議案，則須得到上院同意，方可成爲法案。下議院高於上議院的立法優勢，於此確立。上議院的立法權雖不及下議院強勢，但在立法過程中，上院始終扮演缺一不可的互補性角色，爲議事繁重的下院分憂解勞。由於各類議案的立法程序不同，以下以議案中的政府議案爲例（議案中，政府議案爲主要的議案種類），解析上院在立法過程的角色與功能（請參閱圖6-2及圖6-3）。

首先，從議案的提案開始。公議案的提案，可任由上議院或下議院提出。依照慣例，涉及政治爭議與財政的政府議案，由下院負責提出。由上院提出的議案，具有以下特色。其一，由於上院的政黨色彩較淡，不具政治敏感性的議案，習慣交由上院處理；其二，上院作爲最高上訴法院，擁有身兼司法貴族的上院議員，司法相關議案理當由上院提出，例如專利法議案；其三，由於下院議事繁忙，過於複雜的技術性議案，通常交由上院提出審理，以節省下院的時間與精力，諸如資料保護法、能源保護法等議案。政府議案由議會議案起草專家與政府各部會合作產生後，由相關部長於一讀會（first reading）中提出，所謂的一讀會，並非對議案進行審議，而只是藉由朗讀議案名稱，形式上完成提案程序。

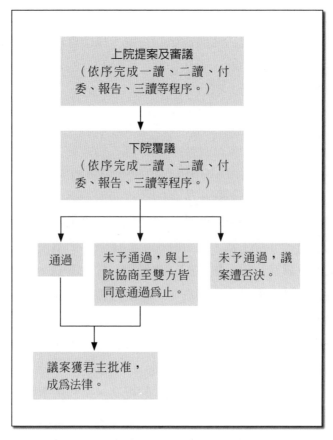

圖6-2　政府議案的立法程序（由上院提案）

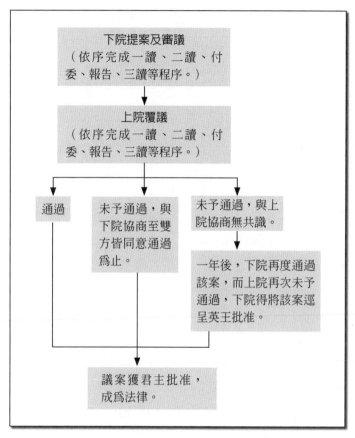

圖6-3　政府議案的立法程序（由下院提案）

　　上院與下院相同，除了由身兼部會首長的議員提出的政府議案之外，不具公職身分的議員，也可以私人身分逕行提出私人議員議案。由於議程時間與議員人力的限制，私人議員議案占議案的比例極低。以1997年至1998年議會會期爲例，上院共提出十二件私人議員議案，其中只有兩件議案順利成爲法律。[10]私人議員議案雖屈指可數，仍有其獨特功能，在上院的自由立法氣氛下，私人議員議案已成爲推動法律新思潮的渠道，諸如爭

---

[10] Pond, C. C. (1999) *Private Members' Bill Procedure* (London: House of Commons Information Office), http://www.parliament.uk.

取墮胎自由、同性戀合法化等相關法律，皆經由這個渠道產生。

　　提案完成後，議案便進入審議階段。審議程序依序為二讀會（second reading）、付委（committee stage）、報告（report stage），以及三讀會（third reading）。二讀會中，僅對議案的原則宗旨作一討論，議案交付委員會（簡稱付委）以後，才開始對議案條文的細部討論與審查。此外，付委以降的審議階段，議會皆得提出對該議案的修正案。除了少數議案交付功能特殊的特別委員會之外，絕大多數法案皆逕付上院的全院委員會審議。委員會審議結束後，便將經過修正的議案向院會報告，進入報告階段。於此階段中，院會針對修正案而非議案本文進行討論，並得以提出新的修正案。三讀會為議案審議的尾曲，議案通過三讀後，便完成了院會的審議程序。三讀會的實際運作上，除重大議案引起討論外，通常則是對議案做一種木已成舟的快速認定。下院的三讀會中，不得提出修正案，但上院的三讀會，則仍可提出修正案。

　　若議案由上院提出與審議，議案三讀完成後便送至下院覆議，展開下院的立法程序。若議案由下院提出與審議，議案三讀完成後則送至上院覆議，展開上院的立法程序。兩院的立法程序相同，依序皆為一讀、二讀、付委、報告、三讀、送至另一院覆議。議案獲兩院通過後，便呈請英王批准，成為法律。由上可知，上院的審議工作，包括審議上院本身提出的議案，以及審議下院完成審議後送來的議案。由於多數議案由下院提出，審議下院送來的議案，便成為上院的主要立法工作，也占了上院所有工作的大半時間。議會新會期約於秋天開幕，秋冬時節多數的議案尚在下院審議，上院落得清閒。但來年的春夏時分，下院的議案陸續完成審議並送交上院，上院的工作便進入忙碌的旺季，造成工作分量分配不均的情況。

　　上院身為一個沒有民選基礎的立法機關，得以將審議工作，做得有聲有色，究其原因包括以下數端。其一，由於下院時少事繁，議程緊湊，未能對議案作字斟句酌的有效審議。相形之下，上院的議事時間與程序便寬鬆自由許多。上院與下院本是同胞手足，議案審理不周之處自然落到上院肩上。其二，上院的組成分子包括宗教領袖的神職貴族、出身良好的世襲

貴族、司法菁英的司法貴族，以及拔擢自士、農、工、商等各界菁英的終身貴族，比起代表選區利益的下院政客議員，上院在審查議案上的表現，有時反而優於下院。一方面，比起心繫選票、身肩政黨包袱的下院政客議員，黨性較弱的上院較能就事論事，專心於議案審查。另一方面，上院議員不乏司法、教育、工商等各界的專業翹楚，在相關議案的審查能力與表現上，自然爲政客出身的下院議員所難望其項背。鑑於以上原因，下院提出的公議案中，約有近半數的議案遭上院修改。以下院爲首的內閣政府，對上院修改的議案，多樂見其成並欣然接受。上院每年對下院送來的議案，提出多達兩千件的修正案，上院對審議工作的用心，於此可見一斑。

　　不過，批評者指出，上院並非民選產生，審議功能卻逐漸增加，未必是件好事。其一，下院身爲議會內閣制的主要立法機關，負有立法成敗的政治責任。非民選產生的上院爲下院代工立法，固然有助提升立法品質與效率，卻會造成政治責任的盲點，並引起非民選勝民選的民主憂慮。其二，政府得藉由要求上院提出修正案，以迴避下院的政治目光，完成對政府有利的立法。因此，論者憂心，上院恐淪爲立法的方便垃圾桶，凡是在下院不便通過或修正的立法，政府便可丟給上院代爲解決。[11]綜上所述，上院日益增加的立法審議功能，固然引人爭議，然而，倘若少了上院順情服意的幫助，由下院一肩挑起經緯萬端的立法工作，立法品質與效率必然大打折扣。

　　在決議階段，上院與下院表現出一種合作而非對抗的妥協關係。基本上，議會的立法須獲兩院的同意才算通過（參閱圖6-4）。因此，上院提出並審議完畢的議案，便送至下院覆審。下院審理之後，若同意，則議案通過；若不同意，則就修正事項與上院討論，直到兩院同意爲止。同樣地，下院提出並審議完畢的議案，則送至上院進行覆審。上院審理之後，有三種決議可能：（一）上院未提修正案，同意該議案；（二）上院提出修正案，與下院折衝尊俎，直到下院同意爲止。在大多數的情形下，

---

[11] Loveland, I. (1996) *Constitutional Law: A Critical Introduction* (London: Butterworths), p. 223.

下院都會接受上院的修正案。若下院不接受上院所提的修正案，上院通常也會讓步；（三）上院不同意該議案，未予通過，或提出修正案但下院不接受，下院可在一年後的新會期，再次通過該議案，屆時，縱使上院再次不同意該議案未予通過，下院得將該議案逕呈君主批准，成為法律。易言之，上院對下院通過的議案，享有一年的議案延擱權。

上院對下院通過的議案，享有三種權力，包括議案延擱權、金錢議案（Money Bill）的延擱權以及否決權。首先，議案延擱權方面，在兩院立法權的較量下，上院的這項權力，一方面，算是上院立法權中最有力的尚方寶劍；另一方面，卻也突顯出上院立法權的軟弱無力。除了金錢議案以及若干議案（上院對議會延任案、委任立法案、臨時命令確定案，以及私議案等數類議案，仍享有否決權），上院對下院通過的議案，享有一年的延擱權。換言之，假設下院通過的議案遭上院否決，一年後的新會期中，下院再次提案並表決通過，但上院又予以否決，則下院得將該議案逕呈英王批准，成為法律。第一次會期中該議案在下院的二讀會，與下一次會期中該議案在下院獲得通過，兩者之間需時至少一年。上院透過議案的延擱，可收引起輿論公評或問信於民之效。

與下院的立法權相較，上院的延擱權反而襯托出下院立法權高人一等的優勢。只要延擱權於一年後失效，下院支持的議案，不須經過上院同意亦可通過。易言之，沒有上院的同意，議案也可能通過，而沒有下院的同意，議案則不能通過，下院主導立法的明顯優勢，清楚顯露。

其次，揆諸史實，上院的延擱權代表上院立法權的退縮。1911年以前，上院享有議案否決權，但1911年的改革法案中，上院的議案否決權（對議會延任案、委任立法案、臨時命令確定案，以及私議案等數類議案的否決權，仍獲保留）遭到廢除，由兩年的議案延擱權取代。1949年的進一步改革，將兩年的議案延擱權縮減為一年。由此可見，上院的議案延擱權象徵上院的立法權遭受壓縮。

再者，下院主導立法是一項形勢比人強的現實，上院對延擱權的使用，向來採取謹慎克制的態度，一來因為延擱權的使用，不單傷害兩院間

的和氣，與以下院為首的政府之間，亦恐產生衝突，茲事體大；二來則擔心延擱權的使用失當，會激怒擁有立法主控權的下院，引起下院議員對削減上院權力的呼聲，甚至惹來廢除上院的殺身之禍。自1911年延擱權確立以來，上院僅發動過四次議案延擱權，[12]足見上院的顧慮與自制。

此外，1911年的改革法案規定，下院提出的金錢議案（必須於上院會期結束前一個月送交上院）送交上院後，若上院遲遲未予通過，一個月後下院不須經上院同意，得逕行將該議案呈請英王批准，成為法律。易言之，上院收到下院提出的金錢議案後，只享有會期內至多一個月的延擱權，逾時未予通過，則該案自動變成法律，上院只好被動接受。至於金錢議案如何認定，則由下院議長決定。金錢議案不等同於財政議案（Financial Bill），金錢議案的定義較財政議案狹小，舉凡與中央政府稅捐、支出、借貸等有關的議案，經下院議長認證後，才算是金錢議案。

1911年改革法案以延擱權取代上院的否決權，但仍保留上院對議會延任案、委任立法案、臨時命令確定案，以及私議案等數類議案的否決權。雖然上院的否決權獲得少部分的保留，但由於下院仍可提案修法，以取消上院對這四類議案的否決權，上院手中縱使握有議案延擱權，但也只是把破洞的雨傘，僅能擋一時的風，避不掉滲入的雨。上院否決權遭下院削足適履的惡夢尚未發生，但上院對發動否決權的戒慎恐懼，已是不爭的事實。

將上院的立法功能做一小結，可以發現，上院與下院共同享有議案的提案、審議與決議權，為下院分憂解勞，成為與下院相輔相成的立法好幫手，對立法品質與效率的提升多所裨益。此外，上院在兩院中的立法地位，雖然較下院矮人一截，但上院與下院維持著妥協的合作關係，而非相互衝突的對立關係，上院的謹守分際，功不可沒。

---

12 自1911年上院享有議案延擱權至今，上院一共只發動過四次議案延擱權，包括1914年的愛爾蘭政府議案、1914年的威爾斯教會議案、1949年議會議案，以及1991年的戰爭罪行議案。

二、司法功能

　　上議院與君主、下議院三者，共同構成英國最高的立法機關。除此之外，《2005年憲改法案》通過前，上議院本身是英國的最高司法機構，也是英國（包括英格蘭、威爾斯、蘇格蘭與北愛爾蘭）的最高民事上訴法院，以及英格蘭、威爾斯與北愛爾蘭地區的最高刑事上訴法院。

　　上院可溯源自盎格魯薩克遜時期的賢人議會。當時，議會一方面是國王施政的諮詢機構，另一方面也是國王的「最高法院」，國王與賢人一起參與重要司法案件的審判，足見上院司法功能的源遠流長。上院的司法功能，可追溯至盎格魯薩克遜時期的賢人議會，但一直要到十九世紀末葉，上院才從過去組織零散的司法仲裁機構，轉型成為現代的最高上訴法院。1876年上訴審法案，便是上院轉型為現代法院的關鍵改革，上院的上訴管轄權自此確立。此外，為了減輕日益增加的司法工作，以及提高司法審議的水準，1876年起，上院設有專職的司法貴族，以分擔上院議長在司法方面的工作負擔。本章前面提到，法律貴族盡為出身法界的司法菁英，故只有他們有權職掌司法大權，上院其他未具法學專業的議員，則不得其門而入。此外，1876年的改革規定，上院的司法工作不受議會期限的影響，全年無休，以期達到司法無假期的目的。

　　上院的司法工作，由兩個專門委員會負責運作，與上院的其他工作互不重疊。首先，所有送到上院的上訴案件，由「受理上訴委員會」（Appeal Committee）的三名司法貴族，決議是否接受上訴。上院接受的訴狀，僅限於涉及法律觀點的訴訟。獲得上院接受審理的上訴案件，則交由「審理上訴委員會」（Appellate Committee）進行審理，計有五名左右的法律貴族以多數決作成判決。上訴案件的審理，大部分都在審理上訴委員會的委員室進行，少數才在上院的議事大廳舉行。但案件的判決，則須在上院議事大廳宣布，這項憲政慣例的目的，在於突顯上院身兼最高上訴法院的議會法院（Court of Parliament）主體性。上院身兼最高上訴法院，所有的審理與判決名義上都是以上院之名而為，而非少數法律貴族運作下

的產物。然而，《2005年憲改法案》通過後，上議院的司法功能，則轉移
到2009年10月1日成立的最高法院（The Supreme Court）。

三、監督政府的功能

　　議會內閣制下，監督政府是議會的天職，但由於下院議員監督政府的
意願和能力低落，使上院監督政府的表現空間，相形擴大。上述的立法功
能中，上院得藉審查及修正下院提出的法案，以監督政府立法作爲。除此
之外，上院還可以透過質詢、辯論與委員會的審查，發揮監督政府施政的
功能。

　　首先，議員透過質詢，將政府官員的施政措施與過失攤在陽光下，接
受公評與監督。上院的質詢，可分爲口頭與書面質詢兩種。其中以書面質
詢的形式較爲普遍，約占總質詢的三分之二。口頭質詢的數量雖然次之，
卻是議事程序中的高潮，每每吸引大批新聞媒體的目光。質詢的過程，以
議員唱名質詢問題的編號開始，而後備詢的相關閣員，就事先得知的問題
加以回覆，之後便進入了質詢的精彩階段。議員得針對閣員的答覆提出
「補充質詢」（supplementary question），由於補充質詢是有備而來的機
動提問，無法事先準備的備詢閣員只得見招拆招、全憑本事，你來我往中
機鋒畢現，妙趣橫生。

　　口頭質詢又可分爲非辯論與辯論兩種。非辯論的口頭質詢中，僅有
質詢而不涉及辯論，議程表上的該類質詢案會以星號作記，故又稱「星號
質詢」（starred question）。辯論質詢則不以星號作記，故稱「無星號質
詢」（unstarred question），[13]議員若對政府答覆不滿意，得提議辯論，並
由相關閣員發表結論演說。上院的每天議程中，開議之初議員得提出四項
非辯論質詢，爲時約一個半小時，在忙完其他議程，結束議會前的傍晚，

---

[13] 下院的質詢也可分爲「星號質詢」和「無星號質詢」，前者代表口頭質詢，後者代表書
面質詢，和上院的質詢分類不同，應予留意。上院的「星號質詢」代表口頭的非辯論質
詢，而「無星號質詢」代表口頭的辯論質詢。

才輪到辯論質詢時間。

　　上院的質詢和下院相比，有以下不同之處：（一）上院沒有「首相質詢時間」；（二）上院的質詢雖然亦由相關閣員進行回答，但在名義上，質詢不是針對個別閣員，而是針對政府整體；（三）上院的質詢案一年僅約兩千件，與下院的四萬件相去甚遠；[14]（四）上院議員具閣員身分者寥寥無幾，接受質詢的閣員往往代表性不足，僅能就政府整體的立場予以回應，易形成權責死角。[15]由此可見，上院的質詢制度與數量，不及身為監督政府主要機構的下院縝密、頻繁。然而，由於上院議程較不緊迫，反而能夠對單一議題作較深入的探討，為一優點。除了質詢之外，議會程序中的辯論，也是監督政府施政作為的重要場合。有關上院的辯論，留待上院的第四項功能——集思廣益的討論功能，再做說明。

　　委員會亦為上院監督政府的一個重要渠道。上院的委員會組織和下院不太一樣，上院沒有常務委員會，審議法案的委員會階段，主要由全院委員會負責進行。除了全院委員會負責對政府立法進行審查之外，上院也可透過特別設立的特別委員會，必要時邀集相關人士，針對政府的立法或行政作為進行監督調查。上院特別委員會在監督政府的功能上，一向素富盛名，其中又以歐洲共同體委員會（The European Communities Committee）以及科技委員會（The Science and Technology Committee）尤甚。1973年，英國加入歐洲共同體（現今歐洲聯盟的前身），翌年英國上院成立了歐洲共同體委員會，有權就歐洲執委會涉及英國的重要提案，邀集相關政府首長進行審查討論。歐洲共同體委員會約有六十名委員，設有六個次委員會，負責研擬報告以供院會討論。英國加入歐體（現今歐洲聯盟的前身，以下以歐盟代稱）後，立法權已部分移轉到歐盟的決策機構，英國派往歐盟的代表究竟和其他國家制定了什麼政策法律，若沒有專門的機構加以監督審查，無異形成政府權責的大黑洞。在此需求下，上院的歐洲共同

---

[14] Davis, D. (1997) *A Guide to Parliament* (London: Penguin Books), p. 47 and p. 62.
[15] 同註11，頁227。

體委員會因應而生，成爲歐盟立法的審查專家，成效卓著遠勝下院。

科技委員會於1979年成立，下設兩個次委員會，約有二十名委員，負責國家科技政策的監督與討論，成員盡爲科技界的學者專家。除了針對政府相關科技政策進行研討以外，科技委員會亦就政府忽略的重要議題，主動提出施政建言。綜合而論，上院的特別委員會以享有高素質的專家成員爲名，在相關議題上的處理能力爲下院所望塵莫及。特別委員會出版的報告，也成爲舉足輕重的參考文件，間接影響或直接左右政府的相關政策與立法。上院設立特別委員會，原本目的爲補充下院特別委員會的不足，卻逐漸發展爲監督政府的有力機構，始料未及。

因應二十世紀大量增加的「授權立法」（delegated legislation），上院與下院也透過設立專門委員會，加以審查監督。1973年起，由上院與下院組成的兩院聯席委員會，負責授權立法的審查。所謂的授權立法，亦即政府首長依據議會通過的法律，延伸制定的行政命令，依性質不同又可細分爲規則、規程等。由政府首長進行授權立法，可補立法機構立法緩慢或有欠周延之弊。但另一方面，授權立法難以監督，易形成政府立法與行政的死角，實爲兩難。上院和下院同樣享有授權立法的審議權，和一般法律的審核權不同的是，上、下兩院對授權立法得接受或拒絕，但不得予以修正。由於下院的議事效率不彰，監督授權立法的功能便落在上院身上。前面的「立法功能」提過，上院的議案否決權在1911年的改革中，爲延擱權所取代。然而，上院對授權立法，仍保有否決權。憲政慣例上，上院鮮少直接對政府的授權立法發動否決權，而是藉由表示不同意或遺憾等間接手法，造成政府尷尬，達到不戰而屈人之兵的監督效果。

四、集思廣益的討論功能

議會，顧名思義就是議論、討論之所。英國議會爲世界最古老的議會，集思廣益的討論功能，乃淵遠流長、蘊藏經年累月建立的傳統與智慧。除了上院議程中的一般討論外，議員得提出辯論（debate）動議，就

有關議題進行正式討論。辯論的議程與方式多所規定，下院尤甚，上院次之，足見辯論並非泛泛之論，而是一場應對有節的傳統禮程。上院的辯論，依提出辯論動議者的不同，可分為兩類。一類是由身兼閣員的議員提出的辯論，藉此徵詢上院議員對某項議題的意見，或討論特別委員會的報告。另一類則是由不具閣員身分的後排議員，就特定問題提出辯論動議。除了上述兩類辯論之外，上院每月會選擇一日（通常是週三），安排兩場各兩個半小時的「短辯論」（short debate），作為後排議員或無黨籍議員進行辯論的園地。短辯論的辯論主題，多屬超黨派的廣泛性議題。[16]

較之下院，上院的辯論素來享有高品質的聲譽，原因有三。一方面，上院議員非民選產生，黨性較弱，議員較能持平論事，不用一味地為政黨立場喉舌。二方面，傳統上，與出身草根的平民院議員相較，貴族院議員的出身的確比較「貴族」，辯論風格上顯得客氣、溫和許多，即使出現政黨衝突，也多能君子不出惡言地禮貌化解。三方面，由於上院議員中不乏各界菁英，因此，部分上院議員對與其專業相關的政策討論上，往往能發揮切中要害、鞭辟入裡的監督功能。上院議員中有不少法律及外交界的專業人士，這方面的相關議題討論，自然為上院所擅長。

辯論的品質雖高，但影響力卻叫好不叫座。學者羅夫蘭（Ian Loveland）認為，上院的辯論，只對上院享有主導力的議案產生影響，例如司法改革、老人福利之類沒有政黨爭議性的議案；對其他的政府議案則影響微小，並且難以評估。此外，若就上院的辯論時間以觀，上院辯論時間占所有活動的比例，從1979年的百分之三十，降到1988年的百分之十四，[17]顯示出上院辯論功能的逐漸式微。若以監督政府的功效而論，比起引人注目的質詢，或以專業見長的特別委員會，辯論的影響力總是受人輕忽。然持平而論，辯論的過程，往往比是否產生結論更為重要。若以辯論未能產生影響政策的直接效果，作為評判標準，而忽略辯論的成效屬

---

[16] Norton, P. (1994) 'Parliament II: the House of Lords', in B. Jones, A. Gray, D. Kavanagh, M. Morton, P. Norton and A. Seldon (eds.), *Politics UK* (London: Harvester Wheasheaf), p. 357.

[17] 同註11，頁221。

性，未免有失公允。此外，上院的高素質成員與低黨派色彩，在專業與非政治爭議性議題的討論上，發揮了補充下院的討論功能，則是不爭的事實。

五、政府人才儲訓所

光榮革命後，英國議會逐漸成為內閣的搖籃，演變至今，內閣閣員不僅須具備議員身分，且多出身掌握政權的下院。上院雖然不是政府閣員的主要培訓所，卻是一個功能特殊的閣員儲訓所，提供政府人才的「儲」舊布新。

在「儲」舊方面，上院議員一職已成為政黨的政治酬庸，各政黨得藉由授予終身貴族頭銜，將退休的閣員安插在上院，作為酬庸。布新方面，由於上院身為僅次於下院的立法機構，政府自然得在上院布局人士，以協助政府議案的通過及支持政府的政策立場。通常，上院有兩名的基本閣員，包括上院議長及執政黨的上院領袖。上院的閣員人數遠低於下院，由於在上院要找到可以任命為閣員的合適議員，並非易事，因此，上院年輕議員臨危受命，充作閣員的情形，亦時有所聞。除了閣員之外，表現優異的地方政府官員或下院後排議員，政府亦可授與上院議席，以借重他們的長才與經驗，拉抬政府在上院的政治勢力。

六、憲政守護神

兩院制的優點有二。一方面，兩院可以相輔相成，分憂解勞。另一方面，兩院可以相互制衡，防止另一院成為憲政大怪獸。上院的地位雖然較下院為低，權力亦在下院之下，但上院仍保有一些抵抗下院的權力，萬一下院脫序成為破壞憲政的洪水猛獸，上院還可以發揮憲政守護神的救濟功能。1911年後，上院對下院通過之議案的否決權，為延擱權取代，但對議會延任案、委任立法案、臨時命令確定案、私議案等數類議案，仍擁有否決權。由於上院的非民選基礎久招批評，上院行使對抗下院的權力，不論

是延擱權或否決權，一向戒慎恐懼。上院作爲憲政守護神的功能，於改革
呼聲日高的二十世紀以降，顯得「泥菩薩過江，自身難保」。

第四節　上議院的改革

　　光榮革命後，王權遭到削減，代表貴族階級的上院，雖然幸運地保留
原有的地位與權力，與下院分庭抗禮，但還是躲不過日後風起雲湧的民主
聲浪，面臨剪不斷，理還亂的改革壓力。以下就贊成改革的理由、反對改
革的理由，以及改革的方向，分別討論。

一、贊成改革的理由

　　在批評者眼中，上院的可議之處包括以下數端。首先，在上院的成員
方面，上院議員非民選產生，成爲改革者最常引用的有力攻擊。上院的議
員可分爲神職貴族與世俗貴族（包括終身貴族及法律貴族），成員盡爲政
府任命。1999年10月世襲貴族議席制廢除前，含著上院議席金湯匙出身
的世襲貴族，備受爭議。1968年，工黨政府提出廢掉世襲貴族的議案，但
當時時機尚未成熟，議案拖至翌年仍未通過。三十年後的1999年，工黨政
府捲土重來，重新提案廢除世襲貴族，並成功通過兩院的表決，一舉將具
有七百多年歷史的世襲貴族議席制廢除。世襲貴族消失後，上院便剩下經
由任命產生的神職貴族、終身貴族以及法律貴族。這些代表各界的貴族以
專業表現獲得任命，發揮了補充下院人才的功能。然而，這些貴族經由任
命產生，仍引起一般人對任命的民主性與公平性多所批評。畢竟，貴族出
身社會的菁英階級，未能代表一般人民的心聲與利益，民主合法性啓人疑
竇。此外，終身貴族的任命，常被指責淪爲政黨的政治酬庸。因此，激進
改革者認爲，釜底抽薪之計，不外推動上院議的民選化，或廢除上院，
將現行的兩院制改爲民選下院一手包辦的一院制。

　　其次，在權力方面，上院也面臨兩院制下「既生瑜，何生亮」的競

爭壓力。光榮革命後，於法律上，上院與下院享有相同的議會地位。但在實際上，隨著現代政黨政治的興起，下院逐步取得兩院制中的主導地位。1911年後，下院的法律地位高於上院，便於法有據。於此下院當道的形勢下，上院的權力難免顯得礙眼、尷尬，特別是在兩院發生衝突的時候。

1909年，上院否決自由黨政府的預算案，自由黨政府一氣之下解散議會，重新舉行大選。自由黨順利續掌政權後，於1911年通過法案，將上院的議案否決權削弱爲兩年的延擱權（對議會延任案、委任立法案、臨時命令確定案，以及私議案等數類議案，上院仍保有否決權）。上院對下院於上院休會前一個月送達的金錢議案，至多延擱一個月，逾時下院則可將該案呈請英王批准，成爲法律。1911年的改革法案，使下院通過的議案不須獲得上院同意，亦可成爲法律，下院的立法地位優於上院，自此於法確立。1949年議會法案，將上院的兩年議案延擱權，進一步削減爲一年。針對上院的角色和權力，2012年自由民主黨黨魁克萊格（Nick Clegg）便指出，上院是一個「有缺陷的機構」（flawed institution），並批評上院享有權力但無民主合法性。[18]然而，上院未來應如何改革，英國朝野仍有多方面的顧慮，而尙無共識。一方面，倘若上院全面民選化，將造成上院與下院的正面衝突。另一方面，若上院議員全由任命產生，則恐形成酬庸政治的擴大。再者，廢除上院，雖能一勞永逸解決兩院的干戈衝突，但將對具有悠久傳統歷史的英國議會，產生巨大的變遷。

除此之外，上院的政黨屬性，也成爲改革者的眾矢之的。雖然上院議員的黨派屬性較下院爲弱，無黨籍議員亦自成氣候，但傳統上，上院議員中保守黨居於多數，並擁有主導議案成敗的優勢，乃不爭的事實。世襲貴族廢除之前，世襲貴族多爲保守黨人士，遇到重要議案表決時，保守黨便動員這些鮮少出席的「上院邊緣人」（backwoodsman）前往投票。「上院邊緣人」是指保守黨的世襲貴族議員，他們平常幾乎不參與上院議事，

---

[18] BBC News (2012) 'House of Lords Reform: Nick Clegg Says Lords a "Flawed Institution"', 10 July 2012, http://www.bbc.co.uk/news/uk-politics-18759639.

然一旦保守黨政府的議案面臨表決危機，便會動員他們前來支援。值得說明的是，並非所有保守黨的世襲貴族都是「上院邊緣人」，上院的世襲貴族中，也有一些勤於議事的政界菁英。「上院邊緣人」是保守黨獨有的投票部隊，退可捍衛保守黨執政的政府政策，進可癱瘓敵對政黨的立法活動。

1980年以後，保守黨在上院的絕對優勢式微，[19]過去上院獨厚保守黨政府的情況，逐漸獲得改善。[20]但不可否認，保守黨在上院的表決優勢還是存在，其他政黨看在眼裡，仍然不是滋味。1997年力倡改革上院的工黨政府上台，於1999年10月通過法案，廢除上院的世襲貴族議席制。改革前的上院，保守黨議員約占上院議員的百分之四十一，[21]改革後的上院，保守黨議員只占上院議員的百分之三十五，保守黨籍議員人數與工黨籍議員人數互為伯仲，過去保守黨在上院享有的優勢不再。世襲貴族廢除後，改革矛頭便指向上院其他經由任命產生的貴族議員。究竟何種任命方式能夠符合政黨公平的原則，抑或上院民選化才是解決政黨偏見的根本之道，則是上院廢除世襲貴族後，所面臨的下一個改革問題。

二、反對改革的理由

上院雖然存在著上述的可議之處，但上院亦保有不少優點，成為反對改革者引以為據的理由。反對改革者認為，破壞上院現存優點的冒然改革，誠為不智之舉。反對改革上院的論述，包括以下數端。其一，上院的民主合法性啓人疑竇，但功能表現則為人肯定。上院身為非民選的立法機構，欠缺民主合法性，但也因為上院成員非民選出身，一些經由任命產生的專業人士得以入主上院，使上院在立法、司法、監督政府等功能上，展現出迥異於下院的專業、超黨派議事風格，充分發揮輔佐下院議事功能

---

[19] 同註3，頁197。

[20] Brazier, R. (1988) *Constitutional Practice* (Oxford: Clarendon Press), p. 218.

[21] 以1999年1月4日的上院為例，議員總人數為1,165人，保守黨籍議員有476人，占上院議員的百分之四十一。

的角色。倘若上院表現優異的既有功能遭到縮減，議會整體的功能與效率，勢必相對惡化。其二，上院的民主合法性缺陷，使上院在兩院制的運作中，一向謹守分際，對自己低人一等的地位有自知之明，對下院高人一等的憲政地位亦銘記在心，使兩院維持一種心知肚明、一強一弱的權力態勢，不致干戈迭起。如果上院改革為民選的立法機關，將與同為民選出身的下院形成合法性的重疊問題，造成兩強衝突、相互爭雄的危機。其三，若將上院一舉廢除，下院獨攬行政、立法大權，不僅可能功能超載，在缺少上院制衡的情況下，下院亦恐淪為肆無忌憚的憲政怪獸。

三、改革方向

　　1999年上院的世襲貴族議席制遭到廢除後，剩下的其他上院貴族，應如何組成以符合上院現代化的改革目標，便成為上院改革的下一個課題。近十年來，英國朝野普遍支持推動上院的民主化。然而，1999年迄今，英國政府面對究竟應如何改革上院，至今仍莫衷一是，沒有共識。因此，上院的民主化改革，顯得困難重重，進度緩慢。有關於上院組成的改革方向，主要分為四種，包括全面民選制、全面任命制、民選與任命混合制，以及廢除上院。

　　主張全面民選制者認為，上院議員經由民選產生，方為解決上院民主合法性問題的根本之道。依照民選方式的不同，又可分為直接民選與間接民選兩種。透過直接民選，上院自然取得與下院相等的民主合法性，但一山難容二虎，同樣出身直接民選的兩院，免不了在權力、地位上互起衝突。為了解決兩院合法性的重疊問題，上院直接民選的選舉制度與選舉時機，應與下院有異。例如，採取間接民選的方式，透過不同地區利益（諸如地方議會議員、下議院議員、英國選出的歐洲議會議員等）組成的選舉人團進行間接選舉，一方面可補下院代表利益的不足，另一方面也與下院的代表性產生區隔。

　　然而，不論是採直接或間接民選，民選產生的上院，勢必對下院的至

高性造成衝激，兩院正面交兵無可避免。除了兩院衝突之外，上院民選的缺點還包括以下兩點。其一，上院原本低黨性的議事風格，以及特有的無黨派運作機制，恐遭以政黨運作為基調的選舉破壞，至為可惜；其二，上院民選勞民傷財，選後還須為議員諸公支付薪資及相關研究費用，比起目前不經選舉、議員不支薪的上院，上院民選的成本較高。目前只有身兼閣員、上院執政黨與主要反對黨政黨領袖及黨鞭、委員會主席、法律貴族等職務的上院議員，才有支薪。

　　上院民選的優點，除了民主合法性外，還包括以下數端：（一）上院議員經由民選產生，比起透過任命或政治酬庸產生來得民主，議員所背負的角色職責，亦較為具體明確；（二）透過與下院相左的選舉制度，上院可以成為不同利益的代表，補下院代表不足之處；（三）目前下院的終身貴族議員中，許多都是超過退休年齡的前任議員，上院民選有助於議員年齡的年輕化。

　　民主是把兩刃劍，改革者揮舞著民主改革大刀，一方面直指上院的非民選問題，另一方面也威脅到上院因非民選而產生的寶貴價值，包括無黨派人士與專業人才的清流問政。如果上院民選化，民主合法性的問題一舉解決，但上院長久累積的傳統與價值，亦將因此喪失。首先，上院不應再稱為「貴族院」，因為民選的議員不再享有貴族榮銜。其次，過去低黨性的自由議事風格，以及為數不少的無黨籍議員勢力，都將為政黨紀律破壞。再者，以往透過任命，各界專業菁英得以入主上院發揮影響力，而今透過選舉，攀炎附勢的小人政客，將取代這些清流專業人士，成為選舉的無奈。如果上院的民主化改革，只是讓上院「下院化」，那麼改革與否則值得深思。

　　第二種改革方向則是全面任命制。自從上院廢除世襲貴族議席制後，上院議員只剩下經由任命產生的神職貴族、終身貴族與法律貴族（九十二名經所屬政黨投票或由世襲貴族互選的「過渡」世襲貴族除外），上院改革朝向全面任命制，有其順水推舟的權宜方便。一方面，改革只須針對任命方式加以修改，任命產生的上院，不致挑戰下院的至高性，亦不涉憲政

制度的根本攪動，改革的變動成本最小。二方面，透過任命延攬專業人士
的特點，亦可獲得保留。然而，反對全面任命制者認爲，任命制與民主改
革背道而馳，被任命者不過是某個專業領域的菁英分子，既非代表人民亦
非民選產生。上院改革若採取全面任命制，無異於滑代議民主之大稽。此
外，不論由政黨或獨立的任命委員會負責任命，任命本身易生弊端，尤以
上院議席淪爲政黨政治酬庸最爲常見。1999年10月27日，上院通過表決，
決議廢除世襲貴族議席制，引起輿論譁然，有識者憂心，上院將充斥攀炎
附勢的政客。翌日的泰晤士報社論便指出，全面任命制產生的上院，無
異於轡繩攬頸的馬車，將使上院從「議會之母」走向「民主遠親」的不歸
路。[22]

　　第三種改革方向，爲民選與任命混合制，亦即上院議員一部分由民
選產生，另一部分由任命產生。例如布萊爾政府於2007年，便曾提出上
院改革政策白皮書，主張上院議員應一半由選舉產生，另一半則由任命產
生。[23]2012年4月，英國聯合政府成立的「上院改革草案聯席委員會」提出
報告，亦主張採取民選與任命混合制，建議百分之八十的上院議員應由選
舉產生，其餘的百分之二十，則由任命產生。[24]

　　混合制兼採民選與任命制的優點，一方面滿足民主合法性的期待，
二方面保留任命專業人員的渠道，三方面亦不會像全面民選一樣，發生兩
院民主合法性的重疊問題，進而引起兩院的權力衝突。然而，與其他制度
相同，混合制亦存在許多問題。首先，民選與任命產生的議員比例如何拿
捏，是決定混合制良莠的關鍵問題。其次，同樣是上院議員，有的出身選
舉，有的由任命產生，二者間存在著民主合法性的程度差別。議員的「民
主身價」大異其趣，卻共處一室平起平坐，不僅理論上相當怪誕，實際上
亦難以運作。

[22] The Times (1998) 'Leading Article', 28 October 1999.
[23] Great Britain (2007) *House of Lords: Reform* (Cm 7027) (London: The Stationary Office).
[24] Great Britain (2012) *Report of the Joint Committee on the Draft House of Lords Reform Bill*, http://www.parliament.uk/business/committees/committees-a-z/joint-select/draft-house-of-lords-reform-bill/news/publication-of-report/.

　　第四種改革方向，則爲廢除上院。支持者認爲，上院全面民選化，勢必造成兩院衝突。全面任命制，則未能解決上院民主合法性的問題。民選與任命混合制疊床架屋，不同制度間的矛盾難以調和。於是，似乎唯有壯士斷腕，一舉廢除問題叢生的上院，才是改革的根本之道。然而，反對者批評，兩院制改爲一院制，牽涉立法機構的重新調整，對憲政制度的衝激，較前三種改革爲大。此外，改革結果只會「抽刀斷水水更流」。一方面，遭廢除的上院權責轉移至下院，將使業已功能超載的下院難以應付，立法品質與效率隨之降低。二方面，缺少上院的監督制衡，原本已遭詬病的下院獨大問題，恐惡化爲民主獨裁。對於保守黨勢力長期盤據的上院，工黨一向深感芒刺在背，1978年便提出廢除上院的改革主張。直到1992年大選，工黨才以漸進改革取代廢除上院作爲競選政見。畢竟，上院身爲世界議會之母，享有七百多年的歷史傳統，斷然廢除上院的激進主張，也需要時間發酵。

　　綜上所述，全面民選制下，上院恐「下院化」。全面任命制，易將上院推向「民主遠親」的不歸路。民選與任命混合制充滿矛盾，施行不易。廢除上院茲事體大，結果只會抽刀斷水水更流。上院的改革，四面楚歌。無論上院未來如何改革，可以斷言的是，上院的改革問題走不出民主的弔詭——不民主的手段，或可達到民主的結果；而民主的手段，未必達到民主的結果。

　　上院改革何去何從，除了制度面的爭議不斷之外，還面臨黨派角力的政治壓力。兩院制下，上院與下院之間的監督制衡關係，本來應是一種立意良善的憲政設計，藉由相互制衡防範單一機構的惡法獨權。然而，兩院制卻在黨派運作下，淪爲狹怨報復的政治工具。上院改革就在政治化的兩院鬥爭中，成了黨派政爭的祭品。以二十世紀大刀闊斧的上院改革爲例，便可看出改革背後承受的黨派壓力。

　　1911年議會法案，對上院權力作了重大改革，包括取消上院對下院議案的否決權（對議會延任案、委任立法案、臨時命令確定案，以及私議案等數類議案，上院仍保有否決權），以兩年的議案延擱權取代。下院於上

院休會前一個月送交上院的金錢議案，若一個月後上院未予通過，下院可將該案逕呈英王批准，成為法律。下院的立法權力高於上院，自此確立。1911年議會法案的催生，可追溯至1907年的自由黨政府。由於上院長期由保守黨勢力掌控，當時自由黨政府的若干重要政策，過不了上院這關而無法施行。1909年自由黨政府的預算案，在上院又碰了釘子打了回票。翌年，自由黨政府遂進行議會改選，並獲勝續掌政權，上台的自由黨政府提出削減上院權力的議案，並大幅增加自由黨籍上院議員。上院於是在自由黨籍議員組成的投票部隊威脅下，於1911年通過自廢武功的法案。

1947年，保守黨反對工黨政府鋼鐵產業國有化的政策，上院保守黨議員醞釀對相關立法進行封殺。面對這股威脅，工黨政府決定先發制人，提議將上院的議案延擱權由兩年削減至一年。雖然該議案未獲各黨共識，無法成為法律，但根據1911年議會法案的規定（上院對下院通過的議案，只有兩年的延擱權，兩年過後議案不須經上院同意，下院得將該案逕呈英王批准，成為法律），該議案於1949年通過成為法律。[25]1999年，上院通過表決，決議廢除世襲貴族議席制，招致保守派人士的批評。他們認為，未來上院的組成與職能如何改革，尚未有定案，如此貿然將享有七百多年歷史傳統的世襲貴族議席制一舉廢除，未免過於輕率、操之過急。這項改革法案的通過，歸因於一向極力主張上院現代化改革的工黨強力運作。工黨首相上任後任命的一百七十一名終身貴族，是表決獲勝的表決部隊，使工黨在保守黨議員心灰意冷棄權投票的情況下，以兩百二十一票比八十一票的壓倒性多數，通過議案取得勝利。[26]

揆諸歷史，保守黨在上院享有優勢，鮮少參與平日議事運作的保守黨籍世襲貴族，成為保守黨動員表決的表決部隊，保守黨的優勢與動員，久遭其他政黨批判與譏諷。然而，其他政黨上台後，為了削弱上院的權力，竟如法炮製藉由任命黨籍貴族，整編擴增該黨在上院的投票部隊。上院的

---

25 同註3，頁193。
26 聯合報，1999年10月28日，第11版。

改革，究竟是一種制度正義的絕對價值，抑或政黨利益的權宜之計？上院的改革，無可避免地成為各黨角力的犧牲品，在既得利益者與挾怨報復者的改革私心間，不斷拉扯。改革，改革，多少正義假汝之名以行？

上院身為議會之母，光榮革命後的民主改革巨浪，並未使她成為觀光客拍照憑弔的歷史遺蹟。上院的民主合法性與實質權力雖不及下院，卻扮演與下院相輔相成的重要角色，發揮與時俱進的功能與智慧。不同於政黨政治下的民選下院，上院議事較能超越黨派立場。民選管道無法拔擢的專業人士，亦有機會晉身議會參與議事。上院在立法功能上，對議會整體的議事品質與效率，有所助益。此外，上院的其他功能，包括司法功能、兩院制衡的憲政功能等，經年累月運作下，已成為蘊藏政治智慧的憲政寶藏。不民主的上院，與民主共存並舉足輕重，突顯並補充了民主代議的不足。

上院的悠久歷史，是包袱，也是價值。而今，上院面臨現代化的改革壓力，如何改革，是考驗，也是機會。

中文參考書目

李聲庭（1965）。《英國憲法論》。台北：自由太平洋大學文庫。

陳堯聖（1993）。《英國國會》。台北：台灣商務印書館。

雷飛龍（2010）。《英國政府與政治》。台北：台灣商務印書館。

英文參考書目

Baker, A. J. (1988) *Examining British Politics* (Cheltenham: Stanley Thornes), pp. 112-130.

Baldwin, N. D. J. (1990) *The House of Lords* (Barnstaple: Philip Charles Media).

Baldwin, N. D. J. (2007) 'The House of Lords—Into the Future', *Journal of Legislative Studies*, Vol. 13, No. 2, pp. 197-209.

Baldwin, M. (2002) 'Reforming the Second Chamber', *Politics Review*, Vol. 11, No. 3, pp. 8-12.

BBC News (2012) 'House of Lords Reform: Nick Clegg Says Lords a "Flawed Institution"', 10 July 2012, http://www.bbc.co.uk/news/uk-politics-18759639.

Bochel, H. and Defty, A. (2012), '"A More Representative Chamber": Representation and the House of Lords', *Journal of Legislative Studies*, Vol. 18, No. 1, pp. 82-97.

Bogdanor, V. (1999) 'Reform of the House of Lords: A Skeptical View', *Political Quarterly*, Vol. 70, No. 4, pp. 375-381.

Brazier, R. (1988) *Constitutional Practice* (Oxford: Clarendon Press), pp. 195-223.

Brazier, R. (2007) *Constitutional Reform: Reshaping the British Political System* (Oxford: Oxford University Press).

Bromhead, P. (1958) *The House of Lords and Contemporary Politics 1911-1957* (London: Routledge and Kegan Paul).

Constitutional Reform Act 2005 (c. 4), http://www.legislation.gov.uk/ukpga/2005/4/contents.

Cordell, J. (1994) *Essential Government and Politics* (London: Collins Educational), pp. 152-159.

Davis, D. (1997) *A Guide to Parliament* (London: Penguin Books).

Dorey, P. and Kelso, A. (2001) *House of Lords Reform Since 1911* (London: Palgrave Macmillan).

Drewry, G. (1993) 'Parliament', in P. Dunleavy, A. Gamble, I. Holliday and G. Peele (eds.), *Developments in British Politics 4* (London: Macmillan), pp. 154-174.

Forman. F. N. and Baldwin, N. D. J. (1996) *Mastering British Politics*, 3rd edn (London: Macmillan), pp. 190-208.

Great Britain (2007) *House of Lords: Reform* (Cm 7027) (London: The Stationary Office).

Great Britain (2012) *Report of the Joint Committee on the Draft House of Lords Reform Bill*, http://www.parliament.uk/business/committees/committees-a-z/joint-select/draft-house-of-lords-reform-bill/news/publication-of-report/.

House of Lords (2009) *From House of Lords to Supreme Court*, http://www.parliament.uk/business/news/2009/07/from-house-of-lords-to-supreme-court/.

House of Lords (2012) *Role of the Lord Speaker*, http://www.parliament.uk/business/lords/lord-speaker/the-role-of-lord-speaker/.

House of Lords (2019a) 'Who's in the House of Lords', https://www.parliament.uk/business/lords/whos-in-the-house-of-lords/.

House of Lords (2019b), 'Lords by Party, type of Peerage and Gender', https://www.parliament.uk/mps-lords-and-offices/lords/composition-of-the-lords/.

Kelso, A. (2011) 'Stages and Muddles: The House of Lords Act 1999', *Parliamentary Affairs*, Vol. 30, No. 1, pp. 101-113.

King, A. (2007) *The British Constitution* (Oxford: Oxford University Press).

Loveland, I. (1996) *Constitutional Law: A Critical Introduction* (London: Butterworths), pp. 190-233.

McLean, I. and Bogdanor, V. (2010) 'Debate: Shifting Sovereignties: Should the United Kingdom Have an Elected Upper House and Elected Head of State?', *Political Insight*, Vol. 1, No. 1, pp. 11-13.

Ministry of Justice (2012), http://www.justice.gov.uk/.

Morgan, J. P. (1975) *The House of Lords and the Labour Government* (Oxford: Oxford University Press).

Norton, P. (1993) *Does Parliament Matter?* (London: Harvester Wheatsheaf).

Norton, P. (1994) 'Parliament II: the House of Lords', in B. Jones, A. Gray, D. Kavanagh, M. Morton, P. Norton and A. Seldon (eds), *Politics UK* (London: Harvester Wheasheaf), pp. 349-368.

Pond, C. C. (1999) *Private Members' Bill Procedure* (London: House of Commons Information Office).

Punnett, R. M. (1994) *British Government and Politics* (Hampshire: Dartmouth), pp. 293-308.

Rush, M. (2000) 'A Summary of the Wakeham Report on the House of Lords', *Talking Politics*, Vol. 13, No. 1, pp. 134-139.

Russell, M. (2000) *Reforming the Lords: Lessons from Abroad* (Oxford: Oxford University Press).

Russell, M. (2003) 'Is the House of Lords Already Reformed?' *Political Quarterly*, Vol. 74, No. 3, pp. 311-318.

Russell, M. (2008) 'House of Lords Reform: Are We Nearly There Yet?', *Political Quarterly*, Vol. 80, No. 1, pp. 119-125.

Russell, M. (2010) 'A Stronger Second Chamber? Assessing the Impact of House of Lords Reform in 1999 and the Lessons from Bicameralism', *Political Studies*, Vol. 58, No. 5, pp. 866-885.

Russell, M. (2012) 'Elected Second Chambers and Their Powers: An International Survey', *Political Quarterly*, Vol. 83, No. 1, pp. 117-129.

Shell, D. R. (1992) *The House of Lords*, 2nd edn (London: Harvester Wheatsheaf).

Shell, D. R. (2007) *The House of Lords* (Manchester: Manchester University Press).

Shell, D. R. and Beamish, D. R. (eds.) (1993) *The House of Lords at Work* (Oxford: Oxford University Press).

Shell, D. R. (1995) 'The House of Lords: Time for a Change?', in F. F. Ridley and M. Rush (ed.), *British Government and Politics since 1945* (Oxford: Oxford University Press).

The Times (1998) 'Leading Article', 28 October 1999.

Turbeville, A. (1927) *The House of Lords in the Eighteenth Century* (Oxford: Clarendon Press).

下議院亦名平民院（House of Commons），與貴族組成的貴族院相較，平民院的成員，來自與貴族相對的「平民」階級。然而，平民院的「平民」內涵，卻今非昔比，各有不同。本章第一節以下議院的「平民」之路為首，討論下議院如何自早期地方權貴的利益代表，發展至今日普選產生的民主機構。其次就下議院的組成、功能與改革，分節論述。

第一節　下議院的「平民」之路

「巴力門」（Parliament）一詞的最早使用，可追溯至1241年的12月1日，當時的巴力門，意指國王召集的議會。巴力門一詞源自法文parler，意為「說話」，巴力門顧名思義是「說話之地」或「議會」之意。[1]十三世紀中葉以前，巴力門尚未發展成熟，當時的議會成員，包括國王及其親近的神職領袖、貴族與官僚。1265年，貴族蒙特福（Simon de Montfort）召集議會，與會者除神職領袖、貴族、各郡騎士代表外，各市鎮平民代表首次獲召參加。1265年這場被稱為「巴力門」的議會，相對於貴族的平民階級首次獲召參加，因此被視為英國「巴力門」議會之始，與「平民院」之源。首次召集市鎮平民代表參與議會的蒙特福，亦譽為「平民院之父」。1295年，愛德華一世召集議會，出席者除貴族與神職領袖外，還包括各郡的兩名騎士代表，各市鎮的兩名平民代表，以及各市的兩名平民代表。1295年的議會，進一步擴大了不同階層的利益代表，為其後的議會仿

---

[1] Davis, D. (1997) *A Guide to Parliament* (London: Penguin Books) , p. 156.

傚，被譽爲「模範議會」。1330年代，兩院制逐漸發展，郡騎士與市鎮平民代表偏好一起開會，闢室議談，貴族與神職領袖則一起集會。1341年，郡騎士與市鎮平民代表獨立組成「平民院」，貴族與神職領袖則組成「貴族院」。

　　平民階級的加入，使議會不再只有貴族與神職領袖參與，而成爲代表不同階級的巴力門，並進而發展出「平民院」與「貴族院」的議會兩院制。然而，值得注意的是，平民院（House of Commons）一詞的commons，最早並不是指稱平民（common people），而是地區共同體（communities）之意。平民院是由各個地區共同體的代表組成，包括代表各郡的騎士，與代表各個市鎮的平民代表，他們代表的是封建制度下郡或市鎮等地區共同體的利益，而非平民階級的代表。嚴格說來，當時的騎士與平民代表，都是新興的中產階級，並非平民階級的眞正代表。尤其是處於封建貴族最底層的騎士，他們的財富雖次於上層的大貴族，但較之平民階級則富甲一方。至於平民代表，雖然來自相對於貴族的平民階級，但盡爲主宰市鎮的富商階級壟斷。

　　易言之，當時的平民院，由屬於新興中產階級的騎士與平民代表寡頭壟斷，他們代表地方的寡頭利益，而非眞正的平民利益。騎士與平民代表受到召集與會，乃由於國王希望利用這批有錢的社會新貴，代表地方爲加稅作憲政背書，並藉此力量，對忤逆王意的貴族與神職領袖予以制衡。國王召集騎士與市鎮代表參與議會，是出於解決財源問題的私心，而非基於民主代議的精神。然而，正所謂無心插柳柳成蔭，這些中產階級在成爲納稅者的同時，亦逐漸取得對稅捐等重大政策的同意權。歷經數百年的演變後，下院發展成今日的民主代議殿堂，握有立法與行政大權，令人始料未及。

　　十三世紀，巴力門議會誕生。十四世紀，平民院自議會獨立出來。然而，平民院並非代表平民，而是被有錢有勢的地主鄉紳與都市富商所壟斷。平民院不僅未能代表平民，亦爲國王與上院貴族所控制，直到十九世紀選舉制度獲得改革後，國王與上院貴族對平民院的影響力，方逐漸

消退。國王與上院貴族為了控制下院，透過買賣下院議席或賄選的方式，以增加自己在下院的影響力。[2] 上院貴族挾其地方財勢，不但能夠發揮地方勢力影響選舉結果，也成為候選人的財源支柱。上院貴族影響力下的選區，便成了「口袋選區」，下院議席之於貴族，猶如探囊取物。許多下院議員，遂在上院貴族的支持贊助下，成為上院貴族直接影響下院的間接工具。「口袋選區」的問題，一直延燒加劇至十九世紀初期。以1830年為例，下院議席共有六百五十八席，「口袋選區」所產生的議員便有兩百七十名。[3]

下院由少數權貴壟斷的情況，與十九世紀當時的社會發展，已產生嚴重脫節。十八世紀中葉開始的工業革命，使財富逐漸從倚田而富的傳統地方鄉紳，轉移到工業化所創造的另一批新興中產階級手中。交通與通訊的普及，使不同地區的人民，發展出跨越地區的共同利益。國家的經濟利益，不再集中在少數的地方權貴，人民的公共利益，已成為一股跨越地方的強大民意。然而，平民院仍舊由地方少數特權掌控，改革於是不可避免。1832年大改革法案，便在這樣的矛盾下產生。

1832年大改革法案，是下院改革史上的重要分水嶺，改革法案將投票權由原先的農村地主階級，擴大至工業化產生的中產階級。平民院的「平民」內涵，亦隨之擴充。十八世紀中葉開始的工業革命，產生了一批新興中產階級，同時也引發了有關民主代議的思想改革。這批新興的社會階級，享有跨越地區的共同利益，下院若只代表地方性的利益，勢必無法反映這股日益強大的民意。平民院代表的利益，不應只是地方性的利益，還須反映平民階級所代表的全國利益。平民院的代議性質，出現了一種思想轉變。1774年，政治家柏克（Edmund Burke）對布里斯托選民的著名演說中，便可找到這種國家至上的代議精神。柏克認為，國會不是各種互異

2　Forman, F. N. and Baldwin, N. D. J. (1996) *Mastering British Politics*, 3rd edn (London: Macmillan), p. 191.

3　Loveland, I. (1996) *Constitutional Law: A Critical Introduction* (London: Butterworths), p. 236 and p. 240.

利益紛陳之處，而是以國家單一利益為念的議會。他並舉例說明，布里斯托的選民選出來的國會議員，並不是布里斯托的議員，而是英國國會的議員。[4]

　　這種國家利益至上的代議理想，在思想觀念的啟蒙上，是成功的。但在現實運作上，卻是失敗的，原因有以下數端。其一，隨著十九世紀對普選權的持續改革，選民大幅增加，群眾政黨亦隨之發展，政黨政治繼之成形。二十世紀以降，政黨成為議員的緊箍咒，議員的當選與政治生涯發展繫於政黨，議員在現實利益的考量下，國家利益至上的代議理想，自然不敵政黨利益為先的現實。其二，國家利益至上的代議理想固然崇高，但政黨政治下，若議員皆以國家利益為念，良心問政，將造成政府政策難以貫徹，政治責任無從分野。政黨政治運作下，政黨利益遂成為議員代議的主要對象。其三，二十世紀中葉以降，政府官僚的運作日趨複雜，選民透過議員參與公民事務的需求日增，消化來自選區的壓力，已成為議員代議的重要工作。其四，社會多元發展所產生各種利益團體，可透過議員爭取權益。代表利益團體的利益，亦成為議員代議的重任之一。由於以上原因，議員問政以國家利益為首要考量，在現實運作上，是一項奢侈困難的理想。

　　國家利益至上的代議理想，雖然在現實上受挫，但在思想上，卻產生了啟蒙性的深遠影響。維護並促進國家與全體人民的最大福祉，是議員的首要任務，已成為民主代議下不容質疑的金科玉律。1955年，英國前首相邱吉爾便曾指出，議員的首要職責是為國家利益效力，反映選區利益與政黨利益，則是議員第二及第三項的次要任務。[5]

　　現實政治上，政黨與選區的利益凌駕於國家利益之上，成為左右議員的主要力量，與邱吉爾倡言的國家利益至上原則背道而馳。然而，現實上的困頓，並無損於理想的存在，相反地，更能襯托出國家利益至上的代議

---

[4]　Baker, A. J. (1986) *Examining British Politics*, 3rd edn (Cheltenham: Stanley Thornes), p. 83.

[5]　同註2，頁194。

理想，是一項美好的價值。國家利益至上的代議理想，在現實運作上雖然備受挑戰，但已成為一項受到肯定的美好價值，任由議員各自發揮。

十九世紀以降的普選權改革，使平民院從過去地方共同體的狹隘代表，擴大至平民階級的整體代表，是一項民主代議的思想進步，但是，平民院的「平民代議」問題，並未獲得立竿見影的根本解決。首先，在選民方面，1832年大改革法案僅對投票權的擴大，作出象徵性的改革，改革後的合格選民只占二十歲以上成年人口的百分之七左右。之後歷經多次擴大普選權與取消候選人財產限制的重大改革，直到1969年，全國十八歲以上的成年男女方才享有普選權。過去平民院對投票人與候選人資格重重限制所引起的「平民代議」爭議，才告暫緩。

其次，普選權擴張的同時，政黨政治逐漸發展，政黨利益成為議員選舉時的主要依靠，以及當選後的主要考量。所謂的「平民階級」選了老半天，政黨利益才是議會的重心，平民階級的利益是否受到代表，成為一種迷思。此外，議員多為社會菁英，議會組成並不能反映社會結構，平民階級的利益能否獲得代表，啓人疑竇。以1992年為例，議員成員中五分之四具有專業或商業背景，女性議員占議員總數的比例，不到十分之一，[6]議員出身劍橋或牛津大學者，占了百分之四十五左右。[7]中產階級的白人男性，不僅成為議員的寫照，亦引起外界對菁英代議的質疑。綜上所論，平民院可以稱得上是「由平民組成，代表平民」嗎？

平民院的「平民」之路崎嶇漫長，反映出民主代議的理想與現實間，充滿困難。十四世紀下院誕生之初，下院由少數的地方權貴壟斷，他們美其名代表地方共同體的利益，實則在王室的影響力下，對國王的加稅背書。其後，上院貴族繼國王之後，成為控制下院的主力，下院議席淪為他們遂行私利的工具。

---

[6]　Coxall, B. and Robins, L. (1994) *Contemporary British Politics*, 2nd edn (London: Macmillan), pp. 207-208.

[7]　Norton, P. (1994) 'Parliament I: the House of Commons', in B. Jones, A. Gray, D. Kavanagh, M. Moran, P. Norton and A. Seldon (eds.), *Politics UK*, 2nd edn (London: Harvester Wheatsheaf), p. 320.

十九世紀的選舉改革，使普選權次第擴充，上院貴族與國王控制下院的優勢，隨之根除。但是，選民增加的同時，也促進了政黨的發展，政黨繼之成為控制下院的新力量。政黨政治運作下，議會從過去以地方利益之名行寡頭私利之實，擴充到以全民利益之名行政黨利益之實，所謂國家人民的真正利益，在政客與選民眼中，始終都是一件國王的新衣。

二十世紀以降，議會內閣制逐漸發展成熟，政黨透過下院的選舉取得政權，下院成為行政與立法大權匯集的機關。有關下院的選舉，於第八章專章討論。以下就下院的組成、功能與改革，分別說明。

第二節　下議院的組成──議員與議長

下院議員由各選區選民依相對多數制選出，亦即選區內得票數最高者，當選為議會的一員（Member of Parliament，簡稱MP）。在全國拿下最多議席的政黨，成為執政黨（governing party）取得政權，其他政黨則為反對黨。而反對黨中取得議席數僅次於執政黨的政黨，則成為官方的反對黨（official opposition party）。在一般的用法上，反對黨為「官方的反對黨」所優先獨享的專有名詞。此外，執政黨以外的政黨，亦可以反對黨通稱。

英國的立憲君主制下，政府是「英王陛下的政府」，執政黨是「英王陛下的執政黨」，獲得席次最多的反對黨則為「英王陛下的反對黨」，在政府運作中扮演監督制衡執政黨的主要角色。身為最大反對黨的領袖，支有薪水（除了本身的議員薪俸外），並享有和執政黨一起安排下院議程的實質影響力，表現出執政黨與反對黨「共治」的議會政治特色。

議會政治下，執政黨負責主導議會兩院的運作，其中最主要的任務為通過立法，以兌現政黨的競選政策。此外，透過議會中的辯論，說明與維護政府的立場，亦為政府爭取民意支持的重要工作。

反對黨的主要職責，一方面須對政府的政策與立法，提出建設性的批

評、修正或反對，另一方面藉由推行反對黨的政策與立法，爭取民意，以贏得下次的國會大選。以2017年國會大選爲例，全國共有六百五十個選區，產生六百五十名議員。保守黨在全國拿下最多議席，計有三百一十七席。工黨取得二百六十二席，位居第二，成爲最大的反對黨，也就是「官方的反對黨」。除了保守黨及工黨之外，還有六個小黨亦拿下少數議席。[8] 有關下院議員的政黨背景，請參閱表7-1。

政黨爲了控制議員，整合與發揮政黨的力量，發展出了黨鞭體系。黨鞭（whip）一字乃源於whipper-in，也就是指揮獵犬者，而whip本身也有鞭子之意。獵狐一直是英國上流社會時興的一項活動，指揮者用鞭子將獵犬聚合一堆，一起去追尋獵物。whip一字的意義從指揮獵犬者，衍生到黨鞭。

表7-1　下院議員的政黨背景　（2017年議會大選的結果）

政黨	當選議員席次	得票率（%）
保守黨	317	42.3
工黨	262	40.0
蘇格蘭民族黨	35	3.0
自由民主黨	12	7.4
民主聯盟黨	10	0.9
新芬黨	7	0.7
威爾斯民族黨	4	0.5
綠黨	1	1.6
獨立參選人	1	0.1
議長一席	1	0.1
總數	650	100

資料來源：House of Commons (2019a).

8　House of Commons (2019a) 'General Election 2017: Full Results and Analysis', https://re-searchbriefings.parliament.uk/ResearchBriefing/Summary/CBP-7979#fullreport.

　　黨鞭的主要職責，在於藉由鞭策黨籍議員參加辯論與投票，鞏固政黨的勢力。除此之外，黨鞭尚有其他次要但仍重要的功能，包括以下數端：

　　一、黨鞭是政黨與議員間的橋樑，政黨透過黨鞭將議事情報轉告黨籍議員，後排議員的意見，也可透過黨鞭向政黨高層反映；

　　二、黨鞭熟稔議事運作與法規，對議會中如何突破對手攻防取得表決勝利，乃箇中高手，執政黨與反對黨若產生議事爭執，各黨黨鞭可透過開會進行協商，成為維護議事運作順利的重要管道；

　　三、黨鞭無疑是議會的「地下人事主管」，他們平日與議員往來頻繁，對議員的表現瞭若指掌，因此成為推薦優秀議員出任閣員的人才資料庫。[9]

　　此外，黨鞭向議員發出的召集令，也稱為whip。每週大黨鞭都會向黨籍議員發出召集令，上面羅列一週的重要議程，並標明哪些議程議員必須參加。其中，議程下畫一條線者，代表沒有爭議的一般議程，議員可選擇參加與否。議程下畫兩條線者，代表該項議程很重要，除了另一黨也有一位議員打算投票時缺席的情況下，議員皆須出席。議程下畫三條線者，代表該項議程非常重要，議員皆須出席，若議員不出席投票，通常被視為對政黨的反叛。

　　一般的情況下，後排議員都會服從黨鞭的指示，全力支持政府。一方面是向政黨輸誠，由於黨鞭為向首相推薦閣員的重要管道，想要平步青雲升官拜相，自然得從服從黨鞭開始。二方面則是避免與政黨產生嫌隙，影響日後選舉連任。

　　但是，某些後排議員由於選區利益、個人意識形態等因素，違逆黨鞭指示的情況，仍會發生。這時，黨鞭便會使出軟硬兼施的各種手段。首先，黨鞭會企圖說服議員回心轉意。若不成功，黨鞭則安排相關政策的負責官員與議員會晤，由官員親自向議員說明政策並嘗試說服議員，官員甚至可以藉由政策的小幅修正，與議員達成妥協。倘若議員仍一意孤行，黨

9　同註1，頁141與142。

鞭便會予以施壓，包括動員議員所屬的地方黨部進行圍剿。由於地方黨部職司候選人的提名，關係議員的競選連任，議員通常不願得罪地方黨部，以免自毀前程。[10]總之，黨鞭說服議員的手法剛柔並濟，且因人而異。

下院議事廳中，執政黨與反對黨分庭抗禮相對而坐，主持議事的議長坐在兩造之間的正前方。議長右手邊，是執政黨；左手邊，則是反對黨。下院議員的座位是一排排的長椅子，慣例上首相與閣員皆坐在前排，因此，坐在前排以政黨立場馬首是瞻的議員，又稱為「前排議員」（front-bencher）。相對地，坐在後排、不具閣員身分的議員，則較能自由發言，又稱「後排議員」（back-bencher）。前排議員的成員，除了二十來名的內閣（反對黨的內閣為影子內閣）之外，還包括十餘位的黨鞭，以及四、五十名不具閣員身分的議員（他們是政黨的忠貞鐵票，與內閣閣員一樣支持政府）。前排議員的人數，保守黨與工黨互有差異，各自約為八、九十名之譜。不屬於前排議員的議員，則為後排議員。易言之，後排議員是不具閣員身分的議員，但前排議員並非都是具閣員身分的議員。

後排議員中，有些是曾任閣員的資深議員，但大部分的議員都是較為資淺的議會新兵，他們的政治生涯正剛起步，急於表現，便成為這批後排議員的問政特色。執政黨的後排議員受限於政黨立場，對同黨政府的政策理應支持多於反對。反對黨的議員對於政府的政策，便沒有同黨相殘的負擔，可以享受後排議員大肆批評的自由與快樂。

比起受到政黨束縛的前排議員，後排議員雖然享有議事的自由與快樂，但他們的自由與快樂，也是受到限制的。後排議員如果想要成為首相或是入閣，或是想要獲得黨的支持繼續連任，遵守服從黨的指示，是一項基本的原則。對於想要循黨內體制發展政治生涯的後排議員來說，他們的議事自由受到政黨利益的左右與限制。在快樂方面，後排議員的最大快樂無疑是成為首相，其次則為入閣做大官。但是，首相只有一個，閣員職位亦不過二十出頭，後排議員的快樂，也是有限的。

---

[10] 同註1，頁143與144。

　　榮膺1996年「年度後排議員」的議員富來恩，於其所著的《下院的知識：如何做一位後排議員》一書中，對後排議員夾在生涯理想與現實間的心境，做出生動描繪。他指出：「人在政界，成功與快樂的祕訣，便是調整野心，以期與能力及現實相符。」[11]

　　下院設議長（Speaker）一名，副議長兩名。議長身為下院的最高行政長官，負責主持議事與維持秩序。議長制淵遠流長，最早可追溯至1377年，當時漢格福（Sir Thomas Hungerford）被任命為議長，其後，議長制便延續至今。最早，議長是國王在下院的代理人，議長一方面代表下院，向國王報告，另一方面也代表國王，向下院傳話。這種雙重角色，暗藏著下院與國王的角力衝突。十六世紀以前，議長由國王挑選任命，議長是國王在下院的代理人，對國王只得聽命行事。十七世紀以降，下院的勢力逐漸抬頭，下院議長也漸漸不甘於作為國王的應聲蟲，屢屢發出拒絕淪為國王羽翼的呼聲。

　　1688年光榮革命之後，國王的權力受到限制，下院議長自此才從國王控制的枷鎖逃脫。名義上，下院議長仍保留國王代理人的憲政角色，但實質上，下院議長已取得下院代表的獨立地位。下院議長當選後翌日，必須前往上院接受皇家批准，這項儀式性的憲政慣例雖然業已空洞化，卻也突顯出憲政架構下，下院議長與國王的歷史關係。十九世紀中葉，植基於政黨政治的議會民主逐漸發展，議長中立於政黨之上的原則繼之確立。

　　議會大選後的議會開幕當天，或議長退休或逝世，應舉行議長選舉。下院議長由議員互選產生。通常，首相會與反對黨事先協商，推出屬意人選，再由議員們投票選舉。議長當選後，仍保留國會議員的身分，代表選區的利益。但是，議長必須超越黨派。由於議長必須超乎黨派主持議事，角逐議長寶座的候選人，理應具備低政治爭議性、公正不阿、脾氣溫和、見多識廣等多項特質。除了先天優勢，後天的環境也很重要。議長當選

---

[11] Flynn, P. (1997) *Commons Knowledge: How to Be a Backbencher* (Bridgend: Poetry Wales), p. 148.

後，不僅必須與原來的議員舊識保持距離，亦應遠離餐廳、酒吧，避免與議員相處日久生情，產生人情包袱。即使議長退休後，成為一名普通的議員，也應繼續保持不涉政爭的超然風骨。

　　議長的權威，表現在各種議會傳統上。例如議事中，議長起身時，所有議員都不得起身。又如議員離席時，皆須經過議長身邊，向議長行禮告退。作為議長的嚴苛條件，以及議員對議長的尊重傳統，使議長的中立與權威，與皇后的貞操一樣，是不容懷疑的。

　　下院議長的特點，可從與上院議長（Lord Speaker）的比較中，得一理解。其一，下院議長與上院議長一樣，皆身兼國會議員；其二，在選舉方式方面，下院議長由下院議員互選產生，而上院議長由上院議員互選產生；其三，在閣員屬性方面，下院議長並非閣員，而上院議長則屬於內閣團隊的一員；其四，在政黨屬性方面，下院議長和上院議長的立場，皆為政治中立、超越黨派；其五，在參與議事方面，下院議長不可參與討論及投票等議事活動；唯一的例外是當表決出現同票時，下院議長可行使投票權，這一票稱為「決定票」。而上院議長不可參與討論及投票等議事活動，亦不能行使「決定票」；其六，在主導議事秩序與議程方面，下院議長享有維持議事秩序的實權。由於上院的議事秩序與議程由上院議員本身自理，上院議長主導議事秩序與議程的權力，相形微弱。[12]有關下院與上院議長的職權差異，請參閱表7-2。

表7-2　下院議長與上院議長的比較

重要異同 ＼ 議長	下院議長	上院議長
議會議員	仍是下院議員	仍是上院議員
選舉方式	議員互選產生	議員互選產生
閣員屬性	非內閣成員	非內閣成員

[12] House of Commons (2019b) 'The Speaker', https://www.parliament.uk/about/mps-and-lords/principal/speaker/; House of Lords (2019) 'The Lord Speaker's Role', https://www.parliament.uk/business/lords/lord-speaker/the-role-of-lord-speaker/.

表7-2 下院議長與上院議長的比較（續）

議長 重要異同	下院議長	上院議長
政黨屬性	超越黨派	超越黨派
參與議事	不參與（決定票除外）	不參與
主導議事秩序與議程	享有主導權力	主導權力微弱

資料來源：House of Commons (2019b) and House of Lords (2019).

第三節　下議院的功能

　　下議院最早的功能，乃國王的諮詢機構，為國王的政策合法性背書。根據1215年的大憲章，國王加稅須與臣民諮商，沒有議會的同意，國王不得稽徵任何稅收。隨著對稅收的需求日增，國王在貴族階級反抗加稅的壓力下，只好轉向當時的新興中產階級。十三世紀中葉，國王開始召集郡武士與市鎮平民代表，召開巴力門議會，表面上與他們諮商加稅問題，實際上則藉由他們的與會，為政府的加稅背書，並增加稅收的新財源。此外，郡武士與市鎮平民代表的與會，亦可抗衡貴族反對加稅的勢力。除了財政上的同意權外，愛德華一世（1272-1307）主政的十三世紀末，國王頒布法律前亦須取得議會的同意，議會的立法功能遂逐漸萌芽。

　　十四世紀，郡武士與市鎮平民代表組成下議院，貴族與神職領袖則組成上議院，議會從原先的一院制，演變為兩院制。下議院成立後，下院的功能逐漸具體化。在代議功能方面，下院的組成分子，包括由各郡的武士代表與市鎮的平民代表，代表著各個地方共同體的利益。

　　隨著選舉制度的不斷改革，時至今日，下院已成為普選（十八歲以上的全國公民享有投票權）產生的代議機構。在立法功能方面，下院的稅收同意權，逐漸成為下院手中的尚方寶劍，下院挾著控制稅收的重要權力，亦逐步擴展了對其他法律的同意權。

　　愛德華三世（1327-1377）統治期間，下院取得了法律的同意權，沒

有下院的同意，法律是無效的。下院也開始自行草擬請願書，形成所謂的「議案」，立法創制權因而產生。議會通過議案後，再要求國王簽字承認，國王若不同意議會通過的議案，可予以否決。

直至十五世紀的亨利六世（1422-1461）時代，過去由國王主導的法律起草工作，逐漸移轉到議會手中。十七世紀光榮革命之後，王權遭到削弱，君王對議會通過的議案，不再享有否決權。立法主導權遂由國王轉移到議會身上，其後再慢慢移轉到議會的下院手中。

政黨政治成型後的二十世紀，下院成為議會政治的舞台，掌握了立法的主導權。多數的政府議案，皆在下院提出。下院決議通過的金錢議案，於上院休會前一個月送交上院後，若一個月後上院未予通過，則下院得將該議案逕呈英王批准，成為法律。下院決議通過的一般政府議案，上院只有一年的延擱權。下院的立法至高性，於此確立。

在監督政府的功能方面，十四世紀的下院，監督的對象是國王，從國王的提高稅收到提出法律，下院藉由同意權的行使，發揮監督制衡的功能。政黨政治成熟後的二十世紀以降，執政黨負責政府成敗的政治責任，成為反對黨監督制衡的對象。在討論功能方面，議會顧名思義就是議論、討論之地。

十三世紀巴力門議會誕生之初，國王召集郡武士與市鎮代表參與議會，但是他們的地位與議會的其他成員（包括神職領袖、貴族、官僚等）相去甚遠，當時並無自主發言權。十四世紀兩院制成型，下院始擺脫看人臉色的日子，享受自行集會討論的議事空間。

在政治人才的培育功能方面，二十世紀議會內閣制成型後，政府閣員必須出身議會，議會於是成為政府人才的培育所。以下就上述的五項功能，加以說明。

一、代議功能

下院成立之初，議員代表各個地區共同體的寡頭利益。隨著代議民主

的發展，普選權逐步擴大至全國成年公民，下院的民選基礎伴生的民主合法性，使下院成為民主代議制下的政權核心。此外，議員的代議功能亦隨之擴充，時至今日，下院議員代表的利益林林總總，主要包括國家利益、選區利益、政黨利益與壓力團體的利益。

本章第一節提過，國會議員身為英國國會的一員，自然以代表英國國家與人民的整體利益為優先。然而，這只是一種理想，現實運作上，政黨利益、選區利益與壓力團體的利益，才是議員的主要考量。來自政黨、選區與壓力團體的利益，對議員的政治生涯發展，具有具體、實際的好處。相形之下，國家人民利益至上的代議理想雖然崇高，但過於抽象、不切實際。尤其對於奉黨意為圭臬的前排議員，更是人在江湖，身不由己。倘若政黨利益與國家利益一致，最好不過，但若政黨利益與國家利益相左，國家利益往往只得硬生生讓位給政黨利益。

在選區利益方面，議員代表選區利益的歷史，由來已久。十四世紀下院成立之初，議員包括郡武士及市鎮平民代表，他們代表各個地方共同體的寡頭利益。與現代的選區相較，早期地方共同體的選舉，由當地的特權階級所壟斷，選區的選民人數較現代選區為小，但仍可算是現代選區的前身。十九世紀以降，選舉制度陸續發生重大改革，包括選區重劃與普選權的擴大。全國以地理疆界區分，約有六百五十個選區，選區的選民人數，平均為六、七萬人。議員代表選區人民的利益，不論選民是否投票給他，選區的當選議員都應竭力為所有的選民服務。

議員的選區服務，包括以下數端。其一，議員接受選民的陳情，透過政府部會或議會的協助，加以解決；其二，議員透過政治手腕的運作，爭取選區的地方利益，例如造橋鋪路、發展地方產業等；其三，議員藉由出席選區的各式活動，例如婚喪喜慶等，間接培養選民的好感與支持，以爭取連任。然而，值得注意的一點是，議員由選區選民選出，理當造福選區百姓，但卻不必對選區唯命是從。英國議員是選區選出的代議士，他們享有獨立自主的問政空間，他們是擁有良知與判斷的「代議士」

（representative），而非以選民意旨爲依歸的「代表人」（delegate）。[13]
議員服務選區，而非服從選區。然而，現實運作上，議員爲了討好選區，
對於選區的利益大多盡可能順情服意，以爭取選票。

在政黨利益方面，十九世紀的選舉改革，促進了政黨政治的發展。
成爲下院議員的第一步，便是加入理念相近的政黨。候選人的提名階段，
政黨的地方黨部享有提名權。競選時，政黨的宣傳與動員是勝選的關鍵助
力。晉身議會後，支持所屬政黨，不僅是前排議員的天職，亦爲後排議員
發展仕途的必要手段。沒有政黨奧援的候選人，鮮少能夠在政黨對決的選
戰中，突圍勝出。政黨利益，便成爲議員代議時，最重要的現實考量。

在下院，政黨爲議事運作的主體，尤其是重大議案的表決關頭，更是
黨籍議員發揮政黨忠誠的重要時刻，若黨籍議員選擇違逆政黨利益而自主
投票，對平步青雲的黨內仕途來說，往往是一種弊多於利的政治自殺。

除了上述三種利益，來自壓力團體的利益，也是議員代議的主要對
象。舉例來說，工會透過贊助議員選舉，換取議員上台後的利益關照。商
業團體藉由安插議員研究助理，或花錢透過公關公司進行遊說，使議員爲
他們的利益代言。議員本身，也可能與利益團體互有關聯，據統計，1993
年的保守黨籍後排議員中，有半數議員身兼私人公司的領導職位。[14]此
外，議員若對某些非商業性議題特別關注，例如墮胎問題、環境保護、犯
罪防治等，亦會在議會中透過辯論或提出私人議員法案，主動爲相關的壓
力團體代議。

綜論之，下院議員代表的利益林林總總，當這些利益互不衝突的時
候，自然不發生代議問題。然而，若是議員代表的利益間相互牴觸時，議
員不免陷入天人交戰的代議矛盾中。究竟議員應該代表哪一種利益，方爲
上策？理想而論，議員最重要的代議功能，應是本著自己的良知與判斷，
以國家與人民的利益爲念。英國國會議員，代表英國國家與人民整體的利

---

[13] Padfield, C. F. and Byrne, T. (1987) *British Constitution* (Oxford: Made Simple Books), p. 97.
[14] 同註6，頁205。

益，是一項毋庸置疑的崇高理想。同樣無可否認的是，很多議員從政的初衷，都是抱著一份悁瘝在抱的濟世理想，他們追求的無非是國家與人民的整體福祉。

然而，現實運作上，政黨利益往往才是議員效忠的主要對象。前面提過，一方面，政黨主控議員的政治生命，議員拿人手軟，不無道理；二方面，議員若是各自為政，政治責任無法釐清。以政黨利益為依歸的議會政治，政治責任的歸屬較易分別；三方面，選區與壓力團體的利益，議員往往難以拒絕，前者關係到議員的連任勝算，後者可能會帶給議員一些交換好處。下院的代議功能，正如議員面對的紛紜利益，是一種理想與現實間的困難選擇。

二、立法功能

名義上，君主、上院與下院三者，共同分享立法權。實際運作上，立法實權由上院與下院共同掌握，其中，下院擁有立法的主導優勢。下院乃立法的重心，大部分的政府議案皆於下院提出，再由執政黨動員議員全力護盤，期許議案順利通過。由於下院是政黨活動的重心，下院因應政黨活動而產生的議事規則與組織，較上院來得嚴密，政黨對立的議事風格，亦較強烈。

民選下院的立法地位高於上院，表現在以下幾點：

（一）上院對下院決議通過的一般政府議案，只享有一年的延擱權。一年後的新會期，下院若再次提案並表決通過，即使上院未予通過，下院得將該議案逕呈英王批准，成為法律。

（二）下院提出的金錢議案送交上院一個月後（至少於上院休會前一個月送交上院），倘若上院未予通過，下院不須經上院同意，得逕行將該議案呈請英王批准，成為法律。易言之，下院通過的議案，即使上院不同意，也可以成為法律。然而，上院通過的議案，則必須要取得下院的同意，才能成為法律。

（三）1945年起，上院建立了一項憲政慣例，即上院不會在二讀會封殺執政黨競選承諾的議案，以表示對執政黨所代表民意的尊重。

（四）現實運作上，上院對下院的民主合法性了然於心，若是兩院產生僵持不下的立法衝突，上院通常會做出讓步。下院的立法至高性，於理於情，其理自明。

在立法程序方面，大體上，議案須經兩院通過，方可成爲法律。若議案由上院提案並審議通過，便送交下院覆議。若議案由下院提案並審議通過，則送至上院覆議。議案在下院和上院的立法程序相同，依序爲一讀會、二讀會、委員會審查、報告、三讀會、送至另一院覆議。議案獲兩院通過後，便呈請英王批准，成爲法律。有關立法程序，於上一章〈上議院〉中的立法功能，已有詳細說明，可對照參閱。

以下針對由下院提案，上院覆議的政府議案立法程序，做一介紹。一讀會中，由下院議長對提案的部長進行唱名，下院祕書長繼之朗讀議案名稱，部長（或由黨鞭代理部長）則回覆議案二讀會的日期，就此完成形式上的提案程序。一讀會中，不進行辯論與表決。一讀會後，議案全文便付梓出版，以供議員過目研究。

二讀會則展開對議案要旨的廣泛辯論，大部分的政府議案都會進行半天或一天的長時間辯論。辯論由執政黨的相關部長起頭，就政府的提議旨趣加以解說，再由反對黨影子內閣中的對等部長，說明反對黨的立場，其後，後排議員才能加入辯論。辯論終了，則由執政黨部長與反對黨部長發表結論演說。若議案具高度爭議性，辯論後可進行表決。執政黨所提的政府議案，很少在二讀會中遭否決。以二十世紀爲例，政府議案在二讀會中表決失利的紀錄，只有三件。

完成二讀程序的議案，則交付委員會，對議案作逐字逐句的審查與修正，簡稱「付委」。政府議案完成二讀後，通常交付公議案委員會（Public Bill Committees）[15]或全院委員會（Committee of the Whole

---

[15] 根據2006年下院「現代化特別委員會」的報告「立法過程」（*The Legislative Process*），

House）。若議會沒有特別指示將議案交付何種委員會，議案便逕付公議案委員會。公議案委員會的成員，一方面具有與議案相關的議事專長與經驗，二方面依照下院的政黨比例加以任命。公議案委員會的人數，約在十七人左右。公議案委員會的名稱，則以負責審查的議案名稱爲名。[16]

倘若議案具有憲政重要性，或議案需要盡快表決通過，或議案無爭議性得以快速表決通過，完成二讀後便送交至全院委員會，進行審議。[17]全院委員會在下院議事廳舉行，爲了與下院的平時院會有所區別，全院委員會由委員會主席而非議長主持，委員會進行時，代表議會權威的權杖，則暫時收置桌下。委員會的審查，氣氛較平時的院會輕鬆，辯論中議員較能暢所欲言。

委員會審查完畢後，委員會主席便將修正過的議案，向院會報告，進入了報告階段。如果議案由全院委員會審查通過並未予修正，則該案省略報告階段，直接進入三讀會。報告階段的主要工作，在於對議案的修正條文進行討論與表決，以決定刪減或增補。議案在下院的最後一關，便是三讀。三讀通常很短，只有較具爭議的議案，才會引起辯論。由下院提案的議案於三讀會表決通過後，便送交上院覆議（同樣經過一讀、二讀、付委、報告、三讀各個程序）。

下院提案並審議通過的議案，送至上院覆議，有三種可能的結果：其一，上院審查通過該議案，議案獲英王批准後，成爲法律；其二，上院提出修正案，則該案退回下院審理，若下院不表同意，兩院間遂展開協議，直到共識產生後，將議案呈請英王批准，成爲法律；其三，上院不同意該議案未予通過，或上院提出修正案，但下院不表同意，兩造之間無法獲得

下院委員會的名稱，有所更動。原先公議案常務委員會（sanding committees on public bills），更名爲「公議案委員會」（Public Bill Committees）。此外，「公議案委員會」和昔日其他的常務委員會，都被歸類統稱爲「一般委員會」（General Committees）。
資料來源：The Select Committee on Modernisation of the House of Commons (2006) *The Legislative Process* (HC 1097 2005-06), http://www.publications.parliament.uk/pa/cm200506/cmselect/cmmodern/1097/1097.pdf, p. 31.

[16] House of Commons Information Office (2010) *Parliamentary Stages of a Government Bill*, http://www.parliament.uk/documents/commons-information-office/l01.pdf, p. 5.

[17] 同前註，頁6。

共識。下院可於一年後，重新提出該議案，屆時即使上院不同意，下院亦得將議案逕呈英王批准，成為法律。

三、監督政府的功能

議會內閣制的弔詭，在於行政權與立法權，一方面互為表裡，另一方面又相互制衡。執政黨一手主導行政權與立法權，使政府政策與責任易於貫徹，不若行政與立法分權而立的憲政制度，往往易因行政與立法權的分庭抗禮，導致政府的立法難產。在下院，行政權與立法權相互融合，卻也巧妙地相互制衡。下院反對黨議員的天職，即為監督政府。執政黨的後排議員受限於黨紀，在重要的表決關頭，必須支持所屬的政黨，然後他們仍可透過黨內的溝通渠道，或在不涉政黨利害的情況下，對政府立法與施政提出建言。

議員監督政府的方式，主要透過辯論、質詢與委員會的審查為之。首先，議員可以透過辯論時間，對政府的立法與政策，予以監督。在政府立法的監督方面，議案從二讀、付委、報告到三讀的審議過程中，議員透過辯論，分別針對議案的原則旨趣、議案本文、議案的修正條文，以及即將通過的議案整體，做一討論，消極可使惡法無疾而終，積極可使良法更臻完美。在政府政策的監督方面，反對黨主要透過以下的辯論時機，監督政府的政策。

其一，每年議會的開幕演說，乃執政黨的政綱說明會，形式上由君主發表演說，又稱「英王演說」。英王演說結束後，上院及下院便展開對演說內容的辯論，上、下兩院的辯論，分別為期四天與六天。辯論中，反對黨得就執政黨提出的未來一年政府政策與立法計畫，加以批評、監督。

其二，每年的預算日，財政大臣對下院發表財政演說，說明政府稅收與支出等各項財政政策。財政演說後，議會便展開為期數天的辯論，成為反對黨監督政府財政政策的重要場合。

其三，反對黨每年約有二十日，可以提出附屬動議進行辯論，稱為「反對黨日」。反對黨領袖得自行挑選日期，對政府政策進行辯論。

其四，若政府政策出現重大且立即的危機，議員得依照議事法規，提出休會動議，要求舉行緊急辯論。但由於緊急辯論的召開，必須事關重大並取得議員與議長的同意，得以申請通過的緊急辯論並不多見，屈指可數。

其五，反對黨制衡監督執政黨的方法中，提出不信任動議，可算是致命的武器。不信任動議的提出，擺明對執政黨進行圍剿辯論，若表決通過，執政黨就得下台。和緊急辯論一樣，不信任動議的提出非常罕見。對反對黨來說，提出不信任動議有其風險，一方面，執政黨亦可透過辯論凝聚支持，反對黨未必有勝算。二方面，反對黨可能未作好執政的準備，即使贏了不信任動議，也可能在隨之而來的國會改選失利。

質詢是監督政府的另一項主要方式。質詢可分為口頭問答的口頭質詢，以及書面問答的書面質詢。口頭與書面質詢各有利弊，前者較為戲劇化，面對面的言詞相逼，備詢官員若招架不住，或有招供之效。但若官員善於四兩撥千金，在時間有限的情況下，質詢的效果未如人意。書面質詢方面，雖然少了正面詰問的效果，但由於時間較為充裕，備詢官員可以做較為詳細的回答。

口頭質詢無疑是議會中引人目光的議程之一，每週一到週四的兩點三十五分至三點半，便是議會的口頭質詢時間。質詢時，政府的相關部會首長，接受議員的詢問。由於質詢問題早已公布並編號列印於議程，議員只需唱名質詢問題的編號，官員便可按事前準備的回答照本宣科，但其後議員可針對官員的回答，延伸提出官員無法預測的「補充質詢」，這時官員只得見招拆招，全憑本事。

下院的口頭質詢中，又以「首相質詢時間」（Prime Minister's Questions, PMQs）最受矚目。1961年至1997年，「首相質詢時間」每週兩回，時間是每週二與週四的三點十五分到三點半。自1997年開始，則調整為每週三中午的十二點至十二點半。[18]藉由「首相質詢時間」，反對黨

---

[18] House of Commons (2019c) 'Prime Minister's Questions', https://www.parliament.uk/visiting/

表7-3　下院委員會的種類及功能

種類	主要功能
特別委員會（Select Committees）	就政府部會的工作及經濟事務進行檢查和報告。
兩院聯席委員會（Joint Committees）	就特定領域（如人權）或特定事務（例如立法草案或上院改革）進行審查。
一般委員會（General Committees）	就提出的法案進行詳細的審查。
全院委員會（Grand Committees）	就地區議題進行辯論，全院委員會包括威爾斯全院委員會、蘇格蘭全院委員及北愛爾蘭全院委員會。

資料來源：House of Commons (2019d) *Committees*, https://www.parliament.uk/about/how/committees/.

針對當今重要議題，要求首相政治表態，因此每每吸引大批媒體採訪，院會中也擠滿各擁其主的議員，政黨對決的氣氛濃厚，好不熱鬧。

　　在委員會的審查方面，下院的特別委員會（Select Committees）對政府部門的失職行為，享有調查監督的職權。除了特別委員會，下院的委員會種類，還包括以下三種：兩院得召開兩院聯席委員會（Joint Committees），由兩院的議員組成，委員會中各院的議員人數相等，就特定的議案或議題，進行審查、討論。兩院聯席委員會可針對就特定領域（例如人權）或特定事務（例如立法草案或上院改革）進行審查。另一種委員會為一般委員會（General Committees），其前身為常務委會（Standing Committees）。[19]一般委員會的主要功能為就提出的法案，進行詳細的審查。第三種委員會為全院委員會（Grand Committees），負責就地區議題進行辯論。全院委員會依地區來分，包括威爾斯全院委員會、蘇格蘭全院委員及北愛爾蘭全院委員會。[20]下院委員會的種類及功能，請參閱表7-3。

visiting-and-tours/watch-committees-and-debates/prime-ministers-questions/.
[19] 同註14。
[20] House of Commons (2019d) 'Committee', https://www.parliament.uk/about/how/committees/.

由上可知，下院委員會中，兩院聯席委員會、一般委員會及全院委員會的主要功能，在於對立法的審查和辯論。而下院的特別委員會，其主要功能，則是對政府作為的監督。以2017年的英國下院為例，特別委員會的種類，可分為以下幾種類型。

第一類為依政府部會對應產生的部會特別委員會。根據2017年的統計，下院計有二十一個部會特別委員會。第二種類型為跨部會特別委員會，以2017年為例，下院計有五個跨部會特別委員會。下院特別委員會的第三種類型，為主管下院內部事務的內部與業務事務特別委員會。有關2017年英國下院特別委員會的主要類型，可參閱表7-4。此外，下院特別委員會的其他類型，例如負責統合各個特別委員會工作的聯絡委員會，以及由後排議員討論辯論議程的後排議員業務委員會等。[21]

特別委員會中，部會特別委員會負責監督其所對應的政府部會。在跨部會的特別委員會中，則針對負責的事項，對政府的相關部門進行跨部會監督。例如公共帳目委員會，負責審核政府的帳目，檢查各個部會是否有浪費公帑的情況發生。[22]

特別委員會的主要職責，在於針對政府部會及其相關部門的金錢支出、行政與政策等，進行監督與調查。特別委員會有權傳訊相關證人、調閱文件資料、聘請專家作為諮詢，這點也是其他委員會所未享有的權力。委員會調查完畢後，將調查結果向院會報告。特別委員會的報告，並未享有要求政府遵行的權力，但往往會引起議會與媒體的討論，間接達到影響政府決策的效果。

四、集思廣益的討論功能

議會即議論之所。議會從最早地區共同體的利益代表，發展成今日

---

[21] House of Commons (2017) *'Guide for Select Committee Members'*, https://www.parliament.uk/documents/commons-committees/guide-select-ctte-members.pdf.

[22] 同前註。

表7-4　下院的特別委員會的主要類型

部會特別委員會	跨部會委員會	內部事務委員會
• 商業、能源暨產業策略創委員會	• 公共帳目委員會	• 程序委員會
• 社區暨地方政府委員會	• 公共行政與憲法事務委員會	• 行政委員會
• 文化、媒體暨運動委員會	• 環境審查委員會	• 財政委員會
• 國防委員會	• 歐洲審查委員會	
• 教育委員會	• 管制革新委員會	
• 環境、食品暨鄉郊事務委員會		
• 脫離歐盟委員會		
• 外交暨國協委員會		
• 衛生委員會		
• 內政委員會		
• 國際發展委員會		
• 國際貿易委員會		
• 司法委員會		
• 北愛爾蘭事務委員會		
• 科學與技術委員會		
• 蘇格蘭事務委員會		
• 交通委員會		
• 財政委員會		
• 威爾斯事務委員會		
• 女性暨平等委員會		
• 就業暨退休金委員會		

資料來源：House of Commons (2017).

政黨、選區、國家與各種壓力團體的利益代表，議會的討論功能與議會的代議發展，享有同樣的悠久歷史。如何使不同的利益觀點共冶一爐，異中求同，英國議會的議事傳統與經驗，提供了若干答案。正如沒有限制的自由，會謀殺自由；沒有規範的議會民主，算不上議會民主。英國議會中的

討論，不論是辯論或質詢，都受到各種規範的限制。以下就言論規範、程序規範，以及議場氣氛三方面，探討議會的討論功能，如何運作。

在言論規範方面，議員發言應遵守禮節。議員不可使用侮辱性言語，亦即「非議會語言」，例如不可指稱他人為「騙子」、「懦夫」等。議長有權認定議員的言論是否屬於「非議會語言」，並按情節輕重，予以制止或逐出議場。由於「非議會語言」的限制，議員發展出一套罵人不帶髒字的議會語言，以表達對人對事的不滿批評。比方說，以「用詞上的不精確」取代「謊話」，以「新奇」暗示「可笑」，以「想像力豐富的」暗喻「瘋狂的」。[23]總之，議員善於運用戴人高帽的言語反諷對方，以避免直接人身攻擊可能引起的情緒失控或肢體衝突。

議員彼此間的稱呼，也是禮尚往來。議員對他黨議員，稱呼「某某選區的可敬議員」，對同黨議員，則以「我可敬的朋友」相稱。此外，議員發表演說時，可帶小抄，但不可看著講稿一字不漏照本宣科，因為，這對聽眾來說是一種失禮行為。為了表示對發言者的尊重，議會中議員禁止飲食、大聲喧譁、隨處走動、閱讀與議事活動無關的書報雜誌。

在程序規範方面，為了避免辯論或演說的時間過長，影響到議事的正常進行，議長與議員得運用程序規範，限制議會的討論。為了阻礙議案的通過，議員不免企圖以馬拉松式的連續發言，達到延宕議案的審查與表決。1983年，工黨議員高丁（John Golding）在議案的委員會階段，創下十一個小時又十五分鐘的連續發言紀錄，至今尚無人打破紀錄。為了控制討論的時間，議會發展出終結辯論的方法，包括以下三類。

其一，議員得提出「終結討論」（closure）的動議，將議案交付表決。經議長同意及議員表決同意後（至少一百名的議員以多數決表決），即可停止辯論，將議案逐付表決。其二，對於內容冗長的議案，議會可將之截斷為若干部分，並對議案的各個部分，預先設定各個立法階段的審查時間。辯論只能在規定的時間內進行，當規定時間屆滿，即使議案的審查

---

[23] 同註1，頁65。

討論尚未完成，議案須即付表決。這種停止討論的方法，稱爲「截斷討論」（guillotine）。

其三，議長有權挑選特定的議案修正案，這些特別挑出的修正案得以進行討論，其他沒有雀屏中選的修正案，則不予討論。這種藉由挑選議案以節省討論時間的方法，稱爲「跳議法」（kangaroo）。由於議會事多時少，再加上議案若在會期內未獲通過，則胎死腹中，只有等到新會期才能捲土重來重新提案，因此，控制討論有其必要。若每項議案都要討論，或每場討論都要言盡其意，那就沒完沒了了。

在議場氣氛方面，下院議會充滿對立與莊嚴的氣氛，主要原因有以下數端：

其一，議事的運作，以執政黨與反對黨的對立爲基調，尤其在辯論、質詢與表決時，政黨間劍拔弩張的對決氣氛，最爲濃烈。

其二，議事廳的座位，採取左右相對的設計，議長右手邊是執政黨的座位，左手邊則是反對黨的地盤。座位的相對設計，更助長了議事廳的政黨對立氣氛。

其三，議事廳的空間狹小，長約六十八英尺，寬約四十五英尺。議員座位是綠色的沙發長椅，長椅間的走道狹窄，僅容一人通過，議事廳內的座位只能容納一半的議員（議員以六百五十人計算），若更多的議員欲進入議事廳，只好站立或蹲坐於議長席後的狹窄空間或長椅間的擁擠通道。這麼小的空間，人的密度相對提高，氣氛的凝聚與共鳴隨之增強，因而增加發言者的壓力。相反來說，若議事廳的空間廣大空曠，議員人數顯得稀疏，發言著的心理壓力自然較小。

其四，由於議會座椅是低矮及膝的長椅，除了身兼閣員的前排議員，可以靠向發言台發言，一般的議員發言時，直接自座位起立，不僅沒有發言桌可供依靠，也沒有麥克風可以執靠（議會四處設有垂調式的麥克風，議場內的發言皆清晰可聽），只能夠在身無障物之下發表演說，緊張之情不言而喻。

對於發表處女演說的新進議員來說，議場莊嚴與緊繃的氣氛，他們

尤其感受深刻。新科議員通常希望儘早完成他們在議會的首次演說，以了卻心頭重擔，但還是有人由於膽小或其他原因，傾向拖延處女演說。甚至有時，處女演說也會成為議員在議會的最後演說。政界梟雄如前首相邱吉爾，憶及他的處女演說，認為那真是「一項恐怖、令人發抖，但很有意思的經驗」。

前首相麥克米倫亦有相同的感受，他於自傳中回憶到他在下院的處女演說：「等待的時間好久，使我緊張到了極點……由於黨鞭和議長的好心協助，通常新科議員可以知道，大約何時他可能被叫到發言；然而，當這一刻真的來臨，我只感到一陣眩暈。你和其他議員一同起立。議長叫了一個名字。你幾乎無法分辨那是不是你的名字。你一陣猶豫，不知所措。但其他的人都已坐下，你只得硬著頭皮開始演說。或許你已擬妥講稿，但你只能念得支吾其詞，而且照稿演說也會違反議會傳統。或者你嘗試背出講稿，但你卻忘得精光……當你起身發言時，前面的椅背低矮及膝，好像隨時都會向前摔個倒栽蔥。然而，若你經歷所有困難存活下來，你已經上路了。」[24]

除了處女演說之外，經常演說的議員，在下院發表演說，亦難免緊張依舊。享有雄辯家美譽的政治家布賴特，於晚年承認：「說來也慚愧，要站起來發言的時候，我的膝蓋經常在發抖，並希望議長請別人發言，我自己很想趕快坐下來。」前首相狄斯累利也認為，英國下院是「世界上最使演說者心驚膽寒的地方」。[25]

對一般的議員來說，在下院演說，不是件輕鬆的事。筆者於下院旁聽參觀時，亦發現議員等待發言的時候，緊張之情溢於言表，有的議員發言時，甚至緊張得使手中文件連帶發抖。在政黨對立、議員同行咫尺環伺，與歷史的莊嚴氣氛下，想要輕鬆自然發表演說，並不容易。

---

[24] 同註1，頁16-17。
[25] 目下廣之著，陳鵬仁譯（1994）。《英國的國會》。台北：幼獅，頁95。

五、政治人才培訓所

　　二十世紀，內閣閣員必須由議會產生的憲政慣例，逐漸形成。議會逐成爲晉身內閣政府的唯一管道。議會兩院中，民選產生的下院，成爲議會內閣制的主要舞台。執政黨的內閣議員，以政府官員的身分在議會表現，表現的優劣與否關係到仕途的發展。反對黨的影子內閣，則藉由監督政府，展現未來的執政本錢與企圖。在後排議員方面，他們不若內閣議員動容周旋皆得以政黨爲行事依歸，享有較寬鬆的問政自由。然後，倘若後排議員想要沿著議會階梯，攀升入閣，他們必須遵守黨紀，向政黨輸誠。如何熟稔議會生涯的箇中技巧，包括爭取政黨高層注意、磨練與累積個人的政治聲望、與媒體打交道等，便是後排議員邁向前排議員之路的基本功課。下院因此成爲政治人才的培訓所，政治新星與老將於此或浮或沉。

第四節　下議院的改革

　　下議院經歷無數的改革，才從過去走到今天。今日的下院，依然面對許多問題，改革仍須再接再厲。以下就下院的改革緣由、改革之道與改革阻力，分別討論。

一、改革緣由

　　目前，下院的主要問題，在於議會內閣制形成的行政權獨大。議會中的執政黨掌握行政與立法大權，使議會淪爲政府立法的橡皮圖章，議會監督政府的功能，亦難以發揮。

　　首先，在立法功能方面，下院被譏爲政府立法的橡皮圖章。執政黨在下院享有立法的主導權，從議案的提出，到各個階段的審查、表決，皆由執政黨主控。下院通過的公議案（Public Bills）中，[26]絕大多數是

---

[26] 公議案中，包括政府官員提出的公議案，以及非政府官員的議員所提出的私人議員議

由政府官員提案的公議案，而由後排議員提出的私人議員議案（Private Member's Bills），則寥寥無幾。一方面，可供私人議員提案的時間，非常有限。二方面，議案通常需要政府授意支持，才有通過的勝算，私人議員自行負擔議案的起草與推動，所費不貲，力有未逮。

下院的立法功能不彰，主要原因包括：其一，政府事務在下院享有優先權，執政黨與最大反對黨，雖定期透過黨鞭系統進行協商議程，但執政黨對議程具有主導權，至於其他的小黨，則只有被告知協商結果的份；其二，執政黨的人數，在表決時具有相對多數，立法活動幾乎成了執政黨的專利，其他政黨則不易推動立法；其三，政黨黨紀的驅策下，執政黨的黨籍議員在重要的表決場合，通常會以政治生涯的發展為念，服從黨的指示，向政黨輸誠；其四，反對黨如果否決屬於執政黨競選政見的政府議案，等於通過對內閣政府的不信任案，茲事體大。因此，反對黨對屬於執政黨競選政見的政府提案，鮮少加以否決，一方面表示對執政黨勝選基礎的尊重，另一方面亦可避免無謂的政局動盪。由於上述原因，下院成為執政黨的立法工具，政府立法的橡皮圖章，激起有識者的改革聲浪。改革者希冀反對黨與後排議員，能夠發揮立法功能，不讓執政黨在立法工作上享有獨權，專美於前。

其次，在監督政府的功能方面，亦受制於議會內閣制下的行政獨大問題。議會中，內閣閣員掌握行政權力與資源，背後又有執政黨撐腰，相形之下，反對黨難以發揮監督政府的功能。執政黨的後排議員受限於政黨包袱，往往不願為難同袍。以質詢為例，內閣閣員享有資源上的優勢，議員藉由質詢只能獲得二手資訊。此外，議會規範對閣員亦較有利，質詢的問題有其範圍限制，並事先經過權責機關審查通過。接受質詢時，若閣員認為質詢問題涉及國家安全、政府機密、商業機密或其權責之外的無關資訊，閣員可以不予回答。若議員對問題感到尷尬，亦可沉默以對。在議

案。資料來源：House of Commons (2012b) *Bills*, http://www.parliament.uk/about/how/laws/bills/.

員方面，倘若議員對閣員的回答不盡滿意，閣員可回以書信，但是除了這個聊以塞責的辦法之外，也別無他法。表面上，議員得以主動質詢，實際上，內閣閣員才是處於形勢比人強的主動優勢。

　　前面提過，下院的特別委員會，為監督政府的重要機構，對政府部會的失職行為，享有調查監督的職權。但是，特別委員會監督政府的功能，受限於以下原因，表現力不從心：其一，特別委員會雖然有權傳訊政府官員作證，或調閱政府文件，但政府官員仍可以保護國家、政府機密等理由，拒絕回答問題或提供相關文件；其二，特別委員會作成的結論報告，實際影響力有限。一方面，報告對政府並無強制執行的拘束力。二方面，議會對特別委員會的報告，很少進行辯論；其三，特別委員會的委員，大多是後排議員，由遴選委員會依照議會的政黨比例，遴選產生。執政黨的後排議員，難免受到政黨忠誠的壓力，在監督同黨閣員時手下留情。下院監督政府的方式，主要透過質詢與特別委員會的調查，但由上可知，這些監督政府的主要方式，在行政主導的議會生態下，難以發揮。批評者認為，下院的行政優勢，不僅控制立法，也削弱監督行政的力量。下院的行政獨裁，儼然已經形成。

　　此外，如第四章所述，歐洲聯盟的擴大與發展，亦對英國的「議會主權」產生重大衝擊。1960年代後，歐盟法取得高於會員國國內法的法律位階。此外，隨著歐盟體制的不斷發展，歐盟立法的政策領域不斷擴增，決策過程中以多數決表決的政策領域不斷增加，使得英國議會作為英國最高立法機構的角色，不斷受到侵蝕。[27]此外，面對經緯萬端的歐盟立法，下院議員並未享有充分的時間和管道，加以詳細審查。[28]再者，由於英國單一政黨主政的常態，形成上述的行政獨裁問題，使得下院面對政府的對歐決策，無法有效監督。

---

[27] 黃琛瑜（2011）。〈歐洲化與英國中央政府：布萊爾政府個案研究〉，《歐美研究》。第41卷第2期，頁465-495。

[28] Budge, I., Crewe, I., McKay, D. and Newton, K. (2004) *The New British Politics*, 3rd edn (London, Parsons), p. 220 and p. 465.

二、改革之道

　　下院的行政權獨大，造成行政綁架立法機構的危機。如何化解這項危機，有兩種改革途徑，包括制度面與非制度面的改革途徑。制度面而言，有識者認為，透過選舉制度的改革，可以改善行政綁架立法機構的危機。現行的選舉制度，亦即單一選區相對多數決制，易造成一黨主政的政府形態。只要拿下最多席次的政黨，便得以獨立主政。其他政黨對組閣的興趣缺缺，一方面，聯合政府易對政黨的獨立人格造成傷害，使選民對政黨分際失去判斷與信心。二方面，即使反對黨的票數與執政黨失之毫釐，反對黨也願意接受一黨主政的政府型態，因為下次的執政黨可能是今天的反對黨，屆時攻守易位，今日的反對黨便可享受一黨主政的甜美果實。此外，單一選區相對多數決制下，每個選區以相對多數決產生一名議員，擁有強大資源的政黨比起勢單力薄的政黨，容易進行全國的造勢與動員，在地方選區上幫助黨籍議員勝選，在全國拿下足以組閣的較多議席。久而久之，英國便形成兩大政黨雙強對決的政治生態，同時亦形成兩黨輪替、一黨主政的政黨政治模式。於是乎，由一黨獨霸的下院，被兩大政黨輪流玩弄於股掌之上。

　　改革者於是倡言改變選舉制度，以改善下院功能不彰的問題。選舉制度的改革方案中，政黨比例代表制廣受討論。根據「杜佛傑法則」與「杜佛傑假說」，單一選區相對多數決制，易造成單一政黨獨立主政；政黨比例代表制，則易產生聯合政府。[29]倘若英國的國會選舉改採政黨比例代表制，形成聯合政府，不同政黨得以分享立法權，並相互監督，過去由一黨掌控的下院獨裁，可望獲得改善。

　　除了選舉制度之外，改革者亦希望透過下院本身的制度改革，以期加強下院的議事功能。在立法功能方面，改革者認為，多數的議案程序應予事先排妥，以節省立法時間，提升立法效能。此外，議程中亦應撥出更多

---

[29] 有關選舉制度與政府型態的討論，請參閱本書第八章〈選舉制度〉。

時間，使政府議案之外的其他類型議案，例如私人議員議案，亦得增加提案與審查的機會。在監督政府方面，應擴大特別委員會監督政府的權限，並增加議會對特別委員會作成報告的討論時間。在硬體資源的改善方面，改革者希望藉由提升議員的議事資源，包括辦公設備、研究經費等，達到「工欲善其事，必先利其器」的功效。

在非制度面方面，議員本身亦被視爲改革的重點。雖然議會遭到執政黨的控制，議員問政受到政黨忠誠的束縛，但不容否認，議會的功能疲弱，部分責任應歸咎於議員的表現。尤其對於政黨包袱較輕的後排議員來說，他們仍可藉由反對政府議案，與政黨領袖唱反調，監督政府不手軟等舉措，發揮追求公義的議員天職。議會的功能不彰，議員本身難辭其咎。倘若議員本身欠缺立法與監督政府的能力、智慧與道德勇氣，議會的整體效能無從改善，改革亦難竟全功。

三、改革阻力

二十世紀以降，下院的「行政獨裁」問題逐漸惡化，不僅招致不少批評，亦引發諸多改革，包括設立監督政府的部會特別委員會，調整議程以增加議事效率等。但是，這些改革未能釜底抽薪改善下院的行政獨裁問題。批評者認爲，下院已淪爲執政黨的立法橡皮圖章，後排議員被譏爲議會炮灰。下院的功能疲弱，積弊已久，卻未引起根本性的激進改革，主要掣肘於以下的因素。

首先，下院改革牽涉廣泛，躁進不得。下院乃英國政府的運作中心，下院的任何重要改革，勢必牽動政府權力的運作模式，改革不宜躁進。舉例來說，若透過選舉制度的變更以改革下院，便可了解下院改革「牽一髮而動全身」的屬性。部分改革者認爲，現行的選舉制度是造成下院遭受一黨主政與行政獨裁的主要原因。因此，下院應改採易於產生聯合政府的政黨比例代表制，使下院成爲多黨共治，發揮多元立法與政黨相互制衡的議會功能。然而，選舉制度的改弦易轍，在改革下院積弊的同時，亦將改變

英國議會政治的基本生態。例如，政黨在脫離選舉舊制「大者恆大，小者恆小」的扭曲效應後，[30]政黨生態將從過去的兩黨獨霸，轉變至多黨稱雄的局面，過去一黨主政的政府型態，亦將為聯合政府取代。倡言下院改革者雖眾，但是涉及攪動政治體系的激進改革，因牽涉廣泛而難以落實。

　　其次，主要政黨身為既得利益者，不願自廢武功進行改革。行政控制議會造成議會功能不彰，固為千夫所指，但對有機會享受此種特權的主要政黨來說，卻是一種難以放棄的權力鴉片。現行的選舉制度，造成兩大主要政黨輪流執政的政治生態，使得兩大政黨一方面享受行政獨大的特權，另一方面陷入放棄既得利益的改革矛盾。對執政的政黨而言，議會的行政優勢，正是議會內閣制得以運作得宜的關鍵，執政黨賴以鞏固政權，猶感吃力，遑論改革下院削弱行政優勢，將自己享受的執政優勢拱手讓人。在最大的反對黨方面，面對執政黨以行政優勢掌控下院，雖心有不滿但仍可接受，因為等到下回反對黨成了執政黨，這些特權優勢便由其所獨享。相對於兩大政黨，其他的小黨，受到現行選舉制度的扭曲效應，所獲的席次比率低於所獲選票的比率，與執政有緣無分。因此，小黨皆主張改革下院，倡議引進政黨比例代表制，使小黨有機會與大黨共組聯合政府，過去一黨主政的行政優勢及其衍生的下院功能疲弱問題，可望因此獲得改善。但由於發動改革的主導權掌握在兩大政黨的手中，兩大政黨身為現行制度下的既得利益者，為了保護自身利益而不願進行根本性的改革，小黨縱使不滿，也莫可奈何。

　　再者，議員本身受到政黨的束縛，亦形成改革阻力。下院淪為執政黨的立法橡皮圖章，議員的表現成為關鍵。議員遵守黨的指示，無法有效發揮議會的議事功能，主要受到制度上與心理上的束縛。英國的議會內閣制下，政黨是政治運作的主角。下院議員的選舉，以政黨為選戰主軸；議會的運作，也是以政黨為運作主體。就制度上的束縛而論，議員自然得支

---

[30] 有關單一選區相對多數決制下，「大者恆大，小者恆小」的扭曲效應，請參閱本書第八章〈選舉制度〉。

持政黨，以兌現政黨的競選支票，落實政黨的政治責任。倘若議員不顧黨紀，自由問政，不僅違背選民當初以政黨為準的投票支持，亦使政黨的政治責任無從分際，議會政治勢必窒礙難行。心理上的束縛，則來自服從黨紀的利害權衡。對於議員的黨內仕途發展，政黨紀律扮演近乎「順我者昌，逆我者亡」的角色，議員自然難以拋棄政黨包袱。

準此而論，議員表現受到政黨束縛，無法充分發揮議會的自主功能，有其制度上與心理上的原因。除非議會內閣制的行政與立法權獨立成兩個機構，否則下院還是無法擺脫執政黨的行政控制，執政黨議員夾在行政與立法兩權之間，顧此失彼，議會的自主地位與功能，仍難改善。但是，如果行政與立法權獨立成兩個機構，閣員與議員的身分不再重疊，議會內閣制便不復存在，行政與立法機關間的權力角力亦將產生，直到強的一方壓住弱的一方，造成行政獨裁或立法獨大的權力失衡悲劇重演，或者是兩強對抗爭執不下，造成行政與立法工作雙雙停擺的零和局面。

改革下院的種種呼聲，未能產生任何立即而根本的改革之道，反而突顯出制度的相對與侷限。經由以上討論，可以發現，制度只是一種相對的設計，議會內閣制，亦復如此。議會內閣制下，正面而論，一黨政府易於貫徹政治承諾與責任。反面來說，一黨政府形成的行政獨裁，使下院的自主地位與功能受到箝制。議會內閣制的存在，利害相對，改革亦然。此外，制度只是理想的基礎框架，下院的代議功能，不單只靠選舉時的選票計算，還需仰賴當選議員發揮為公義喉舌的智慧、道德與勇氣，才能加以發揮。制度不是一帖見效的萬靈丹，它需要人為善意的補充，良法美意才能運作得宜。制度本身充滿了相對與侷限，了解這點，方為改革的重要開端。

中文參考書目

目下廣之著，陳鵬仁譯（1994）。《英國的國會》。台北：幼獅。

陳堯聖（1993）。《英國國會》。台北：台灣商務印書館。

黃榮源（2009）。《英國政府治理》。台北：韋伯。

黃琛瑜（2011）。〈歐洲化與英國中央政府：布萊爾政府個案研究〉，《歐美研究》。第41卷第2期，頁465-495。

黃偉峰主編（2012）。《歐洲化之衝擊》。台北：五南。

雷飛龍（1983）。《英國政治制度論集》。台北：台灣商務印書館。

英文參考書目

Baker, A. J. (1986) *Examining British Politics*, 3rd edn (Cheltenham: Stanley Thornes), pp. 64-89.

Bradley, A. (2005) 'The Sovereignty of Parliament—From or Substance', in J. Jowell and D. Oliver (eds.), *The Changing Constitution*, 5th edn (Oxford: Oxford University Press), pp. 26-61.

Brazier, R. (1988) *Constitutional Practice* (Oxford: Clarendon Press), pp. 162-194.

Budge, I., Crewe, I., McKay, D. and Newton, K. (2004) *The New British Politics*, 3rd edn (London, Parsons).

Bulmer, S. and Burch, M. (2005) 'The Europeanization of UK Government: From Quiet Revolution to Explicit Step-Change?', *Public Administration*, vol. 83, no. 4, pp. 861-890.

Bulmer, S. and Burch, M. (2006) 'Central Government', in I. Bache and A. Jordan (eds.), *The Europeanization of British Politics* (London: Palgrave Macmillan).

Chester, N. and Bowring, N. (1962) *Questions in Parliament* (Oxford: Oxford University Press).

Coxall, B. and Robins, L. (1994) *Contemporary British Politics*, 2nd edn (London: Macmillan), pp. 203-227.

Cowley, P. and Stuart, M. (2001) 'Parliament: A Few Headaches and a Close Dose of Modernisation', *Parliamentary Affairs*, Vol. 54, No. 3, pp. 442-458.

Cowley, P. (2002) *Revolts and Rebellion: Parliamentary Voting under Blair* (London: Politico's).

Crick, B. (1964) *The Reform of Parliament* (London: Weidenfeld and Nicolson).

Davis, D. (1997) *A Guide to Parliament* (London: Penguin Books).

Drewry, G. (1985) 'Select Committees and Back-bench Power', in J. Jowell and D. Oliver (eds.), *The Changing Constitution*, 2nd edn (Oxford: Clarendon Press), pp. 127-148.

Drewry, G. (1989) *The New Select Committees* (Oxford: Clarendon Press).

Drewry, G. (1993) 'Parliament', in P. Dunleavy, A. Gamble, I. Holliday and G. Peele (eds.), *Developments in British Politics 4* (London: Macmillan), pp. 154-174.

Drewry, G. (2011) 'The Outsider and House of Commons Reform: Some Evidence from the Crossman Diaries', Vol. 64, No. 3, *Parliamentary Affairs*, pp. 424-435.

Flinders, M. (2002) 'Shifting the Balance? Parliament, the Executive and the British Constitution', *Political Studies*, Vol. 50, No. 1, pp. 23-42.

Flynn, P. (1997) *Commons Knowledge: How to Be a Backbencher* (Bridgend: Poetry Wales Press).

Forman, F. N. and Baldwin, N. D. J. (1996) *Mastering British Politics*, 3rd end (London: Macmillan), pp. 190-236.

Franklin, M. and Norton, P. (eds.) (1993) *Parliamentary Questions* (Oxford: Oxford University Press).

Griffith, J. A. G. (1974) *Parliamentary Scrutiny of Government Bills* (London: George Allen and Unwin).

Griffith, J. A. G. and Ryle, Michael (1989) *Parliament: Functions, Practice and Procedure* (London: Sweet and Maxwell).

Heffernan, R., Cowley, P. and Hay, C. (eds.) (2011) *Developments in British Politics 9* (London: Palgrave Macmillan).

House of Commons (2006) *Select Committee on Modernisation: The Legislative Process* (HC 1097 2005-06), http://www.publications.parliament.uk/pa/cm200506/cmselect/cmmodern/1097/1097.pdf.

House of Commons (2010) *Parliamentary Stages of a Government Bill*, http://www.parliament.uk/documents/commons-information-office/l01.pdf.

House of Commons (2011) *Guide for Select Committee Members*, http://www.parliament.uk/documents/commons-committees/guide-select-ctte-members.pdf.

House of Commons (2012a) *Committees*, http://www.parliament.uk/about/how/committees/.

House of Commons (2012b) *Bills*, http://www.parliament.uk/about/how/laws/bills/.

House of Commons (2017) '*Guide for Select Committee Members*', https://www.parliament.uk/documents/commons-committees/guide-select-ctte-members.pdf.

House of Commons (2019a) 'General Election 2017: Full Results and Analysis', https://researchbriefings.parliament.uk/ResearchBriefing/Summary/CBP-7979#fullreport.

House of Commons (2019b) 'The Speaker', https://www.parliament.uk/about/mps-and-lords/principal/speaker/.

House of Commons (2019c) 'Prime Minister's Questions', https://www.parliament.uk/visiting/visiting-and-tours/watch-committees-and-debates/prime-ministers-questions/.

House of Commons (2019d) 'Committees', https://www.parliament.uk/about/how/committees/.

Jones, C. (ed.) (2012) *A Short History of Parliament* (Woodbridge: Boydell and Brewer).

Jowell, J. and Oliver, D. (2005) *The Changing Constitution* (Oxford: Oxford University Press).

Judge, D. (ed.) (1983) *The Politics of Parliamentary Reform* (London: Heinemann).

Judge, D. (1993) *The Parliamentary State* (London: Sage).

Judge, D. (1999) *Representation: Theory and Practice in Britain* (London: Routledge).

Kelso, A. (2009) *Parliamentary Reform at Westminster* (Manchester: Manchester University Press).

Kelso, A. (2010) 'The House of Commons: An Effective Legislature?', *Politics Review*, Vol. 20, No. 2, pp. 18-20.

Kelso, A. (2011) 'New Parliamentary Landscapes', Cowley, P., Heffernan, R., and Hay, C. (eds.) Developments in British Politics 9 (London: Palgrave Macmillan), pp. 51-69.

King, A. (2011) *The British Constitution* (Oxford: Oxford University Press).

Loveland, I. (1996) *Constitutional Law: A Critical Introduction* (London: Butterworths), pp. 134-285.

Norton, P. (ed.) (1985) *Parliament in the 1980s* (Oxford: Basil Blackwell).

Norton, P. (1993) *Does Parliament Matter?* (London: Harvester Wheatsheaf).

Norton, P. (1994) 'Parliament I: the House of Commons', in B. Jones, A. Gray, D. Kavanagh, M. Moran, P. Norton and A. Seldon (eds.), *Politics UK*, 2nd edn (London: Harvester Wheatsheaf), pp. 313-348.

Norton, P. (1997) 'Parliamentary Oversight', in P. Dunleavy, A. Gamble, I. Holliday and G. Peele (eds.), *Developments in British Politics 5* (London: Macmillan), pp. 155-176.

Norton, P. (ed.) (2011) *A Century of Constitutional Reform* (Chichester: Wiley-Blackwell).

Office of National Statistics (1998) *Focus on Britain* (London: Foreign and Commonwealth Office).

Padfield, C. F. and Byrne, T. (1987) *British Constitution* (Oxford: Made Simple Books), pp. 62-118.

Punnett, R. M. (1994) *British Government and Politics* (Hampshire: Dartmouth), pp. 245-280.

Riddell, P. (2012) 'The House of Commons: A Pit of Partisan Jeering?', *Politics Review*, Vol. 21, No. 4, pp. 2-5.

Ryle, M. (1995) 'The Changing Commons', in F. F. Ridley and M. Rush (eds.), *British Government and Politics since 1945: Changes in Perspective* (Oxford: Oxford University Press), pp. 149-170.

Ryle, M. and Richards, P. G. (eds.) (1988) *The Commons under Scrutiny* (London: Routledge).

Shaw, M. (1990) 'Members of Parliament', in M. Rush (ed.), *Parliament and Pressure Politics* (Oxford: Oxford University Press).

The Select Committee on Modernisation of the House of Commons (2006) *The Legislative Process* (HC 1097 2005-06), http://www.publications.parliament.uk/pa/

cm200506/cmselect/cmmodern/1097/1097.pdf.

Walkland, S. A. (ed.) (1979) *The House of Commons in the Twentieth Century* (Oxford: Oxford University Press).

Wright, V. (1996) 'The National Co-ordination of European Policy-Making: Negotiating the Quagmire', in J. J. Richardson (ed.), *European Union: Power and Policy-Making* (London: Routledge).

代議政治乃透過選舉將民意轉化成政府的過程。選舉制度雖非決定代議政治良莠的充分條件，然選舉制度的公正與有效，咸認確保代議政治合法性的必要條件。誰來投票？選票如何轉化爲席次？這兩個選舉制度的基本問題，爲英國選舉制度演進史的兩大核心議題。

首先，在投票權方面，十九世紀以降，歷經普選權的多次改革，英國人民遲至二十世紀中葉，也就是1948年，才獲得男女平等、一人一票的普遍選舉權。「誰來投票」的問題告緩後，選舉制度的爭議熱點，逐漸轉移至「選票如何轉化爲席次」此一問題上。1970年代以降，英國政界與學界對選舉制度的研究焦點，便集中在選票與席次間比例性的探討。英國議會選舉採行的單一選區多數決制，因易造成選票與席次間的不比例性，久招批評，倡議改革聲四起。二十世紀以來，選舉制度的改革已成爲各黨政策中，不可小覷的一張大牌。

本章第一節，針對英國議會選舉，做一簡介。第二節，就英國議會的選舉制度—單一選區相對多數決制的缺點及優點，分別討論。英國議會大選採行的單一選區相對多數決制，易造成對大黨有利而對小黨不利的扭曲效果，引發主張以比例代表制取代現制的呼聲。本章第三節，對英國議會選舉制度的改革爭議，進行分析。

第一節　英國議會選舉簡介

英國議會，即「巴力門」（Parliament），或稱國會，由君主、上議院與下議院三者共同組成。1688年光榮革命已來，君主的角色與權力逐

漸儀式化，由貴族組成的上院，權力亦陸續削減，如今的影響力已大不如前。透過選舉產生的下院，則踏著民主改革的步伐，逐漸擴充代議機構的功能與內涵，演變至今，下院已取得議會三權（君主、上院與下院）中的至高實權，成為議會皇冠上最閃亮的一顆明珠。英國議會是君主、上院與下院三者的總稱，然一般使用上，英國議會亦可作為下院的代稱，此種分別應予留意。英國議會選舉，亦稱英國國會大選，所指為下議院的選舉。

茲就英國議會選舉的選舉時機、選區劃分、選民資格與登記投票、候選人資格與提名、競選過程、競選經費與賄選問題，以及投票與開票七項議題，次第討論如下。

一、選舉時機

2011年《固定任期議會法案》（Fixed Term Parliament Act）通過前，英國議會大選，發生於以下兩種情況。其一，首相被迫或主動解散議會後，應舉行議會選舉。其二，議會任期屆滿應自動解散，舉行議會選舉。

議會任期自1694年起，為三年一任。1716年起，改為七年一任。1911年議會再度修法，將議會任期由七年改為五年，施行迄今。1715年以來，議會延期舉行大選，只有兩例，即1916年與1940年的兩次大選，分別因第一次與第二次世界大戰，延後至1918年及1945年舉行。相較於總統制國家，總統與國會的任期依據憲法明文規定，按表操兵，英國在相形薄弱的不成文憲法規範下，除上述因戰爭而延長任期的兩次例外，自十八世紀以來的兩百多年，並未出現破壞憲政體制的議會延期改選。英國政府對法治的尊重與自制，可見一斑。

2011年《固定任期議會法案》通過前，何時舉行國會大選的決定權，操之於首相。如上所述，首相除非是被迫解散國會（反對黨提出的不信任案獲得通過，或輸掉執政黨自己提出的信任案），通常是盱衡國內情勢而為。時機不錯則把握良機，主動解散議會舉行大選。時機不佳則能拖就拖，待下院任期屆滿，才自動解散舉行國會大選。由於一黨主政的政府型

態與政黨紀律的強化，政府遭不信任案中箭落馬，因而被迫解散議會舉行大選的情況，愈爲稀少。二次大戰以降，英國政府因反對黨提出的不信任案獲得通過而下台，只有一例，即1979年被迫解散議會重新舉行大選的工黨政府。至於議會拖到任期屆滿再舉行大選的情況，亦不多見。1715年以後，只有兩屆議會拖至任期屆滿，才自動解散舉行大選，即1715年至1722年與1959年至1964年的兩屆國會。

由上可知，2011年《固定任期議會法案》通過前，活得久，不如活得巧，適足以說明英國議會的生命週期。英國議會鮮少存活至任期屆滿，領導議會的政府，通常會主動或被動提前解散議會，舉行大選。在英國議會內閣制的運作下，首相握有議會解散權，議會享有倒閣權，人民選出的政府，一方面領導議會，另一方面亦受到民意化身的議會檢驗。若反對黨提出的不信任獲得通過，或執政黨提出的信任案遭議會否決，失去民意基礎的政府，便得掛冠求去，由首相解散議會，重新舉行大選。英國議會內閣制下，政府得以時時反映民意，擁有倒閣權的議會，亦不至於淪爲啞巴代議院。反觀總統制國家，總統無解散國會之權，國會亦無倒閣權，行政與立法間的重大衝突易形成政治僵局，政府與國會難主動訴諸民意，只好等到依憲法規定的下屆選舉日，才有換人上台的新契機。日本學者木下廣之對英美國會的一段比較，詼諧點出英國議會活得久，不如活得巧的靈活性，他認爲：「在美國，政府和議會得經一定的期間才能更換。縱令總統和議會與人民完全脫節亦無可奈何。它的存續不是基於信任和能力，而是由於日曆表的保障。英國的首相非獲得國民的信任不可；但美國的總統只要活著就可以了。」[1]

2011年《固定任期議會法案》通過前，英國議會改選時機的靈活性，使政府多選在民意支持度高的時候，掌握良機提前舉行大選，遲遲未能於議會任期屆滿前作出提前大選的主動決定者，往往被視爲苟延殘喘，落人譏諷。因此，首相通常會於議會任期屆滿前，伺機主動解散國會舉行大

---

[1] 木下廣之著，陳鵬仁譯（1994）。《英國的國會》。台北：幼獅，頁124。

選，避免等到任期屆滿，走入毫無選擇的被動絕境。此外，民調技術的快速發展，使政府隨時能掌握最新的民意變化，復增加政府決定何時提前舉行議會大選的籌碼。

2011年之前，理論上，議會改選時機掌握在議會與首相兩者手中，議會擁有逼迫首相解散議會進行改選的倒閣權，首相握有解散議會舉行改選的主動權。然而，實際運行上，首相為大選時機的主導者，此乃由於下院議員受到政黨紀律的約束，議會發動倒閣權的成功案例，非常罕見。英國首相身為大選時機的主導者，何時解散議會提前大選，不僅是一種政治智慧，亦是一場成敗自負的政治賭局。首相適時解散議會提前大選，或可趁民意高漲之際，連任成功；或可藉解散議會，於反對黨提出不信任案的可能情況下，先下手為強；或可藉解散議會，將具爭議性的重要法案問信於民，重新加強或確立政府的民意基礎。如何拿捏改選時機，確為政治智慧的展現。另一方面，首相決定何時改選的同時，也面臨到一場勝負未卜的政治賭局。縱使選舉民調技術日新月異，仍無法占卜未來，準確預測選舉結果。選舉民調領先的執政黨決定改選，或許能如願當選，也可能人算不如天算，落得曲終人散。

然而，2011年起，英國議會的任期有了重大的改變。2011年9月15日，英國的聯合政府通過了《固定任期議會法案》。這項法案，使英國的國會大選，固定於每五年之5月的第一個週四舉行。議會在大選投票日之十七天前，自動解散。這項法案通過前，英國議會的任期亦為五年。不同之處，在於2011年之前首相得於五年之內，隨時解散議會舉行大選。這項法案通過後，英國議會的任期固定為五年，成為英國議會史上的創舉。依據《固定任期議會法案》，英國議會下一次的大選日期，訂定為2015年5月7日。[2]

然而，根據2011年通過的《固定任期議會法案》，在兩種特殊情況下，議會仍可提前舉行大選。第一種情況為，議會以簡單多數決通過對政

---

[2] Fixed Term Parliaments Act 2011 (2011) http://www.legislation.gov.uk/ukpga/2011/14/pdfs/ukpga_20110014_en.pdf .

府的不信任動議，且新政府無法於十四天內在議會通過信任動議，這時議會便得解散並提前舉行大選。第二種情況，則為下院三分之二以上的議員，通過重新舉行議會大選的動議，則議會便得解散並提前舉行大選。[3]

有關議會任期固定制的政策，是英國聯合政府於2010年上任後，所提出的聯合政府共識之一。[4]英國首相卡麥隆（David Cameron）曾表示，自己是「歷史上放棄鑑請英王解散議會此一權力的首位首相。這是我國體系的巨大變革，也是很大的權力放棄……這是項很大的變革，也是項很好的變革」。[5]2011年通過《固定任期議會法案》後，副首相克萊格（Nick Clegg）亦表示讚許：「議會固定任期制的建立，至為重要。這是首次政府無法根據自己的政治需要決定選舉時機。取而代之的是，人民能夠明確及穩定地知道議會任期。」[6]英國這項歷史性的制度改變，使議會選舉的時機，不再由首相及執政黨掌握。這項改變，因此有利於政治權力的去中央化，以及有助於各黨在選舉上的公平競爭。此外，固定的議會任期，亦能增加民眾對議會運作的穩定、延續和確定感。

除了上述的優點之外，議會任期固定制的轉變，亦引起反對質疑的聲浪。議會改為固定的五年一任，使昔日英國議會選舉時機的彈性和靈活性，就此喪失。此外，表現不佳的政府，在固定任期的保護傘之下，得以更輕易地延續政權，反而使議會未能及時反映民意。[7]反對固定任期制的上院議員巴特勒（Lord Butler），對這項重大改革多次表示反對及憂慮，他認為：「英國人民至今未被諮詢。政府沒有做出這項議會變革的權力。政府沒有權力，只為了一個短暫聯合政府的方便，對我們的憲法做出這樣

---

[3]　UK Parliament (2012) *General Election*, http://www.parliament.uk/about/how/elections-and-voting/general/.

[4]　Cabinet Office (2010) *The Coalition, Our Programmes for Government,* http://www.cabinetof-fice.gov.uk/sites/default/files/resources/coalition_programme_for_government.pdf, p. 26.

[5]　BBC News (2010) 'Cameron Defends Change over Election Vote Rule', 14 May 2010, http://news.bbc.co.uk/2/hi/uk_news/politics/8681624.stm.

[6]　Cabinet Office (2012) *Historical Bill Establishes Fixed Term Parliaments*, http://www.cabinet-office.gov.uk/news/historic-bill-establishes-fixed-term-parliaments.

[7]　BBC News (2012) 'Q & A: Fixed Term Parliaments', 13 September 2012, http://www.bbc.co.uk/news/uk-politics-11286879.

一個永久的改變。」[8]

　　鑑此，議會任期固定制的主要目的，在於弱化首相解散議會舉行大選的權力，使各黨得以公平競爭，復使議會的解散得以反映民意。然而，議會改為固定任期制之後，同時亦造成固定任期下，政府無法靈活反映民意的問題。因此，議會固定任期制的改革，在制度設計上看起來更為民主，包括首相解散議會權力的弱化及各黨得以更公平競爭。但實際運作上，固定任期制的改革，弔詭地不盡然能夠達成使議會靈活反映民意的民主化目的，並突顯出民主制度設計的矛盾與衝突。

二、選區劃分

　　英國議會選舉，採行單一選區相對多數決制。所謂單一選區即每一選區產生一席議員，選舉依政黨所獲席次多寡，以成敗論英雄。獲得最多議席的政黨，便贏得大選，可以入主議會，組成內閣政府。相對多數決制下，勝選政黨於選戰中只須拿下最多席次，不必取得過半數的選票與席次，因此造成政府型態以一黨主政為常態，只有在戰爭發生等特別情況下，政黨才會合從連衡組成聯合政府。

　　選區劃分與選舉結果息息相關。茲就選區數目、選區劃分頻率及選區的選民人數三點，分述如下：

　　（一）在選區數目方面，英國依地理區域所作的選區劃分，可溯源至1688年，但由於人口流動等因素，選區不斷重劃，下院席次亦隨之增減。1954年的選區劃分，將選區數目由六百二十五增加至六百三十。1971年，選區數目提高為六百三十五。1983年，選區數目繼增至六百五十。[9]二十世紀末的最後一次大選，也就是1997年的議會選舉，全國共有六百五十九

---

[8] The Telegraph (2010) 'A Bigger Constitutional Change than AV is Being Forced Through, without the Consent of the British People', 10 May 2011, http://blogs.telegraph.co.uk/news/james-kirkup/100087225/a-bigger-constitutional-change-than-av-is-being-forced-through-without-the-consent-of-the-british-people/.

[9] Punnett, R. (1994) *British Government and Politics* (Hampshire: Dartmouth), p. 42.

個選區，下院席次亦爲六百五十九席。2017年的英國議會選舉，則計有六百五十席。英國下院自1707年至今的席次數目，大致上維持在六百五十席左右。下院自1707年至今的席次演變，可參閱表8-1。

表8-1 英國下院的席次演變（1707年至今）

下議院（年代）	席次數目
1707-1800	558
1801-1844	658
1844-1852	656
1852-1861	654
1861-1865	656
1865-1870	658
1870-1885	652
1885	648
1885-1918	670
1918-1922	707
1922-1945	615
1945-1950	640
1950-1955	625
1955-1974 (Feb.)	630
1974-1983	635
1983-1992	650
1992-1997	651
1997-2005	659
2005-2010	646
2010-	650

資料來源：House of Commons Library (2019).

　　（二）在選區劃分頻率方面，由於人口流動頻繁，定期進行選區重劃有其必要，但選區劃分直接影響行政作業與政黨在選區的組織運作，故選區劃分不宜過度頻繁。依據1944年的選區重劃法案規定，下院成立四個選區劃分委員會（Boundary Commission），分別負責英格蘭、蘇格蘭、威爾斯及北愛爾蘭四個地區的選區劃分事宜。此外，每三至七年，應進行一次選區劃分。1958年起，選區劃分的期限，延長為每十至十五年應進行一次選區劃分。1992年，選區劃分的期限，縮減為每八至十二年應進行一次選區劃分。

　　（三）在選區的選民人數方面，以2010年的英國議會選區為例，選區的選民人數，平均為七萬人，但有些選區的選民人數，高達十一萬人，而有些選區選民人數，則僅約三萬人。[10]根據2019年英國下院的資料顯示，英格蘭地區有五百三十三個選區，蘇格蘭地區有五十九個選區，威爾斯有四十個選區，北愛爾蘭則有十八個選區。英格蘭地區選區的選民人數，平均為七萬兩千兩百人。蘇格蘭地區選區的選民人數，平均為六萬七千兩百人。北愛爾蘭選區的選民人數，則為六萬八千三百人。威爾斯選區的選民人數，則為五萬六千人。[11]

　　選區選民人數不均的問題由來已久，但由於選區的劃分須考量既有的行政區劃分，及自然地理的天然界線等固定因素，欲達到各選區選民人數相等的公平劃分，實有其困難。早在1918年選區重劃時，選區的選民人數應力求相等，即為選區重劃的重要目標。最後目標雖無法達成，目標幻滅後倒也產生兩種妥協論調：其一，選區間的選民人數差異，無可必免；其二，此等差異無關宏旨，因為下院為各選區的總和，每一議員同時代表選區與國家整體的利益，選民在選區與國家利益上，皆獲得議員代議，下院

---

[10] McGuinness, F. (2011) *Size of Constituency Electorates*, www.parliament.uk/briefing-papers/SN05677.pdf, p. 3 and pp. 7-22.

[11] UK Parliament (2019) 'Parliamentary Constituencies', https://www.parliament.uk/about/how/elections-and-voting/constituencies/.

的代議功能得以發揮，無須在選區大小上多作文章。1944年選區劃分法案中，選區大小的公平性再次成為焦點，依據法案規定，選區的選民人口不應超過全國各選區選民人口的平均值。然而，此項規定因不切實際，於1948年被打入冷宮。畢竟，數字上的公平正義，未必能簡單套用於現實運作。

選區劃分除了受限於傳統的行政區劃分，與地理的天然界線等固定因素，政治利益往往也成為阻礙選區公平劃分的絆腳石。若選區重劃影響政黨選舉利基，政黨自然設法阻撓劃分，而非棄小利顧大局。1969年，選區劃分委員會依人口流動作成的選區重劃案，預料將導致工黨於下屆大選流失不少席次，工黨於是動用政治手腕，操作議事程序，硬生生使這項選區重劃案胎死腹中。由於選區劃分的政治屬性，使司法不願插手。1983年的選區劃分爭議案中，受理法官作成判決，認為選區劃分委員的工作，除發生重大不法情事外，不受司法裁量。[12]吾人可知，「票票等值」固然為選區劃分的理想境界，但由於選區劃分具高度政治性，動輒得咎，反而容易成為政治角力的三不管地帶。

選區劃分的不公平問題，至今仍懸而未決。各選區選民人口的差異，造成各選區選民的「票面價值」各不相同。依此而論，有識者認為，「票票等值」的民主精神尚未入憲，英國的選舉制度未臻成熟。但另一方面，吾人亦須體認選區劃分欲臻完美，有其困難。此外，有些偏遠選區的過度代表，可收保護弱勢利益之效，未嘗不是一件好事。選區劃分問題應如何解決，至今未有定論。

三、選民資格與登記投票

放眼當今民主國家，「一人一票，票票等值」乃想當然耳的選舉原則，但在英國，平等投票權卻是歷經百餘年的不斷改革，才換得的辛苦成果。十九世紀初，英國歷經工業化的洗禮，傳統上以農為主的社會型態，

---

[12] Loveland, I. (1996) *Constitutional Law: A Critical Introduction* (London:Butterworths), p. 266.

逐漸演變爲都市化的工商社會。1832年大改革法案（The Great Reform Act of 1832），便是首波反映當時社會劇變的選舉改革，改革法案將投票權由先前的農村地主階級，擴大到工業化所產生的中產階級，但合格選民只占成年人口（二十歲以上）的百分之七左右。1867年第二次改革法案（The Second Reform Act 1867），繼之將投票權擴展至城市勞工階級。1884年第三次改革法案（The Third Reform Act 1884），投票權擴充至鄉村勞工階級，但由於女性尚未獲普選權，合格選民占成年人口（二十歲以上）的比例不到百分之三十。

1918年的人民代表法案（Representation of the People Act of 1918），使二十一歲以上的男性及三十歲以上的女性，皆享有投票權。1928年的人民代表法案（Representation of the People Act of 1928），將女性投票權的年齡門檻降至二十一歲，與男性相同。此時英國的合格選民人數，已達成人人口的百分之九十六，普選權接近完成。1948年的人民代表法案（Representation of the People Act of 1948），將複數投票權予以廢除，之前企業老闆及大學畢業生享有的一人兩票特權，遭到取消。至此，成年選民一人一票的普選權，終告底定。

基於教育普及導致青年在心智上逐漸早熟，經濟生活上提早獨立等理由，1969年的人民代表法案（Representation of the People Act of 1969），進一步將選民投票年齡降至十八歲。十九世紀初葉至二十世紀中葉，歷過七次關鍵性改革，費時百餘年的普選權改革，方才告緩。

國會大選的選民資格如下。在積極資格方面，凡年滿十八歲的英國公民，或居住於英國的大英國協國家公民與愛爾蘭公民，享有投票權。在消極資格方面，須無以下情事之一者，方爲合格選民，包括：（一）上院議員的貴族；（二）心神喪失者；（三）經法院判決監禁者；（四）曾因選舉舞弊判罪，定讞未滿五年者。符合上述資格的合格選民，須登記始能投票。

登記投票是英國選舉的一大特色，各選區的選務官員負責逐戶調查，製作選區選舉人名冊。調查方法爲向每戶人家寄發表格，戶長應於表格上

將具投票資格之家中成員的資料詳實登記，未能配合表格登記者處以罰鍰。選務官員隨後依照登記表格上的資料，擬定當年的選舉人名冊，並予以公告，以供選民查看是否被登記入選舉人名冊，不服選務官員決定者得上訴法院。根據1981年的資料顯示，約有百分之七的合格選民因故未能完成登記。1998年「社區稅捐」施行後，部分選民因恐登記會洩露個人資料，而須面對「不樂之捐」的賦稅義務，合格選民的登記率因此降低。[13]

　　登記投票制係由1832年大改革法案提出，目的是爲加強對選民身分的檢查確認，防杜選民的不實投票。然而，登記投票制的良法美意，卻也提供政黨上下其手、從中謀利的機會，例如幫選民支付登記費用的間接性另類買票。有鑑於此，1918年人民代表法案，則對登記投票制的程序，作出更爲嚴謹的規定，由地方機關負起確保登記確實的責任。登記投票遭濫用的情事，至今已不多見，然仍偶有所聞。例如1994年，便發生政客介入，故意不將登記表格寄發至工黨選民（依判斷可能會投票支持工黨的選民）的醜聞。[14]

　　除了親自投票外，選民尚有其他兩種投票方式可供選擇，包括通訊投票（postal voting）與代理投票（proxy voting）。1948年起，選民得於投票日兩週前向原居住選區申請通訊登記，行使通訊選舉。行使通訊選舉的選民資格，包括離境未滿十五年的海外英國公民、因公居住海外的英國政府官員、病重或殘障人士、因工或度假不克前往投票者等。此外，因工或度假不克前往投票者，亦可事先辦妥手續，委託友人行使代理投票。以1992年爲例，約有百分之二的投票選民採通訊投票的方式。[15]通訊投票占總投票人數的比例雖低，但若政黨動員得宜，通訊投票或可在某些各黨得票差距不大的「邊緣選區」，扮演決定選戰勝負的關鍵角色。

---

[13] 同註9，頁39。
[14] 同註11，頁268。
[15] Forman, F. N. and Baldwin, N. D. J. (1996) *Mastering British Politics* (Hampshire: Macmillan), p. 31.

四、候選人資格與提名

　　英國下院選舉的候選人資格如下。在積極資格方面，凡年滿十八歲的英國公民，或大英國協國家公民，或愛爾蘭公民，得登記為下院議員候選人。[16]在消極資格方面，須無以下情事之一者，方能成為候選人，包括：（一）受破產宣告確定，尚未復權者；（二）被判處一年以上徒刑者；（三）心神喪失者；（四）上院議員；（五）英格蘭教會、蘇格蘭教會、愛爾蘭教會及羅馬天主教會的神職人員；（六）具有依1975年下院迴避法規定的職務者，包括公務員、部分地方政府官員、法官、現役軍警人員等。[17]若當選人被發現資格不符，其他候選人得向高等法院提起選舉無效之訴。

　　除上述資格外，候選人須由十名選民連署提名（一人提議，一人附議，與八人連署），並繳交保證金，才能完成登記手續。若候選人拿不到該選區百分之五的選票，保證金則被沒收。1918年，保證金為150英鎊，1984年起增至500英鎊。保證金的作用並非設定候選人的資產門檻，而是為了過濾淘汰一些輕言參選或志在攪局的候選人。

　　在提名方面，候選人可由政黨推薦提名，或自行參選。然揆諸現實，只有主要政黨（保守黨、工黨及自由民主黨）提名的候選人勝算較大，其他小黨推出的候選人則勝算不大，更遑論自行參選候選人的勝算機率有多低了。以1992年的國會大選結果為例，六百五十一席議員中，只有二十四席議員為非主要政黨提名。又如1997年的國會大選結果，六百五十九席議員中，只有二十九席議員為非主要政黨提名。以2010年的大選結果為例，六百五十席議員中，只有二十八席議員為非主要政黨提名。2015年英國大選的結果顯示，六百五十席議員中，有七十九席議員為非主要政黨提名。[18]以2017年的大選結果為例，六百五十席議員中，則有五十八席議員

---

[16] 根據《2006年選舉行政法案》（Electoral Administration Act 2006），英國下院選舉的候選人年齡從二十一歲降至十八歲。

[17] 同前註，頁31。

[18] House of Commons (2015) 'General Election 2015', file:///C:/Users/user/Downloads/CBP-7186.pdf.

爲非主要政黨提名。[19]二十一世紀以降，非主要政黨（保守黨、工黨及自由民主黨）提名當選的議員人數，與二十世紀相較，有逐漸增加的趨勢。

英國國會大選的候選人提名作業，主要由各政黨自行視事。以下就三大主要政黨—保守黨、工黨及自由民主黨的候選人提名方式，做一簡介。

在保守黨方面，中央黨部的遴選委員會負責向各選區黨部，提供一份核可名單（在競爭激烈的選區，最多約有四百名角逐者），凡有志或被推薦角逐議員寶座的人士，經核可後列名其中，中央黨部可循此過程，向地方黨部特別點名推薦某些黨中央屬意的人選。選區黨部的遴選委員會就核可名單進行過濾淘汰，選出約二十名候選人予以面試，再開會決定一份至少三名的「短名單」。選區黨部的執行會議隨之開會討論，於短名單中選出一名候選人後（也有可能二或三名），向選區黨部推薦。選區黨部採納後，呈請中央黨部核定，之後，該名候選人便成爲該選區的保守黨籍候選人。

在工黨方面，中央黨部的全國執行委員會決議舉行提名作業後，選區黨部便向所屬單位發出通知，要求提名。不同於保守黨，工黨黨員不得毛遂自薦，而須由工黨關係團體推薦，產生兩份候選人名單。其一，由工會推薦者，稱爲受贊助候選人。其二，非工會黨員者，得由支會委員會或社會主義社提名，稱爲未受贊助候選人。地方黨部的執行委員會審查上述名單後，提出一份短名單，再由選區黨員以單記可讓渡投票法選出優勝者，經黨中央全國執行委員會核定後，方成爲工黨於該選區提名的候選人。

在自由民主黨方面，中央黨部負責提出一份候選人名單，但由於自由民主黨與上述兩黨相比人才較爲缺乏，求賢若渴，地方黨部享有充分的提名權，地方黨部的執行委員會，在不受黨中央名單限制的情況下，全權進行短名單的確定。各地方黨部依自行決定的投票方式，對短名單進行投票，以產生該黨提名的候選人。黨中央並無權力反對地方黨部的提名決定。

---

[19] House of Commons (2019) 'General Election 2017: Results and Analysis', file:///C:/Users/user/Downloads/CBP-7979%20(2).pdf.

綜論之，上述三個主要政黨的候選人提名作業，皆以地方選區黨部爲決策中樞，中央黨部則扮演從旁監督輔導或握有最終干預權的次要角色。在保守黨與工黨方面，地方黨部握有決定提名人選的實際權力，中央黨部在提名作業的影響力則相形薄弱。黨中央提出的初步核可名單，對地方黨部來說徒具參考價值。此外，中央黨部有權反對地方黨部提名的候選人，但中央黨部對候選人的最後干預權，往往只是最終核定的官樣流程。舉例來說，保守黨自1945年，黨中央只有一次對地方黨部決議的候選人提出反對票。[20]在自由民主黨方面，中央黨部對提名作業的影響力更形微弱，黨中央無權反對地方黨部提名的候選人，提名作業的實質權力由地方黨部掌握。職是之故，英國下院議員的提名過程中，黨中央與地方黨部意見相左，形成衝突的情況並不多見，因爲黨中央對地方黨部在提名過程的影響力了然於心，不至輕易得罪地頭蛇，與地方勢力作對。

五、競選過程

競選時期自首相宣布議會改選當日開始，至投票日爲止。議會選舉應於議會解散後十七天內舉行，週末及國定假日不算在期限之內，故選舉活動通常爲期三至四週。競選期間，候選人的競選活動方式，可略分爲傳統與現代兩種。傳統的競選方式，包括掃街拜票、公開發表演說、刊登平面廣告等。掃街拜票有助於候選人體察民意取向，隨時調整選舉策略，然挨家挨戶拜票曠日廢時，特別在廣土眾民的選區，掃街拜票難竟全功。此外，英國諺語：「家是一個人的城堡。」不期然的登門拜票，反恐招惹選民對候選人的負面情緒。與選民面對面的公開演說，是競選活動中不可或缺的要角，候選人可於學校或公眾集會場所舉辦競選演說，當面接受選民的詰問。政黨也可透過全國性的大型競選說明會或地方性的巡迴演說，爲黨籍候選人造勢。地方組織亦可舉行說明會，廣邀各黨群雄一「辯」高下。在刊登平面廣告方面，競選手法主要包括寄送傳單、張貼海報、刊登

---

[20] 同註9，頁47。

報紙廣告等。地方黨部負責於選區內，寄發傳單、小冊子，以及張貼海報。按照規定，每一候選人得免費郵寄一份競選傳單至選區選民家中，競選傳單印有候選人的照片、政見、經歷等基本資料。相較於經費受限的候選人個人，政黨的宣傳活動顯得作風氣派，包括僱用廣告公司設計全國性政黨廣告，刊登巨額報紙廣告，於重要據點張貼醒目海報等。

　　現代的競選方式，包括電視、廣播等媒體的宣傳活動。1955年以前，電視新聞未能報導競選演說，直至1959年的國會大選，政黨領袖於競選期間，每日透過電視舉行記者會，電視才逐漸成為競選宣傳的要角。[21]電視的發展雖晚於報紙，但電視的普及化、即時性、無遠弗屆等特性，如今已成為政黨競選活動的主要戰場。電視競選活動的種類，主要有三：其一為爭取曝光，建立政黨親和形象，政黨領袖及候選人藉由探訪孤兒院、參加剪綵、參觀工廠等活動，塑造走入人群、親民愛民的電視形象；其二為發表政見，舉凡記者會或電視座談會，皆為政黨領袖及候選人宣傳政見的大好機會；其三為政黨廣告，各政黨依本屆與上屆的候選人人數多寡，享有不同比例的免費電視廣告時間。在廣播活動方面，政黨領袖及候選人藉由參加叩應節目（call-ins or phone-ins）與選民互動，或接受訪談暢所欲言。此外，各政黨依本屆與上屆的候選人人數多寡，亦享有不同比例的免費廣播時間，供政黨廣告播放。

　　英國議會選舉並非採行以政黨為投票取向的政黨比例代表制，然選舉過程卻形成「選黨不選人」的明顯傾向。究其原因有二：其一，英國的議會內閣制以政黨為運作軸心，候選人的政黨背景，重要性遠勝於候選人本身的因素；其二，由於法令對候選人的競選經費限制嚴格，阮囊羞澀的候選人在高消費的競選遊樂場，自然玩不出什麼花樣。相反地，經費不受限制的政黨，則有能力動員選舉機制，成為選戰中翻雲覆雨的要角。政黨挾其雄厚資源，透過電視、廣播及報紙等媒體強力助選，不僅遠勝於候選人於地方上單打獨鬥的競選成效，亦可強化選民的政黨認同。由於上述兩項

[21] Baker, A. J. (1986) *Examining British Politics* (Cheltenham: Stanley Thornes), p. 228.

原因，原本應爲「選人不選黨」的選舉制度設計（1970年以前，選票上未登記候選人的政黨取向）[22]，已爲「選黨不選人」的趨勢取代。因此，競選過程中政黨成爲競選活動的主角，主控競選力道與選戰勝敗，候選人及地方黨部的競選活動，則扮演深耕地方的輔選角色。

　　競選活動是一項「但問耕耘，不問收穫」的事業。雖然勝敗乃兵家常事，政黨對競選活動總是樂此不疲，全力以赴。除了打贏選戰的短線目標之外，競選活動有其長線利益。首先，小黨藉競選活動爭取曝光，有助於拉抬政黨未來選舉行情。其次，競選活動將黨員與支持者動員起來，有益於政黨向心力的凝聚。綜言之，英國的競選活動，對政黨、候選人與選民而言，不單是一場拼出勝負的選舉肉搏戰，亦爲一種教學相長的政治學習過程。

六、競選經費與賄選問題

　　由上可知，競選活動中政黨呼風喚雨而候選人左支右絀的差別情況，肇因於口袋深淺的差異。依據法律規定，候選人的競選經費有其金額限制，政黨的競選經費則否。1883年舞弊法案，認定競選的指標應爲候選人的政見優劣，而非候選人的財力大小，該法案因此成爲限制候選人競選經費的法源基礎。

　　候選人選舉經費的上限門檻，隨著社會發展及選區人口變化，屢番改弦易轍。以1992年爲例，郡選區候選人的選舉經費，上限爲4,642英鎊，外加選區內登記選民人數乘以3.9便士。市鎮選區候選人的選舉經費，上限亦爲4,642英鎊，外加選區內登記選民人數乘以5.2便士。依據1918年的人民代表法案，候選人及其競選機構的競選經費以外的任何經費來源，皆須獲得候選人競選機構的書面授權，更進一步加強候選人的經費限制，但由於沒有設立相應的監督機關，良法美意遂淪爲靠候選人律己律人的法律灰色地帶。

---

[22] 同註9，頁55。

　　限制候選人的競選經費，目的爲防杜賄選問題。十七、十八世紀的英國，賄選問題非常嚴重，有錢有勢的候選人以金錢暴力買票綁樁，乃稀鬆平常之事。雖然自1696年起花錢買票即屬違法，但在天下烏鴉一般黑的黑金選風下，只有罪行重大者才會遭受處分。某些競爭激烈，選票隨之「水漲船高」的選區，甚至出現未能對選民施以小惠的候選人，在選舉前即遭出局的情況。當時的賄選手法爲候選人向選民威迫利誘，威迫如革職、沒收財產，利誘如職務酬庸、金錢收買。

　　賄選問題於十七、十八世紀大行其道的原因，有以下數端：（一）由於當時選舉未採祕密投票，買票與暴力恐嚇得以滋生；（二）當時的選舉權集中於地主、富商等權勢階級手裡，依附他們生活的選民對利害攸關的威迫利誘，很難置之不理；（三）由於當時很多選區只有一個投票所，選民投票費時數日，因此提供候選人爲選民安排食宿、舟車往返的賄選良機；（四）當時的政治權力亦由此批權貴階級掌握，從下院到上院皆可發現他們的家族關係或共犯結構，致使賄選問題成爲當局者迷的一項祭品。

　　經過十九世紀的多次選舉改革，英國的賄選問題大爲改善。1832年大改革法案，針對候選人以金錢或暴力進行選舉的行爲，作出規範，威迫利誘的惡質選風爲之改善。1872年引進祕密投票法，進一步釜底抽薪剷除賄選病灶。1883年舞弊法案，規定候選人的地方競選經費，不得超過上限門檻，以期杜絕賄選歪風。除了制度上持續改革，十九世紀以降，普選權的擴大亦對賄選問題的改善，產生正面的作用。1832年中產階級取得選舉權，中產階級重視的公平理性的選舉價值，逐漸取代過去由地方權勢主控選舉資源的壟斷優勢。普選權的陸續擴充，產生新的選舉文化，適時爲之前的賄選文化進行了一場寧靜革命。

　　經過十九世紀的勵精圖治，二十世紀以後的英國，候選人賄選及暴力選舉的情事，已不復見。但賄選問題並未根除，賄選問題的主角，從十九世紀以前的候選人，換成二十世紀以後的政黨。上面提過，英國選舉法只對候選人的競選經費有限制，對政黨則否。賄選問題的焦點緊跟著候選人不放，但對政黨這個龐大的選舉機器卻視若無睹，無怪乎選舉法在賄選問

題上，被譏爲只拍蒼蠅，不打老虎的瞎子法。在候選人競選經費受限的情況下，經費不受限制的政黨，自然成爲選舉活動的要角，亦成爲利益團體的賄選新歡。選舉花錢，於今尤甚。政黨在全國性電視、廣播、報紙等媒體大打選戰，所費不貲。以1992年爲例，保守黨與工黨的競選花費皆超過上億英鎊，實力較弱的自由民主黨，花費也有兩千萬英鎊。錢從何處來？政黨經費的主要來源爲企業捐款，由於沒有法律要求政黨公布經費來源，利益團體自然得以藉贊助捐款之名，行間接買票之實。迨政黨勝選之後，利益團體便可影響政府決策，操控立法走向。

十九世紀前的賄選型態爲候選人向選民買票，選民出賣的頂多是候選人掌握的小規模地方利益。二十世紀的賄選型態，轉變爲由利益團體直接向政黨買票，選民在不知情的情況下，被賣掉了大規模的國家總體利益。選舉本應爲選賢與能的政治活動，卻遭經濟勢力粗暴干預。英國的賄選問題，反映的便是這種政治與經濟的弔詭關係。

七、投票與開票

投票活動於投票日當天上午七點起便展開，至晚間十點結束。英國的投票率穩定良好，自第二次世界大戰後，皆維持約百分之七十五的投票率。投票所開門前，選務人員須準備好各項前置作業，例如確定投票箱爲空的展示動作。選民經選務人員確認身分，拿到投票單後，即可進行圈選投票。若選票不小心毀損，選民仍有一次機會換取新的選票。投票結束後，選務人員將投票箱彌封，附上選票數目報告，一併送往選區的開票所。通訊投票的選票，須於投票結束前寄達指定機關，與一般選票一起計算。

開票過程中，首先要檢查投票箱的彌封是否完好，接著覆核投票箱內的選票是否與選票數目報告相符，之後才開始開票。候選人於開票過程中，得列席監督，開票結束後，候選人亦有權要求重新計票。各選區的開票結果，通常五小時後便可出爐，而國會大選的總結果，則須等到隔天。

選舉結果確定後，唐寧街十號首相官邸的主人，就要歡喜慶功或黯然離去了。

第二節　英國議會選舉制度──單一選區相對多數決制

英國議會選舉，採行單一選區相對多數決制（plurality）。「單一選區」即每一選區中，只有一名當選者，「相對多數」爲獲票最多者當選。由於每一選區只有一名當選名額，其餘落選者的選票形同廢票，故單一選區相對多數決制亦稱爲「首躍標竿制」（first-past-the-post，或簡稱FPTP）。單一選區相對多數決制爲人所詬病，主要因爲這項選舉制度易造成選票與席次間的不比例性，不僅扭曲民意，復損害政府的合法性。另一方面，單一選區相對多數決制的缺點，卻不失爲一項優點：選票與席次間的扭曲性有助單一政黨獨立主政，使政府權責統一，政黨免於被迫組成聯合政府共享政權。是故，儘管單一選區相對多數決制在英國備受批評，反對改革並主張維持現制者，亦不在少數。茲就單一選區相對多數決制的缺點及優點，分述如下。

一、單一選區相對多數決制的缺點

單一選區相對多數決制的諸多缺點，肇因於選票與席次間的轉化方式。選票是民意的反映，理想上，選票與席次應呈比例性的轉化，但在單一選區相對多數決制的運作下，選票與席次間的比例性卻遭兩度扭曲。首先，每一選區只有一名當選名額，所有投給其他落選候選人的選票形同廢票，無法反映爲席次。其次，將政黨於各選區所獲席次加總起來，政黨於議會選舉中所獲選票與所得席次之比例，則形成一種二度扭曲。茲將單一選區相對多數決制的缺點，整理如下四端。

第一，不公平的選舉結果。由於選票與席次間的不比例性，單一選區相對多數決制甚至會造成「敗者爲王，成者爲寇」的不公平選舉結果。

到底在單一選區相對多數決制下，選票與席次間的不比例性有多嚴重？吾人可藉由一項測量選票與席次間比例性的指數，一探究竟。這項指數為「比例性變異指數」（deviation from proportionality，簡稱DV），指數愈高，選票與席次間不比例性愈高；指數愈低，選票與席次間不比例性愈低。研究結果顯示，過去二十五年內，西歐民主國家中，英國的該項指數可算是「高人一等」。西歐國家多採比例代表制，而得以維持較低的指數水準，比例性變異指數約在百分之四至百分之八。然而，與同樣實施單一選區相對多數決制的美國相比（比例性變異指數約在百分之七），英國議會選舉制度之選票與席次間的不比例性問題（比例性變異指數約在百分之二十），的確相當嚴重。[23]

由於選票與席次間的高度不比例性，單一選區相對多數決制下，選舉結果不僅無法達到「票票等值」的公平原則，甚至會擦槍走火，產生「敗者為王，成者為寇」的尷尬局面。1951年的英國國會大選，即為一例，當年工黨拿下百分之四十八點八的選票，保守黨獲得百分之四十八點零的選票，以得票率來看，工黨勝出，實至名歸。然而，若以政黨所獲席次而論，卻出現保守黨拿下百分之五十一點四的席次，工黨獲得百分之四十七點二的席次，此一相反結果，使得獲票率上打贏選戰的工黨，到頭來反而因所獲席次比率低於保守黨，而功敗垂成。類似的情況，亦發生在1974年2月的國會大選。當時，保守黨得票率為百分之三十七點九，拿下百分之四十六點八的席次，而工黨得票率為百分之三十七點一，略低於保守黨，卻拿下百分之四十七點四的席次，成為執政黨。請參閱表8-2。

相異於比例代表制，單一選區相對多數決制下，政黨選票無法比例性地轉化為席次，故政黨不僅須在各選區衝高選票以求勝出，亦得兼顧政黨所獲席次的總體優勢，才不會因選票過分集中或分散而忽略總體席次的增加，面臨「高票落選，低票當選」的窘境。

---

[23] 「比例性變異指數」的計算方法，請參閱Dunleavy, P., Margetts, H., O'Duffy, B. and Weir, S. (1997) *Making Votes Count: Remodelling the 1997 General Election* (London: Democratic Audit), pp. 10-11.

表8-2 選票與席次間的變異扭曲

年份	得票率百分比		所獲席次百分比	
	保守黨	工黨	保守黨	工黨
1951	48.0	48.8	51.4	47.2
1974（2月）	37.9	37.1	46.8	47.4

資料來源：Cook, C. and Stevenson, J. (1988) *The Longman Handbook of Modern British History* 1714-1987, 2nd edn (London: Longman), pp. 78-79.

　　單一選區相對多數決制的第二項缺點，即「錦上添花，落井下石」。由於各選區只有一名當選名額，大黨挾其雄厚實力，自然較小黨容易勝選。若將各政黨所獲席次加以統計，這種對大黨有利，對小黨不利的情況，便愈明顯。大黨所獲席次的比率易於膨脹，高過其原始得票率，而小黨所占席次的比率則被扭曲壓縮，遠低於其原始得票率。

　　吾人可藉由一項指數，了解英國議會選舉制度對大小政黨大小眼的程度。這項指數為「政黨相對縮減指數」（relative reduction in parties，簡稱RRP指數），用以測量政黨間所獲選票與席次比例的相對關係，適足以突顯大小黨在選舉制度中所受的相對待遇。指數愈高，表示政黨間所受待遇的落差愈大，指數愈低，則表示政黨間所受待遇的落差愈小。1994年的研究報告顯示，英國的政黨相對縮減指數，為西方自由民主國家之冠，顯示政黨間所受差別待遇的嚴重程度。[24]以1997年工黨獲勝的國會大選為例，政黨相對縮減指數高達為百分之三十九，在一些工黨傳統票倉選區，指數甚至超過百分之六十（該指數上限為百分之七十）。英國議會選舉制度對大小黨厚此薄彼的程度，由此可見。

　　單一選區相對多數決制對大小政黨厚此薄彼的差別待遇，於選舉結果中昭然若揭。1922年以降的英國議會選舉，選舉結果傾向於對保守黨

---

[24] Dunleavy, P. and Margetts, H. (1994) 'The Experiential Approach to Auditing Democracy', in D. Beetham (ed.), *Defining and Measuring Democracy* (London: LSE Public Policy Group), pp. 155-182.

及工黨兩大政黨有利,對自由黨[25]等其他小黨不利。以保守黨爲例,除了1997年的國會大選之外,該黨於1922年以來的歷屆國會選舉,受惠於選舉制度,所獲席次的比率皆高於實際得票率。在工黨方面,1922年以後的二十六次議會選舉中,工黨所獲席次的比率高於實際得票率的例子,計有二十次。以2010年的國會大選爲例,保守黨拿下約百分之三十六的選票,其席次比卻增加至約百分之四十七;工黨獲得百分之二十九的選票,其席次比則增加至約百分之四十。[26]這樣的結果,顯示出現行的選舉制度,對大黨明顯有利。

在小黨方面,情況則正好相反。自由黨自1922年以後的歷屆國會大選,皆呈現所獲席次的比率遠低於實際得票率的扭曲情況。以1974年的兩次議會選舉爲例,自由黨拿下近百分之二十的選票,卻僅獲得百分之二的席次。同樣地,以2010年的國會大選爲例,自由民主黨獲得約百分之二十三的選票,但僅獲得百分之九的席次。2015年與2017年的兩次國會大選,自由民主黨分別拿下百分之七點九及百分之七點四的選票,但分別僅獲得百分之一點二及百分之一點八的席次。這樣的選舉結果,招致對選舉制度的不少批評。自由民主黨身爲英國第三大黨,於選舉制度的運作下成爲備受歧視的小黨,更遑論英國其他小黨的情況了。有關1922年至2017年議會大選的政黨的得票率與席次比情形,可參閱表8-3。

---

[25] 此處所稱的「自由黨」,乃一簡稱,包括1981年以前的自由黨(The Liberal Party)、1981年至1988年的自由與社會民主聯盟(Liberal-Social Democratic Alliance),以及1988年成立至今的自由民主黨(The Liberal Democrats)。自由黨演進簡史如下:自由黨(The Liberal Party)成立於1859年6月6日,1981年與是年成立的社會民主黨(The Social Democratic Party)聯姻,成立於自由與社會民主聯盟(Liberal-Social Democratic Alliance)。1988年兩黨正式合併,自由民主黨(The Liberal Democrats)自此成立。

[26] 參表8-3。

表8-3 1922年至2017年的議會大選：政黨得票比率與席次比率對照表

年 / 月	所獲選票百分比				所獲席次百分比			
	保守黨	自由黨	工黨	其他	保守黨	自由黨	工黨	其他
1922	38	29	30	3	56	19	23	—
1923	38	30	30	2	42	25	31	—
1924	48	18	33	1	68	7	25	1
1929	38	23	37	2	42	10	47	1
1931	67	31	2	—	90	—	9	1
1935	54	6	38	2	70	3	25	1
1945	40	9	48	3	33	2	62	3
1950	44	9	46	1	47	1	50	—
1951	48	2	49	1	51	1	47	—
1955	50	3	46	1	55	1	44	—
1959	49	6	44	1	58	1	41	—
1964	43	11	44	2	48	1	50	—
1966	42	9	48	1	40	2	58	—
1970	46	8	43	3	52	1	46	1
1974/2	38	19	37	6	47	2	47	2
1974/10	36	18	39	8	44	2	50	4
1979	44	14	37	5	53	2	42	2
1983	42	25	27	5	61	4	32	4
1987	42	23	31	5	57	4	35	5
1992	42	18	34	6	52	3	42	7
1997	31	17	43	9	25	7	64	4
2001	32	18	41	8	25	8	63	4
2005	32	22	35	10	31	10	55	5
2010	36	23	29	12	47	9	40	6
2015	37	8	30	25	51	1	36	12
2017	42	7	40	40	49	2	40	9

註：1. 此處自由黨為一簡稱，其定義請參閱註解13。2. 計算方式採個位數後四捨五入。3. 1931年工黨分裂，保守黨獲得的百分之六十七選票，是包括保守黨、麥克唐納工黨、自由黨在內之聯合政府的選票。1931年議會大選，聯合政府拿下五百五十四席，所獲席次比例為百分之九十點一。

資料來源：1. Butler, D. (1996) 'Electoral Reform', in J. Jowell and D. Oliver (eds.), The Changing Constitution (Oxford: Clarendon Press), p. 384. 2. Cook, Chris and Stevenson, John (1988) *The Longman Handbook of Modern British History 1714-1987*, 2nd edn (London: Longman), pp. 77-81. 3. 英國議會，網址為http://www.parliament.uk/。

　　單一選區相對多數決制的第三項缺點，爲低度代表的問題。絕對多數決制下，勝選者得票率須在百分之五十以上，才得以當選，不至衍生低度代表的合法性問題。但在單一選區相對多數決制的運作下，勝選者只須獲得相對多數的選票，即告當選。此外，由於每一選區的候選人人數往往在三名以上，勝選者得以低於百分之五十的得票率當選，引發民主代議的合法性問題。舉例來說，假設選舉中計有甲乙丙三黨，甲黨得票率爲百分之三十四，乙丙兩黨得票率皆爲百分之三十三，勝選政黨的低度代表的問題，因而產生。甲黨以相對多數的百分之三十四得票率，打敗得票率各爲百分之三十三的乙丙兩黨，但甲黨的得票率與其他兩黨互爲伯仲，且未能過半，民主代表性自然極爲薄弱。其次，甲黨雖驚險勝出，但若比較支持與反對甲黨選票，支持甲黨者僅占百分之三十四，反對甲黨者卻高達百分之六十六，這樣的低度代表顯然不能符合代議民主的精神。

　　單一選區相對多數決制下，政黨僅須取得相對優勢，便得以組成低度代表的「少數政府」。1900年以來至2017年的三十一次國會大選中，計有二十一次選舉，勝選政黨（或聯合政府）未能拿下過半選票，但得以獲得過半的席次比。1900年至2017年的各屆議會選舉中，勝選政黨的得票率未過半但席次比過半的例子，請參閱表8-4。

表8-4　1900年至2017年的議會大選：獲勝政黨（或聯合政府）得票率未過半／席次比過半

得票比率未過半，席次比率過半			
年份	政黨	得票率	席次比
1906	自	49.0	59.7
1918	聯	47.6	67.6
1922	保	38.2	56.1
1924	保	48.4	68.1
1945	工	47.8	61.6
1950	工	46.1	50.4
1951	保	48.0	51.4

表8-4　1900年至2017年的議會大選：獲勝政黨（或聯合政府）得票率未過半／席次比過半（續）

得票比率未過半，席次比率過半			
年份	政黨	得票率	席次比
1955	保	49.7	54.6
1959	保	49.4	57.9
1964	工	44.1	50.3
1966	工	47.9	57.6
1970	保	46.4	52.3
1974（1974年10月）	工	39.2	50.2
1979	保	43.9	53.4
1983	保	42.4	61.1
1987	保	42.4	57.8
1992	保	41.9	51.6
1997	工	43.2	63.6
2001	工	40.7	62.4
2005	工	35.2	55.0
2015	保	36.8	50.8

註：1. 政黨縮寫說明，「保」為保守黨，「工」為工黨，「自」為自由黨，「聯」為政黨共組的聯合政府。2. 此處自由黨為一簡稱，其定義請參閱本章註解25。

資料來源：1. Punnett, R. M. (1994) *British Government and Politics* (Hampshire: Dartmouth), p. 63. 2. Cook, C. and Stevenson, J. (1988) *The Longman Handbook of Modern British History 1714-1987*, 2nd edn (London: Longman), pp. 77-81. 3. Office of national Statistics (1998) *Focus on Britain* (London: Foreign and Commonwealth Office), p. 6. 4. 英國議會，網址為http://www.parliament.uk/。

　　1900年以來至2017年的三十一次國會大選中，勝選政黨（或聯合政府）拿下過半選票及過半席次的例子，只有四起。其餘的二十七次選舉，勝選政黨（或聯合政府）皆未能拿下過半選票。1900年至2017年的各屆議會選舉中，勝選政黨的得票率與席次比皆過半的例子，請參閱表8-5。

表8-5　1900年至2017年的議會大選：獲勝政黨（或聯合政府）得票率與席次比皆過半

得票比率與席次比率皆過半			
年份	政黨	得票率	席次比
1990	保	51.1	60.0
1931	聯	67.0	90.1
1935	保	53.7	70.2
2010	聯	59.0	55.8

註：政黨縮寫說明，「保」為保守黨，「聯」為政黨共組的聯合政府。
資料來源：同表8-4。

　　1900年以來至2017年的三十一次國會大選中，勝選政黨得票率過低，只能以得票率及席次比皆未過半的情況主政，計有六次。1900年至2017年的各屆議會選舉中，勝選政黨的得票率與席次比皆未過半的例子，請參閱表8-6。

表8-6　1900年至2017年的議會大選：獲勝政黨（或聯合政府）得票率與席次比皆未過半

得票比率與席次比率皆未過半			
年份	政黨	得票率	席次比
1910（1910年1月）	自	43.2	41.0
1910（1910年12月）	自	43.9	40.6
1923	保	38.1	42.0
1929	工	37.1	46.8
1974（1974年2月）	工	37.1	47.4
2017	保	42.3	48.8

註：政黨縮寫說明，「保」為保守黨，「工」為工黨，「自」為自由黨。
資料來源：同表8-4。

　　單一選區相對多數決制造成的「少數政府」問題，由來已久。但由於兩大政黨受惠於該項制度缺點，對於少數政府的低度代表問題，皆抱持著「風水輪流轉」的姑息心態。1974年2月的大選，工黨以不到四成的得票率取得政權，創下二次戰後政府得票率的新低紀錄（請參閱表8-6），

使保守黨的部分人士，開始質疑選舉制度的民主合法性，而倡議改革。然而，保守黨於1979年上台後，卻搖身一變，成爲反對選舉制度激進改革的溫和派。同樣地，1979年起淪爲反對黨的工黨，長期反對選舉制度的不公，支持改革現制，但工黨於1997年重掌政權後，卻面臨兌現選舉支票的窘境，爲了應否及何時舉行選舉制度改革的公民投票，傷透腦筋。低度代表的問題，使兩大政黨對現行的選舉制度，既愛又恨。無怪乎選舉制度的改革，淪爲此一時彼一時的權宜性選舉支票。

2005年的國會大選，工黨取得僅僅三十五點二的得票率，創下紀錄，成爲英國歷史上最低得票率的勝選政府，亦引起英國朝野對政府低度代表性及選舉制度改革這些議題的討論。此外，2010年的國會大選，選舉結果出現無一政黨獲得過半數席次的「僵局國會」（Hung Parliament）。經過政黨協商後，由保守黨及自由民主黨，組成英國自1945年以來首次的聯合政府。事實上，二十世紀以來英國曾出現五次「僵局國會」，亦即獲勝政黨得票率與席次比皆未過半。此外，英國的兩黨制在近幾十年來，受到小黨興起的影響，備受挑戰。以1951年例，當時的工黨和保守黨，拿下了百分之九十七的選票。但反觀2010年的選舉結果，上述兩黨僅取得百分之六十五的選票。[27]這樣的趨勢，讓英國朝野擔憂，僵局國會和聯合政府的情況，將會愈來愈普遍，亦因此帶動選舉制度改革的相關討論。

二、單一選區相對多數決制的優點

單一選區相對多數決制的上述缺點，的確造成諸多不公平結果，但就選舉過後長期以觀，單一選區相對多數決制的缺點，卻弔詭地成爲優點，使勝選政府在集體責任與代表性方面的表現，可能較比例代表制下所易產生的聯合政府，來得出色。單一選區相對多數決制的優點，有以下數端。

單一選區相對多數決制的第一項優點，爲權責分明的一黨政府。由

---

[27] Paun, A. (2011) 'United We Stand? Governance Challenges for the United Kingdom Coalition', *The Political Quarterly*, Vol. 82, No. 2, p. 652.

於選票與席次的不比例性，單一選區相對多數決制易造成單一政黨獨立主政。相較於比例代表制所易產生的聯合政府，[28]單一選區相對多數決下所易形成的一黨政府，政府權力統一集中，政治責任清楚分明。在政府權力方面，英國政府素有「強大政府」的美譽，乃拜選舉制度之賜。單一選區相對多數決制下，易產生單一政黨獨立主政的政府，政府較能發揮強而有力、完整有效的領導權。反觀比例代表制所易產生的聯合政府，各政黨間的利益角力，容易使聯合政府淪為多頭馬車或分贓政治，政府權力因共享而削弱。由於政府政策的爭議往往是零和遊戲，例如興建核能電場與反對興建核能電場，在無法謀求折衷妥協的情況下，只好落得一翻兩瞪眼、政策流產的政治僵局，或走入政黨間政策交換的分贓政治後門。相反地，單一選區相對多數決制所易造成的一黨政府，則可減少政黨間的政治議價機會，政府權力較之完整強大。

在政府責任方面，單一選區相對多數決制所易造成的一黨政府，較能提供選民歸咎政府責任成敗的清楚目標。反觀比例代表制所易產生的聯合政府，政黨間爭功諉過在所難免，選民欲歸咎政府責任，一如霧裡看花，令人眼花撩亂。綜上所述，單一選區相對多數決制的運作下，單一政黨易於獨立組成權責分明的一黨政府。

單一選區相對多數決制的第二項優點，為政府的高度代表性。如前所述，單一選區相對多數決制的缺點，為選票無法比例轉化為席次，造成「少數政府」的低度代表問題。反觀比例代表制下的政府，各黨得票率可比例轉化為席次比率。然選舉過後長期以觀，單一選區相對多數決制所易形成的一黨政府，反而較比例代表制所易產生的聯合政府，更具政府的高

---

[28] 單一選區相對多數決制易造成單一政黨獨立主政，比例代表制易產生聯合政府，此項選舉制度與政府型態關係的推論，植基於所謂的「杜佛傑法則」（Duverger's Law）及「杜佛傑假說」（Duverger's Hypothesis）。法國政治學者杜佛傑（Maurice Duverger）指出，單一選區多數決制對兩黨制有利，此即「杜佛傑法則」。學者萊克（William Riker）深究「杜佛傑法則」後，整理提出「杜佛傑假說」，即比例代表制易造成多黨制。「杜佛傑法則」及「杜佛傑假說」皆屬對政治現象歸納整理後提出的推論通則，並非顛撲不破的普遍真理。上述選舉制度與政府型態關係的推論，亦復如此。

度代表性。

　　比例代表制下的聯合政府，的確較能比例代表政黨的選票。但一旦政府組成開始運作後，由於聯合政府的議價生態，政黨間折衝尊俎，不僅政府決策難以完整代表各政黨的選民心聲，各黨的政策立場，往往易與競選時的政策主張漸行漸遠。此外，比例代表制的代表性問題，亦有盲點。假設選舉中計有甲乙丙三黨，甲乙兩黨各獲百分之四十的選票，丙黨獲票率則為百分之二十。比例代表制下，聯合政府可望由甲丙兩黨或乙丙兩黨組成，然兩種盲點由此產生。其一，甲丙兩黨聯合或乙丙兩黨聯合，總得票率皆為百分之六十，但究竟哪一種組合較具民意代表性？其二，甲丙兩黨聯合或乙丙兩黨聯合，可能皆使選民大失所望，因為選民認為原先投票支持的某一政黨，才是他們的第一選擇。甲丙兩黨聯合或乙丙兩黨聯盟的組合，充其量只能算是他們的第二選擇。因此，這些順位第二的百分之六十選票，相比於順位第一的百分之四十選票，何者較具代表性，實難以衡量定奪。

　　相較於比例代表制，單一選區相對多數決制所易形成的一黨政府，充分展現出政府的高度代表性。單一政黨獨立主政之下，政府存在的合法性源於該黨所獲的多數選票，無須倚賴他黨聯盟，政府自然能夠心無二主，完整代表該黨選民的心聲，此即單一選區相對多數決制的第二項優點—政府的高度代表性。

　　除上述兩點外，單一選區相對多數決制簡單易懂，亦為一項優點。在選民投票方面，選民只須於數位候選人中，擇一圈選（英國以畫叉作記）即可，方便易懂。在選票計算方面，每一選區中，獲得相對多數選票的候選人為勝，拿下全國相對多數席次的政黨，即告勝選。相較於一些計算方式較為複雜的選舉制度，單一選區相對多數決制簡單明瞭，的確減低不少因選舉制度本身的複雜性所可能引起的爭議與問題。

　　綜上所論，單一選區相對多數決制的缺點與優點，利害相對。反對單一選區相對多數決制者強調，選票與席次的不比例性，戕害民主代議的精神，復扭曲選舉結果的公平性。支持單一選區相對多數決制者則認為，選

舉後的長期公平比選舉時的短期公平更有意義。長期以觀，單一選區相對
多數決制所易造成的一黨政府，較之於比例代表制所易產生的聯合政府，
在政府的集體責任與代表性方面，表現較爲優異。單一選區相對多數決制
充分展現出民主的弔詭，不民主的手段卻可達到民主的目的。職是之故，
選舉制度的熟優熟劣，應與民主概念一樣，有更寬廣的理解和看待。

第三節　選舉制度的改革爭議

　　1997年上台的工黨政府，承諾將延宕多年的選舉制度改革問題，於
2002年前進行公民投票。選民得就維持現制與進行改革兩個選項，擇一選
擇。以下針對主張維持現制與主張進行改革的理由，分別論述。至於改革
的可能方向，目前由政府相關單位進行研擬。本節最後就五種廣受討論的
選舉制度，做一簡介與比較。

一、主張維持現制的理由

　　現行的單一選區相對多數決制，雖然具有選票與席次不比例性的致命
缺點，但在支持者眼裡，單一選區相對多數決制亦具有諸多優點，這項致
命缺點瑕不掩瑜。茲將主張維持現制的理由，整理如下數端：

　　（一）上節提過，單一選區相對多數決制易產生權責分明的一黨政
府，與比例代表制相較，比例代表制雖然較能達到選票與席次的比例性，
但選舉過後，政府往往因聯合決策而難以忠實反映選民心聲。十八世紀法
國政治哲學家盧梭，於《民約論》一書中寫道：「英國人民自以爲生而自
由，但他們大錯特錯。他們只有在選舉議員時自由，選舉過後他們轉而被
奴役，地位無足輕重。」[29]這段話在二十世紀，反而可藉以襯托英國選舉

---

[29] Kavanagh, D. (1994) 'Elections', in B. Jones, A. Gray, D. Kavanagh, M. Moran, P. Norton and A. Seldon (ed.), *Politics UK* (London: Harvester Wheatsheaf), p. 169.

制度的優點。相較於比例代表制下，選舉時選民利益被比例代表，選舉後選民利益難以反映的情況，英國的單一選區相對多數決制，選舉時選民利益雖未獲比例代表，但選舉過後政府易於一黨主政，反而較能反映支持選民的利益，並提供選民檢驗政府是否兌換競選支票的機會。盧梭於十八世紀針砭英國選舉制度「自由一時，奴役一世」，但在選舉制度百花齊放的二十世紀，英國的選舉制度反較廣為採行的比例代表制，略勝一籌，可將「自由一時，奴役一世」的帽子拱手讓人。

（二）單一選區相對多數決制下，主政政黨須具備掌握多數選區席次的能耐，方能拱起江山一片天。相對而言，規模較小或票源分散不平均的政黨，則難以生存。小黨備受打壓看似不公，但小黨亦須檢討自身斤兩，況且選舉制度並未扼殺小黨的生存空間，小黨若能增加選票與席次，小黨仍有鹹魚翻身的公平機會。單一選區相對多數決制下，只有掌握全國多數席次的大黨，才能主政，政見較為偏激的小黨，則難以影響決策核心，因此避免比例代表制可能產生的偏激政治，例如鼓勵極端小黨的發展，恐使聯合政府的政策偏激化。

（三）主張維持現制者擔憂，倘若選舉制度改為比例代表制，會出現義大利式的弱勢政府與多黨林立。義大利採行政黨比例代表制，由於選舉門檻不高，致使多黨林立，聯合政府早世隕命亦為常態。舉例而言，1944年至1995年間，計有五十四個政府輪番更迭。義大利在強大的改革壓力下，於1993年進行選舉制度的改革，將1919年起施行的政黨比例代表制，改為四分之三的議會席次採單一選區相對多數決制，其餘四分之一的議會席次，則維持舊制。義大利於1993年至2005年之間，皆採行此制。義大利的經驗，正好與英國選舉制度的改革，成一對比。在英國，主張維持現行選舉制度者面對選舉改革，大感不解，義大利的選舉改革從善如流尚且不及，何以英國要走回義大利改革前的老路？

（四）現行單一選區的選舉制度下，選區範圍較小，候選人易與選區選民產生密切聯繫。若改為其他選舉制度，此項代議士與選民的溝通渠道，恐遭破壞。例如若採複數選區的選舉制度，由於選區範圍較大，候選

人與選區選民的聯繫相形減弱。又如政黨比例代表制由政黨主控選舉提名，選票以政黨為依歸，候選人與選區民的聯繫更為薄弱。

（五）本章第二節提過，單一選區相對多數決制下，選票與席次間的扭曲轉化，對大黨有利，對小黨不利。大黨所獲的席次比率，往往超過所獲的選票比率，使大黨得以以小搏大，輕鬆主政。保守黨與工黨身為兩大政黨，一方面為現行選舉制度下的既得利益者，另一方面掌握選舉制度改革的決策主導權，自然成為反對改革現制的主力軍，其中以保守黨反對改革最力。工黨由於不堪1980年以來的長期落敗，將落選原因歸咎於現行的選舉制度，欲藉選舉制度改革變法圖強。孰料1997年工黨大敗保守黨，搖身一變成為現行選舉制度下的贏家，因而被迫面臨兌現改革選舉制度的承諾支票。保守黨與工黨兩大政黨，擁有選舉制度改革的主導權，但兩大政黨身為現行選舉制度下的既得利益者，改革選舉制度之於這兩大政黨，猶如壯士斷腕，情何以堪。

鑑於以上原因，贊成維持現行選舉制度者認為，維持現制方為上策，一方面既可保留一黨政府運作的優點，另一方面亦無須破壞選民的投票習慣，勝於透過改革現制，將英國政治推向一個不可知的陌生未來。

二、主張進行改革的理由

1970年以降，主張對單一選區相對多數決制進行改革的聲浪，逐漸高漲。1974年兩次議會大選的不公平選舉結果，乃是促使主張改革現制者揭竿而起的導火線。1974年2月及10月的兩次議會大選，突顯出選舉制度的以下三項嚴重缺陷。

其一，1974年2月的議會大選結果顯示，工黨獲得百分之三十七點一的選票，低於保守黨百分之三十七點九的得票率，卻因選舉制度中選票與席次的扭曲性，工黨獲得百分之四十七點四的席次，高於保守黨百分之四十六點八的席次比率，造成工黨以亞軍之實拿下選舉的冠軍頭銜。其二，1929年以來，1974年2月的大選首次出現無法形成明確多數的少數政

府，工黨與保守黨的得票比率或席次比率，皆在伯仲之間。此外，工黨以不到四成的得票率取得政權，創下二次大戰後政府得票率的新低紀錄。於此情形下，一向反對選舉制度的部分保守黨人士，亦開始質疑少數政府的低度代表問題，並思考改革的必要性。其三，自由黨於1974年2月及10月的兩次議會大選，以第三黨之姿辛苦攻下近百分之二十的選票，卻僅獲得百分之二的席次，使自由黨及其他小黨，大起不平之鳴，極力鼓吹以比例代表制取代現制。[30]

選舉制度的改革，自1970年代以降，逐漸成為政治改革的一項重要議題，改革討論的核心主要為選票與席次間的比例問題。選舉制度的改革茲事體大，因此，雖然歷經四十年多年產官學界的諸多討論，選舉制度的改革始終是「只聞樓梯響，不見人下來」。1997年工黨政府承諾，將選舉制度的改革問題交付公投，總算使延宕多年的改革爭議，有了初步的結果。2011年，由保守黨與自由民主黨組成的聯合政府，就選舉制度的改革舉行公投。公投的結果，雖為維持現制，但此次公投不啻為英國選舉制度改革的一個重要里程碑。茲將英國近幾十年來，主張進行選舉制度改革的理由，整理如下數端。

（一）本章第二節提到，單一選區相對多數決制的致命缺點，在於選票與席次的不比例性。這項致命缺點，不僅使「票票等值」的精神遭到扭曲，復易造成不公平的選舉結果，包括「敗者為王，成者為寇」的扭曲化選舉結果，對大小黨「錦上添花，落井下石」的差別待遇，以及「少數政府」的低度代表問題。面對這些問題，改革者深感非變法圖強不足以匡正積弊，因而希望透過改革現行的選舉制度，一舉消除現制的諸多弊病，達成選票與席次比例化的目標。

（二）反對改革者認為，現行的單一選區相對多數決制，易產生權責分明的一黨政府，為一優點。若採行比例代表制，英國素負盛名的「強

---

[30] Butler, D. (1996) 'Electoral Reform', in J. Jowell and D. Oliver (eds.), *The Changing Constitution,* 3rd edn (Oxford: Clarendon), p. 383.

大政府」恐將淪為聯合議事的「弱勢政府」。然而，主張改革者反駁此種「強大政府」論，他們認為，長期觀察「強大政府」的運作，國家總體政策易因改朝換代而大幅更動，缺乏持續穩定性，並非幸事，何強之有？

（三）主張維持現制者憂心，以比例代表制取代現制，將有助於極端政黨的發展。但主張改革者反諷，單一選區相對多數決制易形成獨權專斷的一黨暴政，因此認為現制支持者不應見比例代表制如眼中刺，卻未見單一選區相對多數決制的眼中樑木。[31]

（四）贊成維持現制者主張，單一選區相對多數決制下的一黨政府，比起比例代表制下合久必分的聯合政府，較為長壽。政治學者李帕特（Arend Lijphart）對1945年至1980年間的二十個民主國家進行研究，亦發現政黨數目與政府壽命成反比的傾向。[32]但主張改革者提出「聯合政府無罪論」，批評維持現制者多以義大利為例，突顯比例代表制下聯合政府的短命內閣問題。改革者強調，不應一竿子打翻一船人，比例代表制下的聯合政府亦有政通人和、長治久安者，例如德國。

（五）主張改革者認為，單一選區相對多數決制難以反映政黨生態的改變，唯有將現制改為更具選票與席次比例性的選舉制度，才能使後來居上的小黨勢力，獲得合理的代表。1951年的議會大選，計有百分之九十六點八的選票，為保守黨及工黨兩大政黨囊括，自由黨等其他小黨，僅拿下百分之三點二的選票。隨著小黨數量與勢力的不斷增長，至1997年的議會大選，保守黨及工黨兩黨所占選票，降至百分之七十三點九，全國共有十一個政黨贏得議會席次。[33]因此，改革者擔憂，若選舉制度不能反映政黨生態的改變，不僅對小黨不利，主要政黨的選票空間，也會因小黨成長而相對縮小，使「少數政府」的問題愈形惡化。綜上所述，單一選區相對多數決制本身的先天弊病，再加上政黨生態環境的後天改變，使得主張非

---

31 聖經馬太福音六章七節：「為什麼看見你兄弟眼中有刺，卻不想自己眼中有樑木呢？」
32 Lijphart, A. (1984) *Democracies: Patterns of Majoritarian and Consensus Government in Twenty-One Countries* (New Haven: Yale University Press), p. 126.
33 Office of National Statistics (1998) *Focus on Britain* (London: Foreign and Commonwealth Office), p. 6.

變法不足以圖強的改革聲浪，自1970年代以降日益高漲。

三、改革方向

　　經過近三十多年的針鋒相對、唇槍舌戰，選舉制度的改革爭議於1997年工黨政府上台後，獲致初步的實際成果。工黨承諾將選舉制度改革交付全民公投，問信於民。選民得就維持現行的單一選區相對多數決制，或採行新的選舉制度，作一選擇。至於應採行哪一種選舉制度作為改革方案，長久以來各方意見不一。以下就五種作為改革方案的選舉制度作一簡介，包括屬於比例代表制的單記可讓渡投票法（single transferable vote，簡稱STV）及名單比例代表制（list proportional representation system，簡稱List PR），屬於多數決制的選擇投票法（alternative vote，簡稱AV）及補充投票法（supplementary vote，簡稱SV），以及屬於多數決與比例代表混合制的多額投票法（additional member system，簡稱AMS）。

　　單記可讓渡投票法及政黨名單比例代表制，乃系出比例代表制家族的兩大熱門改革方案。單記可讓渡投票法對一般人來說，較為陌生，因為放眼全球，只有愛爾蘭、馬爾他等國採行此制。但英國人民對此並不陌生，因為一海之隔的愛爾蘭共和國便採行單記可讓渡投票法。北愛爾蘭的地方自治議會選舉，以及北愛爾蘭地區的歐洲議會議員選舉，亦採行此制。此外，英國本島的選舉改革聲浪中，自由黨對單記可讓渡投票法，一直情有獨鍾，大加鼓吹。於此情境下，英國人民對單記可讓渡投票法，自然濡染已深，並不陌生。

　　單記可讓渡投票法採複數選區制，每一選區可產生至少兩名、至多九名的當選名額，因此每一政黨皆可提名數名候選人，以爭食席次大餅。選民投票時，採取標記喜好順序（以阿拉伯數字1、2、3等代表喜好順序）的方法，為候選人做一評等。例如，將候選人張三標記第一，將候選人李四標記第二。選民投票時有很大的選擇空間，可不依候選人的黨派背景，自由標記喜好順序，至於喜好順序標至多少，亦全憑己意。選票計算方

面，當選人須通過規定門檻。此一門檻，請參閱圖8-7。

$$當選門檻 = \frac{選區的總票數}{選區的議員名額 + 1} + 1$$

圖8-7　單記可讓渡投票法的當選門檻

　　選票計算的方式，首先針對第一順位的選票進行統計，若候選人選票超過門檻，即告當選，若沒有候選人達到門檻，得票最低者便自動淘汰。首輪計票後，如果當選名額尚未全部產生，則進行下一輪的選票計算。統計第一順位選票所產生的當選人，其「剩餘選票」（超過門檻的得票數）與其他候選人的選票加總起來，進行第二順位選票的統計，若候選人選票超過門檻，即告當選。若當選名額仍未全部產生，得票最低者自動淘汰，並按上述方式類推，進行下一順位選票的計算，直至議員名額全部產生為止。單記可讓渡投票法的「可讓渡」，含意有二。首先，選民可於候選人中，自由標記喜好順序，決定將選票「讓渡」給誰，以及「讓渡」的順序。其次，獲勝候選人的「剩餘選票」，可「讓渡」於下一輪的選票計算。

　　單記可讓渡投票法的主要優點，一方面保有比例代表制的精神，選票與席次可以比例性地轉化，另一方面也保留選民選擇候選人的權力，透過自由標記喜好順序，選民的偏好更能細膩展現。反觀政黨名單比例代表制，政黨完全掌握候選人的提名，使選民喪失選賢與能的影響力。

　　單記可讓渡投票法的缺點，則包括以下數端：其一，「剩餘選票」的讓渡過程，有其實行上的困難與弊病，直接影響選舉結果的公正性。易言之，「剩餘選票」的挑選與開票先後，左右著候選人當選與否的命運。[34]

---

[34] 有關「剩餘選票」讓渡過程的制度缺陷，請參閱薩孟武（1960）。《政治學》，四版。台北：三民書局經售，頁551-552。

因此，單記可讓渡投票法，在複雜的選票計算過程中，亦存在選舉結果有失公平的制度性致命傷。其二，複數選區下，政黨須提名多名候選人，以搶食席次大餅，易於造成黨內候選人同室操戈的恩恩怨怨。其三，單記可讓渡投票法下的複數選區，較現制的單一選區大上數倍，假設選區當選名額計有五名，選區人數便會從目前的六萬人（全國各選區選民人數的平均值）擴大至三十萬人，選民人數與議員人數僧多粥少的差異情況下，選民與議員間的聯繫互動，勢必更加困難。況且，相異於單一選區只有一名議員的單純情況，複席選區的議員人數為二名以上，議員與選民間的代表關係，難以認定。

政黨名單比例代表制，亦為選舉改革的可能方案之一。政黨名單比例代表制下，政黨自行擬訂候選人名單，選民以政黨為投票對象，各黨的得票率轉換至所獲席次的比率，政黨再將所獲席次依序分配給政黨名單上的候選人。這種制度的優點為，選票與席次間的轉化符合數學上的比例原則，亦不致產生廢票，使「票票等值」的公平原則得以落實。政黨名單比例代表制下，選票與席次得以比例轉化，但在另一方面，卻也造成顧此失彼的缺憾。例如，選票與席次間的比例轉化，使小黨易於生存，聯合政府易成常態。此外，由政黨主導候選人提名，選民失去選賢與能的權力，候選人與選民間的聯繫，亦產生困難。鑑於此項缺點，部分國家採用的政黨名單比例代表制，例如挪威、芬蘭等國的政黨名單比例代表制，允許選民對政黨提出的候選人名單，進行喜好順序的標記，希望藉此救濟上述的制度缺失。

1999年歐洲議會議員選舉，英國改採政黨名單比例代表制（北愛爾蘭繼續採行單記可讓渡投票法），使得各政黨的席次多寡按選票比例赤裸呈現，與單一選區相對多數決下的過去議會大選紀錄相比，保守黨與工黨的所獲席次表現，大不如前，自由民主黨等小黨則展現揚眉吐氣的氣勢。1999年歐洲議會的選舉結果令兩大政黨擔憂，倘若此次歐洲議會選舉換為英國議會大選，聯合政府似乎是無法迴避的一條路。因此，政黨名單比例代表制對兩大政黨來說，無疑是一帖壯士斷腕的改革方案。

　　在多數決制方面，由於現行選舉制度採取相對多數決法，引發「少數政府」的低度代表問題，於是，改革者將目光轉移至採取絕對多數決法的選擇投票法與補充投票法。選擇投票法與現制相去不遠，亦採單一選區制，所不同者在於投票方式與選票計算。選擇投票法下的投票方式，選民可依喜好順序，將選票上的候選人做一標記（以阿拉伯數字1、2、3等作一順序標記）。例如將候選人甲標記第一，將候選人丙標記第二。選票計算採絕對多數決法，首先就獲得第一順位的選票進行統計，候選人贏得過半數者始能當選。若沒有候選人獲過半選票，獲票最低的候選人自動淘汰，其選票則與其他候選人一起，進行第二順位的選票統計，依此方式類推，直至產生得票過半的議員為止。

　　選擇投票法的優點，在於選民對候選人的比較偏好，得以反映至選舉結果，無怪乎英國前首相邱吉爾讚賞此制，認為此種選舉制度下，「最有價值的選票造就最有價值的候選人，並決定選舉的輸贏」。[35]但批評者認為，在難分軒輊的吃緊選戰，贏家恐須歷經多輪順位計票方能產生，造成最後的選舉結果並非選民的第一選擇，而可能只是選民第三或第四的次要選擇，[36]易言之，選舉贏家可能只是選民較不討厭者，而非最受歡迎者。二十世紀初葉，比例代表制尚未成為選舉改革的熱門方案，針對現制稍作修正的選擇投票法，算是當時選舉改革的熱門方案。然而，目前只有澳大利亞的下院選舉採行此制。選擇投票法顯得形單影隻，雖然在選舉改革方案中倒不下去，但似乎也站不起來。

　　1993年工黨針對選擇投票法略加修正，提出一套選舉制度，名為補充投票法。在投票方式方面，補充投票法與選擇投票法相同的是，選民投票時享有喜好偏好順序的標記權。兩者不同的是，補充投票法下，選民只有第一偏好與第二偏好的標記權。選票計算方面，首先針對第一偏好的選票數進行統計，若候選人獲過半選票則自動當選。若第一階段沒有候選人勝

---

[35] Baker, A. J. (1986) *Examining British Politics*, 3rd end (Cheltenham: Stanley Thornes), p. 42.

[36] Dunleavy, P. (1997) 'The constitution', in P. Dunleavy, A. Gamble, I. Holliday and G. Peele (eds.), *Developments in British Politics 5* (London: Macmillan), p. 153.

出,接下來的計票方式,便與選擇投票法不同。首輪計票中獲票最高的兩名候選人,才有資格於第二階段的計票過程一決生死,其餘淘汰者的選票亦有其剩餘價值,凡投給前兩名候選人的第二偏好選票,與該兩名候選人所獲的第一偏好選票一起加總,兩強對決,獲票最多者爲勝。換言之,補充投票法以第一偏好的選票爲勝負關鍵,第二偏好的選票,則爲若第一偏好的首輪計票勝負未果,二輪計票時一分勝負的「補充」工具。

補充投票法類似法國總統大選執行的兩輪投票法,以絕對多數決於兩次以內的計票底定選局。但與兩輪投票法不同的是,補充投票法除去兩輪投票法下選民可能需要進行第二次投票的費時費力,以選票的二輪計票以逸待勞。與選擇投票法相較,補充投票法具有以下優點。首先,補充投票法保留了現制以畫叉作記的簡易優點,選擇投票法採行的喜好順序標記法(以阿拉伯數字1、2、3等做一順序標記),不論在投票或計算選票方面,皆較爲複雜。其次,相較於選擇投票法下當選者可能只是選民的次要選擇,補充投票法設定,當選人的條件必須在第一偏好的首輪計票中,獲票排名前兩名者方有機會成爲選舉贏家。以此而論,當選者必定出身「一流」,而非「三教九流」。

補充投票法的產生背景,乃工黨長期淪爲反對黨而心有不甘,欲聯合自由民主黨以制保守黨,因此設計出來的選舉制度。此種制度運作下,工黨與自由民主黨得以獲利,保守黨則成爲犧牲品。假設1997年大選以補充投票法進行選舉,與單一選區相對多數決制下的原始結果相比,便可了解補充投票法對保守黨別有心機的設計效果(請參閱表8-8)。補充投票法由於本身的設計動機,不僅難以成爲保守黨接受的改革方案,在追求選舉制度公平的改革起點,工黨已動了厚此薄彼的私心,這與身爲現制既得利益者之保守黨打壓選舉改革的心態,如出一轍。

表8-8　1997年議會大選結果：補充投票法與單一選區相對多數決制的比較

政黨席次	保守黨	工黨	自由民主黨
單一選區相對多數決制	165	419	46
補充投票法（模擬投票）	110	436	84

資料來源：同註23，頁31。

　　最後一種備受討論的選舉改革方案，爲多額投票法。多額投票法屬於多數決制與比例代表制的混合制，此種選舉制度一部分採取單一選區相對多數決制，另一部分採用政黨名單比例代表制，故選民投票時擁有兩張不同的選票。單一選區相對多數決制下，依舊制產生各個地方選區的議員，在政黨名單比例代表制方面，則針對各政黨的得票比率，進行相同比例的席次分配，政黨再依所獲席次多寡，將議席分配給政黨名單中的候選人。多額投票法的特殊處，在於兼顧多數決制與比例代表制的好處，一方面得以保留單一選區相對多數決制下的諸多優點，他方面亦可透過政黨名單比例代表制的運作，使各黨的選票與席次比例轉化，達到政黨利益比例代表，以及政黨拔擢菁英人才的雙重目標。

　　德國與紐西蘭皆採多額投票法，單一選區相對多數決制與政黨名單比例代表制，各產生百分之五十的席次。1970年起，保守黨提議引進多額投票法，並以單一選區相對多數決制占百分之七十五的席次，剩下百分之二十五的席次，則由政黨名單比例代表制產生。1999年5月6日，蘇格蘭與威爾斯的自治議會舉行首次選舉，亦採行多額投票法。蘇格蘭議會的一百二十九席中，七十三席按單一選區相對多數決制產生，其餘五十六席由政黨名單比例代表制產生。威爾斯議會的六十席中，四十席按單一選區相對多數決制產生，剩下二十席由政黨名單比例代表制產生。選舉結果顯示，蘇格蘭與威爾斯的地方自治議會，皆未有政黨取得過半數席次。這樣的選舉結果，不免引人質疑，擔憂多額投票法的運作下，聯合政府恐成常態。

　　多額投票法除了可能造成聯合政府的疑慮之外，由於單一選區相對

多數決制仍獲保留，選票與席次間的比例轉化問題，亦仍存在。此外，單一選區相對多數決制與政黨名單比例代表制所占席次的比例，直接影響到選票與席次間的比例問題。綜言之，多額投票法身為多數決與比例代表的混合制，除兼顧兩者優點，同時也背負著多數決制下選票與席次間不比例性，與比例代表制下易產生聯合政府的種種「原罪」。

　　針對上述五項選舉改革方案，英國政治學鄧利維（Patrick Dunleavy）、馬潔慈（Helen Margetts）、達飛（B. O'Duffy）與威爾（Stuart Weir）等人，對1992年以及1997年的國會大選進行模擬投票研究，獲得以下結論。[37]他們認為，1992年與1997年的兩次選舉，包括現制與上述五項改革方案中，多額投票法的表現最佳，是一項最能清楚穩定呈現選票與席次比例性的選舉制度。

　　單記可讓渡投票法在1992年的表現不錯，但在1997年卻出現對政黨不公平的選舉結果。選擇投票法及補充投票法在1992年的選舉結果，與現行的單一選區相對多數決制相去不遠。但在1997年，兩者卻比單一選區相對多數決制的選舉結果，更不具選票與席次的比例性。至於政黨名單比例代表制，雖然穩定呈現選票與席次的比例性，但由於政黨名單比例代表制對英國恐產生有別於傳統的革命性顛覆，包括造成聯合政府的出現、由政黨全權主控候選人名單、選民喪失選賢與能的權力等缺點。因此，政黨名單比例代表制並未成為改革者認真考慮的對象。1997年一項針對選舉改革方案的喜好民調，亦反映出多額投票法的優勢，請參閱表8-9。

　　美國學者林德伯龍（Charles Lindblom）與孔恩（David Cohen），於其著作《實用的知識：社會科學與解決社會問題》一書中提到，社會科學家應致力於較為中庸的研究工作。他們作出社會決定時，應尊重制度間的互動，而非只是憑空思考的思想國王。他們應該體認，建構社會發展的一般知識有多麼重要。社會科學家的任務，應是體察現制並提出改善現況的

---

[37] 同註23，頁30-32。

表8-9　選舉制度改革方案的喜好民調（1997年）

請針對「你（妳）喜不喜歡未來行使這種選舉制度？」 此一問題回答。（訪問人數1,910人）			
	喜歡 %	中立或不知道 %	不喜歡的差距 %	喜歡與不喜歡
多額投票法	54	25	21	+33
補充投票法	53	25	22	+31
選擇投票法	37	27	35	+2
單計可讓渡投票法	24	23	53	-29

資料來源：同註23，頁30。

中庸之道。[38]

　　選舉制度的改革，需要的是保守中庸的緩和改革，而非一場翻天覆地的革命，將英國帶向一個不可知的未來。由上可知，多額投票法在模擬投票及民意支持兩方面的表現，皆勝於其他改革方案，顯示出由多數決制與比例代表制兩制折衷而成的多額投票法，以其中庸之姿，風采蓋過其他過與不及的改革方案。選舉制度的改革方向，迄今仍然是個未定之數，但從1970年代以後選舉制度的改革爭議以觀，選舉制度改革以對現況影響最少為改革出發點，沿著中庸保守的主軸演進，而非寧為玉碎，不為瓦全式的激進改革。

　　選舉制度改革者亦體認到，選舉制度的發展與政黨利益密不可分。認識政黨利益與選舉改革的利害關係，方能掌握選舉改革的來龍去脈。以下對英國三大政黨的選舉制度改革利害，作一分析。首先，在保守黨方面，長期以來保守黨為現行選舉制度的最大贏家，自然傾向維持原制。保守黨對易於產生聯合政府的比例代表制，一向缺乏好感，例如單記可讓渡投票法及政黨名單比例代表制等選舉改革方案，保守黨一直敬而遠之。在反對黨的改革壓力下，保守黨偏好的改革方案，始終在與現制相近的多數決制

---

[38] 同註23，頁30。

裡打轉。保守黨對現制的偏好，並非沒有理由，依據1992年大選的改革方案模擬投票結果（請參閱表8-10），現行選舉制度下，保守黨獲利最優。1997年的模擬結果顯示（請參閱表8-11），多額投票法下，保守黨獲利最大。

表8-10　1992年議會大選的模擬投票席次結果

1992	保	工	自	蘇／威	其他	總數
單一選區相對多數決制	336	271	20	7	0	643
補充投票法	325	270	30	9	0	643
選擇投票法	325	270	30	9	0	643
單記可讓渡投票法	256	250	102	20	6	643
多額投票法	268	232	116	18	0	436
政黨名單比例代表制	273	222	114	18	7	643

註：「保」為保守黨，「工」為工黨，「自」為自由民主黨，「蘇／威」為蘇格蘭民族黨與威爾斯民族黨，「其他」為上述政黨之外的其他政黨。
資料來源：同註23，頁30。

表8-11　1997年議會大選的模擬投票席次結果

1997	保	工	自	蘇／威	其他	總數
單一選區相對多數決制	165	419	46	10	1	641
補充投票法	110	436	84	10	1	641
選擇投票法	110	436	84	10	1	641
單記可讓渡投票法	144	342	131	24	0	641
多額投票法	203	303	115	20	0	641
政黨名單比例代表制	202	285	110	16	28	641

註：「保」為保守黨，「工」為工黨，「自」為自由民主黨，「蘇／威」為蘇格蘭民族黨與威爾斯民族黨，「其他」為上述政黨之外的其他政黨。
資料來源：同註23，頁30。

　　在工黨方面，工黨亦為現行選舉制度下的受惠者，但1979年至1997年間，工黨長期淪為在野黨，使工黨非變法不足以圖強的積怨日深，因而傾

向以比例代表制取代現制。工黨與自由民主黨聯手以制保守黨的合作氣氛下，於1990年代發展出補充投票法，成為對工黨與自由民主黨有利，對保守黨不利的改革方案。在自由民主黨方面，由於自由民主黨長期飽受現行選舉制度的不公平對待，對於選舉制度的改革方案，傾向於採行較能突顯小黨利益的比例代表制。此外，由於在選舉改革議題上，自由民主黨與工黨尚有策略聯盟以制保守黨的考量，自由民主黨的改革方向，難免受到工黨影響。

2010年5月，英國保守黨與自由民主黨組成聯合政府，有關選舉制度的改革再度浮上檯面。聯合政府中的保守黨與自由民主黨，經過協商後，就選舉制度的改革達成共識，於2011年於通過了《2011年議會選舉制度與選區法案》（Parliamentary Voting System and Constituencies Act 2011），並根據該法案於是年5月5日，就英國選舉制度改革進行公投。[39]這場公投被視為英國憲政改革的重要發展，公投的選項包括維持現行的單一選區相對多數決制，或是改採選擇投票制。公投的結果，贊成維持現制者高達六成八，主張改採新制者只有三成（投票結果可參見表8-12）。

表8-12　2011年選舉制度改革的公投結果

2011年選擇投票制公投 （Alternative Vote Referendum 2011）		
公投題目	贊成	反對
目前的英國下院選舉，採行「單一選區相對多數決制」。應該改採「選擇投票制」嗎？	32.1%	67.9%

註：此次公投之投票率為百分之四十二，共有約一千九百萬人參與投票，約有一千三百萬人投下反對票，約六百萬人投下贊成票。在四百四十個選區中，反對者占多數的選區，有四百三十個。

資料來源：House of Commons (2011) *Alternative Vote Referendum 2011: Analysis of the Results*, Research Paper 11/14, http://www.parliament.uk/briefing-papers/RP11-44.

---

[39] Parliamentary Voting System and Constituencies Act 2011 (2011) http://www.legislation.gov.uk/ukpga/2011/1/contents/enacted.

　　就聯合政府內的保守黨而言，保守黨於此次公投的立場，為維持現制。因此，保守黨對公投的結果，感到如釋重負。首相卡麥隆在公投前，強調現行選制的優點，並極力反對選擇投票制，認為該制「模糊、不公平，以及昂貴」。[40]他嘗言：「英國的民主，不需屈就二軍。」[41]聯合政府內的自由民主黨，則力主改採選擇投票制。面對公投失利的結果，副首相克萊格（Nick Clegg）表示：「我是一位政治改革的熱衷支持者，但面對如此清楚的答案，你只能接受它。……對於像我一樣深信需要政治改革的人而言，這是個痛苦的打擊。」[42]

　　反對黨工黨在此次公投中，並未表達明確的立場。工黨黨魁米勒班（Ed Miliband）表達支持選擇投票制，但黨內亦有贊成維持現制的主張。面對超過三分之二支持維持現制的壓倒性公投結果，米勒班表示，民眾「已經做了清楚的決定，而我接受這個判決」。[43]但他也強調，未來選舉制度仍需改革，使「民眾能夠成為政治的一部分」。[44]此次的公投結果，雖然並未產生選舉制度的重大變革，亦未解決英國朝野對選制改革的多年歧異。然而，透過此次民意的檢驗，英國朝野近幾十年來有關選舉制度改革的呼聲和辯論，獲得了暫時的緩解。

　　社會科學家做出社會決定時，應尊重制度間的互動。選舉制度的爭議，亦不僅僅是選舉制度本身的問題，而牽涉到與其他制度的互動關係。選舉制度的良莠不能單獨來看，而須將選舉制度放在更大的整體架構觀察，諸如憲政結構與政治文化等非選舉制度因素，皆與選舉制度的運作密不可分。

---

[40] BBC News (2011b) 'Ashdown Urges Cameron to Condemn Clegg AV Attacks,' 19 April 2011, http://www.bbc.co.uk/news/uk-politics-13127274.

[41] BBC News (2011a) 'Vote Referendum: Clegg v Cameron', 19 April 2011, http://www.bbc.co.uk/news/uk-politics-12495429.

[42] BBC News (2011d) 'Vote 2011: UK Rejects Alternative Vote', 7 May 2011, http://www.bbc.co.uk/news/uk-politics-13297573.

[43] BBC (2011c) 'AV Referendum: No Vote a Bitter Blow, Says Clegg', 18 February, http://www.bbc.co.uk/news/uk-politics-13311118.

[44] 同前註。

　　舉例而言，比例代表制咸認易造成多黨林立，聯合政府更動頻仍，一般常以義大利作為討論案例。然而，義大利於1993年至2005年，選舉制度採行以多數決制為主、以比例代表制為輔的混合制後，多黨林立與聯合政府不穩定的情況依舊。以政黨數目來看，義大利1992年的議會中有十四個政黨，1994年仍有十一個政黨在議會中擁有議席。[45]選舉改革後的首屆聯合政府，成立不到七個月便重演短命內閣的倒台舊戲碼。反觀採取比例代表制與多數決制各半的德國眾議院選舉，並未產生多黨林立與短命內閣的現象，足見選舉制度並非決定代議政治良窳的充分條件，因為代議政治的運作，亦受其他非選舉制度因素的影響，諸如憲政結構與根深柢固的政治文化等。

　　在英國，一黨政府為常態，固然可將此特色歸因於選舉制度，因為單一選區相對多數決制下，選票與席次間的不比例性對大小黨厚此薄彼，致使大黨易於獨立主政。但是，其他非選舉制度的因素亦不容忽視。倘若沒有議會內閣制、議會至上等憲政機制，與黨紀嚴明、政黨輪替等政治文化傳統，英國的「少數政府」何以能夠與反對黨分庭抗禮，長治久安？

　　此外，吾人應認識選舉制度本身的侷限性，改革者不應以完美的數學標準，作為評斷選舉制度的價值標準。以選票與席次的比例性為例，比例代表制雖然較為符合選票與席次的比例性，但其易造成的聯合政府在折衝尊俎的共治過程中，反而難以比例反映選民心聲。此外，在選區人口方面，由於人口不斷流動，選區劃分欲達到各選區人口的比例相同，無異於緣木求魚。

　　除了政黨名單比例代表制外，各種選舉制度在選票價值的問題上，皆犯下「票票不等值」的數學錯誤。政黨名單比例代表制雖因選黨不選人，迴避了選區人口數目不同所造成的選票價值問題，但政黨主控候選人名單，選民選賢與能的權力喪失，代議士的代議合法性，不免啓人疑竇。

　　職是之故，選舉制度不應成為數學完美性的祭品。畢竟，數學統計上

45 許仟著（1997）。《歐洲各國政府》。台北：漢威，頁729。

的完美，不代表現實上的完美，也不代表現實中可以實現。選舉制度的改革者，不應成爲自以爲是的思想國王，以爲自己掌握了選舉制度的正義法度。殊不知選舉制度的本質，是超乎正義法度的不完美，選舉制度其實和選舉一樣，並非一種完美的追求，而是一種次佳的選擇。

中文參考書目

木下廣之著，陳鵬仁譯（1994）。《英國的國會》。台北：幼獅，頁119-125。

王業立（2010）。〈選制改革，英國政治大變革〉。2010年7月4日，聯合報。

朱志宏（1995）。《立法論》。台北：三民。

許仟著（1997）。《歐洲各國政府》下冊，台北：漢威。

黃琛瑜（2011）。〈僵局國會後英「能」打破僵局？〉。2010年5月8日，聯合報。

雷飛龍（2010）。《英國政府與政治》。台北：三民。

薩孟武（1960）。《政治學》，四版。台北：三民書局經售，頁530-571。

英文參考書目

Baker, A. J. (1986) *Examining British Politics*, 3rd edn (Cheltenham: Stanley Thornes), pp. 26-42.

Baldini, G. and Hopking, J. (2012) *Coalition Britain: The UK Election of 2010* (Manchester: Manchester University Press).

BBC News (2010) 'Cameron Defends Change over Election Vote Rule', 14 May 2010, http://news.bbc.co.uk/2/hi/uk_news/politics/8681624.stm.

BBC News (2011a) 'Vote Referendum: Clegg v Cameron', 18 February 2011, http://www.bbc.co.uk/news/uk-politics-12495429.

BBC News (2011b) 'Ashdown Urges Cameron to Condemn Clegg AV Attacks', 19 April 2011, http://www.bbc.co.uk/news/uk-politics-13127274.

BBC News (2011c) 'AV Referendum: No Vote a Bitter Blow, Says Clegg', 6 May 2011, http://www.bbc.co.uk/news/uk-politics-13311118.

BBC News (2011d) 'Vote 2011: UK Rejects Alternative Vote', 7 May 2011, http://www.bbc.co.uk/news/uk-politics-13297573.

BBC News (2012) 'Q & A: Fixed Term Parliaments', 13 September 2012, http://www.bbc.co.uk/news/uk-politics-11286879.

Bogdanor, V. (2010) 'An Era of Constitution Reform', *The Political Quarterly*, vol. 81, pp. 53-64.

Bogdanor, V. and Butler, D. (1983) *Democracies and Elections* (Cambridge: Cambridge University Press).

Boal, L. (2000) 'Electoral Reform in the UK', *Talking Politics*, Vol. 12, No. 2, pp. 228-232.

Butler, D. (1953) *The Electoral System in Britain 1918-1951* (Oxford: Clarendon Press).

Butler, D. (1989) *British General Elections since 1945* (Oxford: Blackwell).

Butler, D. and Kavanagh, D. (1992) *The British General Election of 1992* (London: Macmillan).

Butler, D. (1996) 'Electoral Reform', in J. Jowell and D. Oliver (eds), *The Changing Constitution,* 3rd edn (Oxford: Clarendon Press), pp. 379-391.

Cabinet Office (2010) *The Coalition, Our Programmes for Government,* http://www. cabinetoffice.gov.uk/sites/default/files/resources/coalition_programme_for_government.pdf.

Chandler, J. A. (1982) 'The Plurality Vote: A Reappraisal', *Political Studies*, Vol. 30, No. 1, pp. 87-94.

Cook, C. and Stevenson, J. (1988) *The Longman Handbook of Modern British History 1714-1987*, 2nd edn (London: Longman).

Curtice, J. (2010) 'So What Went Wrong with the Electoral System? The 2010 Election Result and the Debate about Electoral Reform', *Parliamentary Affairs*, Vol. 63, No. 4, pp. 623-638.

Curtice, J. and Fisher, S. D. (2011) 'The United Kingdom Election of 2010', *Electoral Studies*, Vol. 30, No. 1, pp. 234-237.

Curtice, J. and Steed, M. (1982) 'Electoral Choice and the Production of Government: The Changing Operation of the Electoral System in the United Kingdom since 1955', *British Journal of Political Science*, Vol. 12, No. 4, pp. 249-298.

Denver, D. (1989) *Elections and Voting Behaviour in Britain* (London: Philip Allan).

Dunleavy, P. and Margetts, H. (1994) 'The Experiential Approach to Auditing Democracy', in D. Beetham (ed.), *Defining and Measuring Democracy* (London: LSE Public Policy Group), pp. 155-182.

Dunleavy P. and Margetts, H. (1995) 'Understanding the Dynamics of Electoral Reform', *International Political Science Review*, Vol. 16, No. 1, pp. 9-29.

Dunleavy, P. and Margetts, H. (2005) 'The Impact of UK Electoral Systems', *Parliamentary Affairs*, Vol. 58, No. 4, pp. 854-870.

Dunleavy, P., Margetts, H. and Weir, S. (1992) *Replaying the 1992 General Election: How Britain Would Have Voted under Alternative Electoral Systems* (London: LSE Public Policy Group and Rowntree Reform Trust).

Dunleavy, P., Margetts, H., O'Duffy, B. and Weir, S. (1997) *Making Votes Count: Remodelling the 1997 General Election* (London: Democratic Audit).

Dunleavy, P. (1997) 'The Constitution', in P. Dunleavy, A. Gamble, I. Holliday and G. Peele (eds.), *Developments in British Politics 5* (London: Macmillan), pp. 129-176.

Duverger, M. (1986) 'Duverger's Law: Forty Years Later', in B. Grofman and A. Lijphart (eds), *Electoral Laws and their Political Consequences* (New York: Agathon Press), pp. 71-84.

Electoral Administration Act 2006 (2006) http://www.legislation.gov.uk/ukpga/2006/22/contents.

Farrell, D. (1997) *Comparing Electoral Systems* (London: Prentice Hall/Harvester Wheatsheaf).

Farrell, D. (2011) *Electoral Systems: A Comparative Introduction* (London: Palgrave Macmillan).

Finer, S. E. (ed.) (1975) *Adversary Politics and Electoral Reform* (London: Anthony Wigram).

Fixed Term Parliaments Act 2011 (2011) http://www.legislation.gov.uk/ukpga/2011/14/pdfs/ukpga_20110014_en.pdf .

Forman, F. N. and Baldwin, N. D. J. (1996) *Mastering British Politics* (Hampshire: Macmillan), pp. 29-44.

Geddes, A. and Tonge, J. (2006) *Britain Decides: The UK General Election 2005* (London: Palgrave Macmillan).

Hix, S., Johnston, R. and Mclean, O. (2010) 'Electoral Reform: A Vote for Change', *Political Insight*, Vol. 1, No. 2, pp. 61-63.

House of Commons (2011) *Alternative Vote Referendum 2011: Analysis of the Re-*

sults, Research Paper 11/14, http://www.parliament.uk/briefing-papers/RP11-44.

House of Commons (2015) 'General Election 2015', file:///C:/Users/user/Downloads/CBP-7186.pdf.

House of Commons Library (2019) 'Number of Seats in the House of Commons since 1707', https://researchbriefings.parliament.uk/ResearchBriefing/Summary/SN02384.

James, T. S. (2010) 'Electoral Modernisation or Elite Statecraft: Electoral Administration in the United Kingdom 1997-2007', *British Politics*, Vol. 5, No. 2, pp. 179-201.

Johnston, R., Pattie, C., Dorling, D. and Rossiter, D. (2001) *From Votes to Seats: The Operation of the UK Electoral System since 1945* (Manchester: Manchester University Press).

Kavanagh, D. (1994) 'Elections', in B. Jones, A. Gray, D. Kavanagh, M. Moran, P. Norton and A. Seldon (ed.), *Politics UK* (London: Harvester Wheatsheaf), pp. 169-183.

Kavanagh, D. (1995) 'Changes in Electoral Behaviour and the Party System', in F. F. Ridley and M. Rush (eds), *British Government and Politics since 1945: Changes in Perspective* (Oxford: Oxford University Press), pp. 98-114.

Kavanagh, D. (2000) *British Politics: Continuities and Change* (Oxford: Oxford University Press).

Lakeman, R. (1982) *Power to Elect: The Case for Proportional Representation* (London: Heinemann).

Lijphart, A. (1984) *Democracies: Patterns of Majoritarian and Consensus Government in Twenty-One Countrie*s (New Haven: Yale University Press).

Lijphart, A. (1994) *Electoral Systems and Party Systems* (Oxford: Oxford University Press).

Lindblom, E. E. and Cohen, D. K. (1979) *Useable Knowledge: Social Science and Social Problem Solving* (New Haven: Yale University Press).

Loveland, I. (1996) *Constitutional Law: A Critical Introduction* (London: Butterworths), pp. 234-285.

McGuinness, F. (2011) *Size of Constituency Electorates*, www.parliament.uk/briefing-papers/SN05677.pdf.

Norris, P. (1997) 'Choosing Electoral Systems: Proportional, Majoritarian and Mixed Systems', *International Political Science Review*, Vol. 18, No. 3, pp. 297-312.

Norris, P. (2001) 'The Twilight of Westminster? Electoral Reform and its Consequence', *Political Studies*, Vol. 49, No. 5, pp. 877-900.

Office of national Statistics (1998) *Focus on Britain* (London: Foreign and Commonwealth Office).

Oliver, D. (1985) 'The Parties and Parliament: Representative or Intra-party Democracy?', in J. Jowell and D. Oliver (eds.), *The Changing Constitution* (Oxford: Clarendon Press), pp. 103-126.

Outhwaite, B. (2001) 'UK Electoral Systems', *Politics Review*, Vol. 11, No. 2, pp. 32-33.

Paun, A. (2011) 'United We Stand? Governance Challenges for the United Kingdom Coalition', *The Political Quarterly*, Vol. 82, No. 2, pp. 251-260.

Punnett, R. (1994) *British Government and Politics* (Hampshire: Dartmouth), pp. 31-69.

Sanders, D. (1997) 'Voting and the Electorate', in P. Dunleavy, A. Gamble, I. Holliday and G. Peele (eds.), *Developments in British Politics 5* (London: Macmillan), pp. 45-74.

Sanders, D., Clarke, H. D., Steward, M. C. and Whiteley, P. (2011) 'Simulating the Effects of the Alternative Vote in the 2010 UK General Election', *Parliamentary Affairs*, Vol. 64, No. 1, pp. 5-23.

Taagepera, R. and Shugart, M. S. (1989) *Seats and Votes* (New Haven: Yale University Press).

The Telegraph (2010) 'A Bigger Constitutional Change than AV is Being Forced Through, without the Consent of the British People', 10 May 2010, http://blogs. telegraph.co.uk/news/jameskirkup/100087225/a-bigger-constitutional-change-than-av-is-being-forced-through-without-the-consent-of-the-british-people/.

UK Parliament (2019) 'Parliamentary Constituencies', https://www.parliament.uk/about/how/elections-and-voting/constituencies/.

　　英國作爲一個海島國家，孤懸於歐洲大陸之外。然而，英國與歐洲大陸的關係，始終維持緊密的關係。特別是隨著二十世紀以降歐洲統合運動的發展，英國與歐洲已發展互利共生的夥伴關係。1973年，英國加入歐洲共同體（現今歐洲聯盟的前身）之後，歐洲對英國政治、經濟、社會等層面，產生廣泛深遠的影響。對英國而言，歐洲不僅是地緣政治上的外交夥伴，亦爲與英國緊密連結的命運共同體。歐洲統合運動不斷深化及廣化，英國政府與政治的發展與運作，亦受到歐洲事務的持續影響和牽引。

　　然而，二十一世紀初，英國就是否脫離歐洲聯盟，進行一場全民公投。公投結果顯示，英國多數選民希望英國脫離歐盟。英國與歐盟的關係，走到一個新的十字路口。英國是否脫歐以及如何脫歐，在英國朝野引起諸多分歧。英國脫歐的下一步，不僅將左右英國與歐洲的關係，亦對英國政府、政治及國家的發展，產生重要影響。茲就英國與歐洲關係的發展，分以下三個部分進行討論，包括英歐簡史、英國與歐洲統合與英國脫歐公投。

第一節　英歐簡史

　　英國與歐洲的歷史，源遠流長。英國歷史上的早期先民，乃由歐洲大陸移入。新石器時代的愛比利亞人（Iberians）及銅器時代的畢克人（Beaker People），先後自歐洲大陸遷徙不列顛島，成爲早期不列顛島的移民。

　　西元前六世紀，來自歐洲大陸的凱爾特人（Celtics），分批遷移到不

列顛島定居。西元五世紀，來自歐陸的羅馬人占領英格蘭，建立羅馬帝國的不列顛行省，並引進拉丁語及羅馬帝國的制度。羅馬帝國沒落後，來自歐陸的日耳曼人南徙，包括盎格魯人、薩克遜人、朱特人等族群，紛紛遷徙不列顛島。[1]

西元829年，威塞克斯王國的國王愛格柏（King Egbert）統一英格蘭全境，建立起盎格魯薩克遜王國。然而，愛格柏國王逝世後，西元九世紀至十一世紀間，王國受到北歐維京人不斷侵擾。十一世紀初，英國政權數度落入丹麥人手中，例如丹麥國王克努特大帝（Canute the Great）於1014年至1035年間，統治英格蘭逾二十年。[2]

西元1066年，來自法國的諾曼第公爵威廉（William Duke of Normandy），派兵攻打英國並擊敗英王哈洛德二世（Harold II），登基為英國的威廉一世（William I），史稱諾曼征服。諾曼征服後，法蘭西語因此對中世紀英語，帶來深遠影響。諾曼征服以降，英國便未發生外族征服的事件。諾曼王朝因此成為英國君主制的正統起點。

英國的先民來自歐洲大陸，但隨著諾曼征服後的歷史發展，英國逐漸發展出獨立的國家及民族特性。特別是，英國與歐洲大陸之間，隔著一道英吉利海峽。海洋成了天然的國土疆界，使英國發展出自外於歐洲事務的孤立習性。

莎翁劇作《理查二世》中，劇中人物描述英國：「上天賜與天然的屏障，惡疾與戰禍因而抵擋，小島上的人們快活自在。巍峨巨石矗立海洋，四壁樑柱渾然鼎立，屋內子民得以庇蔭。」[3]莎翁劇作中的描述，勾勒出英國作為一個海島國家，自外於歐陸的安全感與自在。

英國作為一個島國，海洋孤立了英國，但也擴展了英國的發展與影響力。英國透過海洋征戰與貿易，成為海上霸權。大英帝國鼎盛時期，英

---

[1] 黃琛瑜（2014）。《蘇格蘭獨立公投：政策發展與挑戰》。台北：五南，頁88。
[2] 同前註，頁88-89。
[3] 轉引自傑瑞米·帕克斯曼（Jeremy Paxman）著，韓文正譯（2002）。《所謂英國人》。台北：時報文化，頁44。

國統治全球四分之一的人口與疆域，被譽為「日不落國」。大英帝國的發展，增強英國放眼世界的信心與格局。

　　十九世紀末，英國發展出「光榮孤立」（splendid isolation）的外交政策傳統。當時的英國首相狄斯累利（Benjamin Disraeli）及索爾茲伯里侯爵（Marquess of Salisbury），希望英國巧妙周旋於歐洲諸國之間，拒絕加入永久性結盟，藉以維持歐洲均勢，[4]並將外交重心放在拓展及維護英國在其海外殖民地的利益。十九世紀的英國海軍大臣格申（George Goschen）曾說過：「我們的孤立不是軟弱的孤立，也不是遭到蔑視的孤立，那是一種故意選擇的孤立，而且在任何情況下可以按自己意願行動。」[5]這段話突顯出，英國外交政策的孤立，是一種經過計算後的策略選擇。

　　英國與歐陸僅一海之隔，但英國的對歐政策，始終展現出孤立的特性。對英國而言，歐洲雖與英國有著緊密的地緣政治關聯，但歐陸事務僅為英國外交政策的一環。特別是，英國與歐陸隔海相望。英國得以憑藉著天然的海峽屏障，保持對歐政策的孤立傳統及地緣優勢。

第二節　英國與歐洲統合

　　二十世紀以降，隨著國際情勢的轉變，英國漸漸由「光榮孤立」走向結盟。一方面，二十世紀初，大英帝國解體後，英國的國際地位已大不如前。另一方面，二次大戰後，歐洲地區出現歐洲統合運動。1951年，法、德、義、荷、比、盧六國簽訂《巴黎條約》，創立歐洲煤鋼共同體，成為歐洲聯盟的最早前身。1957年，歐洲煤鋼共同體的六個會員國，繼之簽訂《羅馬條約》，成立歐洲原子能共同體及歐洲經濟共同體。

---

[4]　Frankel, J. (1988) *International Relations in a Changing World* (Oxford: Oxford University Press), p. 132.

[5]　Lee, S. J. (1994) *Aspects of British Political History* (London: Routledge), pp. 256-257.

　　面對方興未艾的歐洲統合運動，失去大英帝國榮光的英國，開始轉向擁抱歐洲統合，希望藉此提升國家利益及影響力。於此背景下，1961年與1967年，英國兩度申請加入歐洲經濟共同體。然而，法國總統戴高樂對英國政治與經濟的多重疑慮下，反對英國加入。在法國戴高樂的反對下，英國加入歐洲經濟共同體的申請案於1963年及1967年，遭到兩次否決。

　　1969年戴高樂下台後，英國第三次申請入歐。接任戴高樂的法國總統龐畢度，對英國的態度較為友好。1973年，英國因而如願以償，於保守黨籍首相希斯的帶領下，順利成為歐洲經濟共同體的成員國。

　　然而，英國加入歐體後，英國朝野對英國歐體會籍的看法，仍分歧不斷。此外，英國的保守黨及工黨兩大政黨，皆出現黨內親歐與反歐的兩派勢力。1974年2月國會大選競選過程中，工黨承諾將就英國的歐體會籍與歐洲進行協商，並以協商取得的成果，進行英國是否續留歐體的諮詢性公投。

　　1974年2月的英國國會大選，保守黨下台，工黨籍首相威爾遜政府執政。為了化解國內親歐與反歐陣營的政治角力並兌現競選承諾，威爾遜政府於1975年就英國的歐體會籍，舉行英國史上第一次的全國性公投。

　　1975年英國舉行的脫歐公投，其公投題目為：「英國是否應續留歐洲共同體？」這場公投的投票率，為六成五。公投結果顯示，百分之六十七點二的選民支持英國續留歐體，而百分之三十二點八的選民反對英國續留歐體。[6]支持留歐與反對留歐的比率，約為二比一。當時的英國經濟持續不景氣，面臨通貨膨脹及高失業率。公投結果反映出，英國選民認為英國留在歐體，有助於英國的國家利益與發展。

　　1975年的脫歐公投，英國多數選民選擇續留歐體。然而，英國朝野對英國歐體會籍的分歧看法，仍持續存在。隨著歐體事務的逐漸擴展，歐洲共同體組織的發展，亦逐漸深化。1993年歐洲聯盟條約生效後，歐洲聯盟

6　Miller, V. (2015) *The 1974-1975 UK Renegotiation of EEC Membership and Referendum* (London: House of Commons Library), p. 25.

正式取代歐洲共同體，象徵二十一世紀初期歐洲整合運動的重要里程碑。歐盟的成員國數目，亦不斷增加，從最早的六個會員國，增至二十八個會員國。

歐盟的深化與廣化，對英國政治、經濟、社會等層面的影響逐漸加深，卻也逐步激化英國朝野疑歐派勢力的發展。英國的歐盟會籍，逐漸成為英國政黨及政治人物辯論的焦點議題。

第三節 英國脫歐公投

就歷史背景而言，相較於其他歐盟會員國，英國對歐洲統合始終抱持戒慎恐懼的態度。英國於1961年，首次申請加入歐洲經濟共同體。當時的反對黨工黨主席蓋茨克爾（Hugh Gaitskell）主張，加入歐洲經濟共同體將代表「英國千年歷史的終結」。[7]

前保守黨主席柴契爾（Margaret Thatcher），亦為著名的歐洲懷疑論者。柴契爾於1988年，發表演說反對歐洲經濟共同體的決策改革，強烈批評英國沒有開疆拓土，反而被布魯塞爾的超級國家反統治。[8]柴契爾此舉，招致其他歐洲國家領導人強烈反對，也造成保守黨黨內對歐政策上的嚴重分歧。

英國身為歐盟重要成員國，至今仍未加入例如歐元等涉及重要國家利益的政策領域。因此，英國常被形容為歐盟會員國裡若即若離的尷尬夥伴。

1997年新工黨政府上台後，英國對歐政策出現重大轉變，從過去的疑歐態度，轉向較為積極正面的立場。然而，2010年卡麥隆政府上台後，掣肘於國內疑歐主義的壓力，英國對歐政策擺盪回抗拒疑慮的傳統路徑。英

---

[7] Gaitskell, H. (1962) Speech to the Labour Party Conference, http://www.ena.lu/speech_hugh_gaitskell_october_1962-020003043.html.

[8] Thatcher, M. (1988) Speech to the College of Europe, http://www.margaretthatcher.org/essential/keydocs.asp.

國與歐盟關係，不時遊走冰點。

2013年1月2日，首相卡麥隆發表演說，提出英國舉行脫歐公投的政策，計畫將就續留或退出歐盟舉行公投（Cameron, 2013）。[9]2015年國會大選保守黨勝選後，卡麥隆便開始與歐盟及會員國領袖，進行協商。2015年11月卡麥隆向歐盟提出改革目標，希望針對經濟治理、競爭、主權以及移民四大政策領域與歐盟進行協商，以爭取更多的英國利益。2016年初，卡麥隆與歐盟完成協商，取得上述四大政策領域的改革共識，並宣布於2016年6月23日舉行英國脫歐公投。

卡麥隆政府於2016年舉行英國脫歐公投，其關鍵發展原因主要有二：

一方面，卡麥隆所屬的保守黨，傳統上為疑歐派主義的政黨。卡麥隆企圖走出柴契爾強硬的疑歐主義傳統，並主張英國續留歐盟較為有利，但受到保守黨黨內疑歐派人士的壓力，脫歐公投因此成為卡麥隆緩解黨內疑歐勢力的一項賭注。

二方面，近年英國獨立黨（UK Independence Party, UKIP）於英國政壇崛起，對同為疑歐派政黨的保守黨造成選舉壓力。為了避免保守黨選票遭到英國獨立黨瓜分，卡麥隆不惜採取英國獨立黨脫歐公投的政策主張。

2004年的歐洲議會選舉，英國獨立黨取得百分之十六點一的得票率，取得十二席的歐洲議員席次，成為歐洲議會的英國第三大黨。2009年歐洲議會選舉中，英國獨立黨獲得百分之十六點六的得票率。2014年，英國獨立黨於歐洲議會的選舉表現亮眼，成為歐洲議會的英國第一大黨，[10]創下英國百年來全國選舉中首次由非保守黨或工黨取得勝選的紀錄，重塑英國政黨政治的板塊。英國獨立黨的聲勢大漲，2014年底發生兩位保守黨國會議員脫黨加入英國獨立黨，並於國會補選獲勝。

英國獨立黨異軍突起，造成英國右派勢力的分裂，並對保守黨造成威

9　Cameron, D. (2013) Speech at the Bloomberg in London, http://www.theguardian.com/politics/2013/jan/23/david-cameron--speech-referendum.

10　European Parliament (2014) 'Results of the 2014 European Elections', http://www.europarl.europa.eu/elections2014-results/en/election-results-2014.html.

脅。因此，卡麥隆的脫歐公投，亦爲選舉勝選考量下與英國獨立黨進行的政治博弈。

2016年6月23日，英國舉行脫歐公投。公投的結果，爲脫歐派險勝。脫歐派獲得百分之五十一點九的選票，留歐派則取得百分之四十八點一的選票。[11]脫歐派以不到四個百分點的差距，於這場公投獲勝。這場公投的結果撼動英國、歐盟，並引起全球金融市場的震盪。脫歐派與留歐派兩大陣營的嚴重分歧，使脫歐議題在公投結束之後，仍餘波盪漾。因脫歐公投失利，主張留歐的卡麥隆因此宣布下台。

卡麥隆下台後，梅伊（Theresa May）繼任成爲英國首相。梅伊接下首相大位後，表示尊重脫歐公投中人民的決定，並誓言帶領英國脫歐。2017年3月29日，英國政府啓動《里斯本條約》第50條，正式展開脫歐程序。根據歐盟《里斯本條約》第50條，歐盟會員國啓動脫歐程序後，享有兩年的時間與歐盟進行脫歐協商，[12]並原訂於2019年3月29日正式離開歐盟。

經過近兩年的協商，英國與歐盟雙方終於達成脫歐協議。2018年11月25日，歐盟二十七個成員國，於歐盟高峰會正式通過英國脫歐協議，並發布一份歐英未來關係的政治宣言。脫歐協議及政治宣言，爲英國與歐盟費時近兩年協商的重要成果。

英國脫歐協議的正式名稱，爲《大不列顛及北愛爾蘭聯合王國退出歐洲聯盟及歐洲原子能共同體協議》（Agreement on the Withdrawal of the United Kingdom of Great Britain and Northern Ireland and of the European Atomic Energy Community, Withdrawal Agreement，以下簡稱脫歐協議）。英國脫歐協議的內容，對脫歐後英國與歐盟雙邊關係，勾勒出基本框架。這份脫歐協議包含一百八十一個條文，篇幅達五百八十五頁，分爲六大部

---

[11] The Electoral Commission (2019) 'European Referendum Results', https://www.electoralcom-mission.org.uk/find-information-by-subject/elections-and-referendums/past-elections-and-referendums/eu-referendum/electorate-and-count-information.

[12] The Treaty of Lisbon (2012) Official Journal C 326, 26/10/2012, http://eur-lex.europa.eu/legal-content/EN/TXT/?uri=celex:12012E/TXT.

分與議定書，涵蓋雙方公民權利、關稅事務、司法管轄、脫歐過渡期、分手費、北愛邊境等重要議題。[13]

　　然而，英國與歐盟達成的脫歐協議，在英國下議院引發討論及爭議。梅伊政府的脫歐協議法案，在英國下議院遭到三次的否決，造成2019年5月英國首相梅伊宣布辭職下台。脫歐協議法案下議院屢遭挫敗，造成英國陷入脫歐僵局。因此，原訂2019年3月29日的脫歐期限，經英國與歐盟協商後，先後獲得兩度延期至是年4月12日及10月31日。

　　2016年脫歐公投之後，英國脫歐派與留歐派的爭議，愈形激化。人民面對政治人物的信任與耐心，不斷流失。近三年的脫歐之路，展現英國脫歐的複雜困難與曠日廢時，亦突顯出英國脫歐，並非一蹴可幾。2019年7月，強生（Boris Johnson）繼任梅伊成為英國新首相，帶領英國繼續處理脫歐難題。英國政治與政策的發展，在後續脫歐過程中，存在許多重大變遷的可能性。

---

[13] Withdrawal Agreement (2018) *Agreement on the Withdrawal of the United Kingdom of Great Britain and Northern Ireland and of the European Atomic Energy Community*, https://assets.publishing.service.gov.uk/government/uploads/system/uploads/attachment_data/file/759019/25_November_Agreement_on_the_withdrawal_of_the_United_Kingdom_of_Great_Britain_and_Northern_Ireland_from_the_European_Union_and_the_European_Atomic_Energy_Community.pdf.

中文參考書目

克萊登‧羅柏茲與大衛‧羅柏茲合著，賈士蘅譯（1986）。《英國史》。台北：五南。

陳炯章（1988）。《英國史》。台北：大安。

傑瑞米‧帕克斯曼（Jeremy Paxman）著，韓文正譯（2002）。《所謂英國人》。台北：時報文化。

黃鴻釗與潘興明合著（1997）。《英國簡史》。台北：書林。

黃琛瑜（1999）。《歐洲聯盟——跨世紀政治工程》。台北：五南。

黃琛瑜（2011）。〈歐洲化與英國中央政府：布萊爾政府個案研究〉，《歐美研究》。第41卷第2期，頁465-495。

黃琛瑜（2014）。〈英國與里斯本條約的批准：自由政府間主義的分析〉，《歐美研究》。第44卷第2期，頁127-167。

黃琛瑜（2014）。《蘇格蘭獨立公投：政策發展與挑戰》。台北：五南。

黃偉峰（主編）（2003）。《歐洲聯盟的組織與運作》。台北：五南。

羅至美、吳東野（2016）。〈脫歐公投對英國的衝擊：政治與經濟的分析〉，《問題與研究》。第55卷第3期，頁127-159。

英文參考書目

Bogdanor, V. (2019) *Beyond Brexit: Towards a British Constitution* (London: I. B. Tauris).

Bulmer, S. (2001) 'Britain and European Integration', in B. Jones, D. Kavanagh, M. Moran, and P. Norton (eds.), *Politics UK* (Harlow: Longman), pp. 653-678.

Bulmer, S. and Burch, M. (1998) 'Organising for Europe: Whitehall, the British State and the European Union', *Public Administration*, Vol. 76, No. 4, pp. 601-628.

Bulmer, S. and Quaglia, L. (2018) 'The Politics and Economics of Brexit', *Journal of European Public Policy*, Vol. 25, No. 8, pp. 1089-1098.

Cameron, D. (2013) Speech at the Bloomberg in London, http://www.theguardian.com/politics/2013/jan/23/david-cameron-eu-speech-referendum.

Clarke, H. D., Goodwin, M. J. and Whiteley, P. (2017) *Brexit: Why Britain Voted to*

Leave the European Union (Cambridge: Cambridge University Press).

The Electoral Commission (2019) 'European Referendum Results', https://www.elec-toralcommission.org.uk/find-information-by-subject/elections-and-referendums/past-elections-and-referendums/eu-referendum/electorate-and-count-informa-tion.

European Parliament (2014) 'Results of the 2014 European Elections', http://www.europarl.europa.eu/elections2014-results/en/election-results-2014.html.

Frankel, J. (1988) *International Relations in a Changing World* (Oxford: Oxford University Press).

Gaitskell, H. (1962) Speech to the Labour Party Conference, http://www.ena.lu/speech_hugh_gaitskell_october_1962-020003043.html.

Hix, S. (2018) 'Brexit: Where Is the UK-EU Relationship Heading?', *Journal of Common Market Studies*, Vol. 56, No. S1, pp. 11-27.

Hobolt, S. B. (2016) 'The Brexit Vote: A Divided Nation, a Divided Continent', *Journal of European Public Policy*, Vol. 23, No. 9, pp. 1259-1277.

House of Commons Library (2015) 'The 1974-1975 UK Renegotiation of EEC Membership and Referendum', Briefing Paper No. 7253.

Kerr, K. (2018) 'I Drafted Article 50. We Can and Must Delay Brexit for a Referendum,' https://www.theguardian.com/commentisfree/2018/dec/06/drafted-article-50-brexit-referendum-eu-state.

Lee, S. J. (1994) *Aspects of British Political History* (London: Routledge).

Martill, V. and Staiger, U. (eds.) (2018) *Brexit and Beyond: Rethinking the Futures of Europe* (London: UCL Press).

Miller, V. (2015) *The 1974-1975 UK Renegotiation of EEC Membership and Referendum* (London: House of Commons Library).

Political Declaration (2018) *Political Declaration setting out the framework for the future relationship between the European Union and the United Kingdom*, https://assets.publishing.service.gov.uk/government/uploads/system/uploads/attachment_data/file/759021/25_November_Political_Declaration_setting_out_the_framework_for_the_future_relationship_between_the_European_Union_and_the_United_Kingdom__.pdf.

Thatcher, M. (1988) Speech to the College of Europe, http://www.margaretthatcher. org/essential/keydocs.asp.

The Treaty of Lisbon (2012) Official Journal C 326, 26/10/2012, http://eur-lex.europa. eu/legal-content/EN/TXT/?uri=celex:12012E/TXT.

Withdrawal Agreement (2018) *Agreement on the Withdrawal of the United Kingdom of Great Britain and Northern Ireland and of the European Atomic Energy Community*, https://assets.publishing.service.gov.uk/government/uploads/system/ uploads/attachment_data/file/759019/25_November_Agreement_on_the_with-drawal_of_the_United_Kingdom_of_Great_Britain_and_Northern_Ireland_ from_the_European_Union_and_the_European_Atomic_Energy_Community. pdf.

國家圖書館出版品預行編目資料

英國政府與政治／黃琛瑜著. ──三版.──
臺北市：五南, 2019.11
　面；　公分
ISBN 978-957-763-740-6（平裝）

1.英國政府　2.政治制度

574.41　　　　　　　　　　　108017687

1PF8

英國政府與政治

作　　　者 ─ 黃琛瑜（292.2）

發 行 人 ─ 楊榮川

總 經 理 ─ 楊士清

總 編 輯 ─ 楊秀麗

副總編輯 ─ 劉靜芬

責任編輯 ─ 林佳瑩、呂伊真、吳肇恩

封面設計 ─ 王麗娟

出 版 者 ─ 五南圖書出版股份有限公司

地　　　址：106台北市大安區和平東路二段339號4樓

電　　　話：(02)2705-5066　　傳　　　真：(02)2706-6100

網　　　址：http://www.wunan.com.tw

電子郵件：wunan@wunan.com.tw

劃撥帳號：01068953

戶　　　名：五南圖書出版股份有限公司

法律顧問　林勝安律師事務所　林勝安律師

出版日期　2001年 5 月初版一刷
　　　　　2012年 9 月二版一刷
　　　　　2019年11月三版一刷

定　　　價　新臺幣380元